박정희는 5월 16일 담배를 많이 피웠다. 그의 오른쪽은 박종규 소령.

5·16 혁명 성공 후 공수단 본부가 있던 경복궁을 찾은 朴正熙 소장. 오른쪽부터 박종규 소령, 박치옥 대령.

5

서울 중구 신당동에 지금도 남아 있는 박정희 자택.

박정희 체포 명령을 끝내 내리지 않았던 장도영 육군 참모총장.

거사 정보가 누설된 뒤의 응급처방을 주도했던 김재춘 대령(오른쪽에서 세 번째)은 한때 최영희 육군 참모총장(오른쪽에서 네 번째)의 비서실장이었다.

박정희가 5·16 때 인편으로 장도영에게 전달한 편지 원문.

권농일 모내기 행사에 참여한 朴 부의장(61년 6월 14일).

고려제과에서 혁명군 장병들에게 빵을 선물하고 있다(1961년 5월 25일).

서울 청계천변의 판자촌 모습(1961년 8월 1일).

5월16일 전두환 대위의 육사行은
그의 운명을 바꾼다.

정재문 육사 연대장 생도가 5·16 지지 성명서를 낭독하고 있다.

윤보선 대통령에게 진압 명령을 간청했
으나 거절당한 주한 미군 사령관 매그
루더는 1961년 7월 1일자로 퇴역하게
되자, 尹대통령으로부터 건국공로훈장
을 수여받았다.

사실상의 진압 금지 명령을 대
통령으로부터 받고 고민에 싸였
던 이한림 1군 사령관.

9

윤보선 대통령의 사임 번의 기자회견 장면.

1961년 5월 21일 국가재건최고회의가 내각수반에 장도영(전 육군참모총장), 외무 김홍일, 내무 한신,
재무 백선진 등을 임명하는 혁명내각을 구성 후 기념촬영을 하고 있다. 앞줄 왼쪽서 다섯 번째가 朴 소장.

5 · 16 후 사회분위기 쇄신 차원서 진행된 깡패들의 시가행렬(61년 5월 21일).

장면 총리 직속의 중앙정보위원회 실장이던 이후락은 혁명 정부에 업무 일체를 선선히 넘겨 주었다.

1961년 5월 23일 장도영 최고회의 의장과 박정희 부의장이 국립묘지를 참배한 뒤 사병 묘역을 둘러보고 있다.

11

1961년 6월 24일 주한 美 대사로 임명된 새뮤얼 버거가 부인과 함께 한국에 도착, 비행기에서 내리고 있다.

朴의장과 송요찬 내각수반을 접견중인 尹대통령(61년 7월 4일).

朴의장의 대장 진급식(61년 11월 4일).

朴正熙 4

5·16의 24時

부끄럼 타는 한 소박한 超人의 생애

'인간이란 실로 더러운 강물일 뿐이다. 인간이 스스로 더럽히지 않고
이 강물을 삼켜 버리려면 모름지기 바다가 되지 않으면 안 된다.'

박정희를 쓰면서 나는 두 단어를 생각했다. 素朴(소박)과 自主(자주).
소박은 그의 인간됨이고 자주는 그의 정치사상이다. 박정희는 소박했기
때문에 自主魂(자주혼)을 지켜 갈 수 있었다. 1963년 박정희는 《국가와
혁명과 나》의 마지막 쪽에서 유언 같은 다짐을 했다.

〈소박하고 근면하고 정직하고 성실한 서민 사회가 바탕이 된, 자주독
립된 한국의 창건, 그것이 본인의 소망의 전부다. 본인은 한마디로 말해
서 서민 속에서 나고, 자라고, 일하고, 그리하여 그 서민의 인정 속에서
생이 끝나기를 염원한다〉

1979년 11월 3일 國葬(국장). 崔圭夏 대통령 권한대행이 故박정희의
靈前(영전)에 건국훈장을 바칠 때 국립교향악단은 교향시 〈차라투스트
라는 이렇게 말했다〉를 연주했다. 독일의 리하르트 슈트라우스가 작곡
한 이 장엄한 교향시는 니체가 쓴 同名(동명)의 책 서문을 표현한 것이
다. 니체는 이 서문에서 '인간이란 실로 더러운 강물일 뿐이다'고 썼다.

그는 '그러한 인간이 스스로를 더럽히지 않고 이 강물을 삼켜 버리려면 모름지기 바다가 되지 않으면 안 된다'고 덧붙였다. 박정희는 지옥의 문턱을 넘나들던 질풍노도의 세월로도, 장기집권으로도 오염되지 않았던 혼을 자신이 죽을 때까지 유지했다. 가슴을 관통한 총탄으로 등판에서는 피가 샘솟듯 하고 있을 때도 그는 옆자리에서 시중들던 두 여인에게 "난 괜찮으니 너희들은 피해"란 말을 하려고 했다. 병원에서 그의 屍身을 만진 의사는 "시계는 허름한 세이코이고 넥타이 핀은 도금이 벗겨지고 혁대는 해져 있어 꿈에도 대통령이라고는 생각하지 못했다"고 한다.

소박한 정신의 소유자는 잡념과 위선의 포로가 되지 않으니 사물을 있는 그대로, 실용적으로, 정직하게 본다. 그는 주자학, 민주주의, 시장경제 같은 외래의 先進思潮(선진사조)도 국가의 이익과 민중의 복지를 기준으로 하여 비판적으로 소화하려고 했다. 박정희 주체성의 핵심은 사실에 근거하여 현실을 직시하고 是非(시비)를 국가 이익에 기준하여 가리려는 자세였다. 이것이 바로 實事求是(실사구시)의 정치철학이다. 필자가 박정희를 우리 민족사의 실용–자주 노선을 잇는 인물로 파악하려는 것도 이 때문이다.

金庾信(김유신)의 對唐(대당) 결전의지, 세종대왕의 한글 창제, 광해군의 國益 위주의 외교정책, 실학자들의 實事求是, 李承晚(이승만)의 反共(반공) 건국노선을 잇는 박정희의 조국 근대화 철학은 그의 소박한 인간됨에 뿌리를 두고 있다.

박정희는 파란만장의 시대를 헤쳐 가면서 榮辱(영욕)과 淸濁(청탁)을 함께 들이마셨던 사람이다. 더러운 강물 같은 한 시대를 삼켜 바다와 같은 다른 시대를 빚어낸 사람이다. 그러면서도 자신의 정신을 맑게 유지했던 超人(초인)이었다. 그는 알렉산더 대왕과 같은 호쾌한 영웅도 아니고 나폴레옹과 같은 電光石火(전광석화)의 천재도 아니었다. 부끄럼 타는 영웅이고 눈물이 많은 超人, 그리고 한 소박한 서민이었다. 그는 한국인의 애환을 느낄 줄 알고 그들의 숨결을 읽을 줄 안 土種(토종) 한국인이었다. 민족의 恨(한)을 자신의 에너지로 승화시켜 근대화로써 그 한을 푼 혁명가였다.

自主人(자주인) 박정희는 실용-자주의 정치 철학을 '한국적 민주주의'라는 그릇에 담으려고 했다. '한국적 민주주의'란, 당시 나이가 30세도 안 되는 어린 한국의 민주주의를 한국의 역사 발전 단계에 맞추려는 시도였다. 국민의 기본권 가운데 정치적인 자유를 제한하는 대신 물질적 자유의 확보를 위해서 國力을 집중적으로 투입한다는 限時的(한시적) 전략이기도 했다.

박정희는 인권 탄압자가 아니라 우리나라 역사상 가장 획기적으로 인권신장에 기여한 사람이다. 인권개념 가운데 적어도 50%는 빈곤으로부터의 해방일 것이고, 박정희는 이 '먹고 사는' 문제를 해결함으로써 다음 단계인 정신적 인권 신장으로 갈 수 있는 길을 열었다. '먹고 사는' 문제를 해결하는 것이 정치의 主題라고 생각했고 이를 성취했다는 점이 그를 역사적 인물로 만든 것이다. 위대한 정치가는 상식을 실천하는 이다.

당대의 대다수 지식인들이 하느님처럼 모시려고 했던 서구식 민주주의를 감히 한국식으로 변형시키려고 했던 점에 박정희의 위대성과 이단성이 있다. 주자학을 받아들여 朱子敎(주자교)로 교조화했던 한국 지식인의 사대성은 미국식 민주주의를 民主敎(민주교)로 만들었고 이를 주체적으로 수정하려는 박정희를 이단으로 몰아붙였다. 물론 미국은 美製

16

(미제) 이념을 위해서 충성을 다짐하는 기특한 지식인들에게 강력한 지원을 아끼지 않았다. 그러면서도 미국은 냉철하게 박정희에 대해선 외경심 어린 평가를, 민주화 세력에 대해선 경멸적인 평가를 내리고 있었음을, 그의 死後 글라이스틴 대사의 보고 電文에서 확인할 수 있다.

박정희는 1급 사상가였다. 그는 말을 쉽고 적게 하고 행동을 크게 하는 사상가였다. 그는 한국의 자칭 지식인들이 갖지 못한 것들을 두루 갖춘 이였다. 자주적 정신, 실용적 사고방식, 시스템 운영의 鬼才, 정확한 언어감각 등. 1392년 조선조 개국 이후 약 600년간 이 땅의 지식인들은 사대주의를 추종하면서 자주국방 의지를 잃었고, 그러다 보니 전쟁의 의미를 직시하고 군대의 중요성을 계산할 수 있는 능력을 거세당하고 말았다. 제대로 된 나라의 지도층은 文武兼全(문무겸전)일 수밖에 없는데 우리의 지도층은 문약한 반쪽 지식인들이었다. 그런 2, 3류 지식인이 취할 길은 위선적 명분론과 무조건적인 평화론뿐이었다. 그들은 자신들과는 차원을 달리하는 선각자가 나타나면 이단이라 몰았고 적어도 그런 모함의 기술에서는 1류였다.

박정희는 日帝의 군사 교육과 한국전쟁의 체험을 통해서 전쟁과 군대의 본질을 체험한 바탕에서 600년 만에 처음으로 우리 사회에 尚武정신과 자주정신과 실용정치의 불씨를 되살렸던 것이다. 全斗煥 대통령이 퇴임한 1988년에 군사정권 시대는 끝났고 그 뒤에 우리 사회는 다시 尚武·자주·실용정신의 불씨를 꺼버리고 조선조의 파당성·문약성·명분론으로 회귀하려는 움직임을 보이고 있다. 이 복고풍이 견제되지 않으면 우리는 자유통일과 일류국가의 꿈을 접어야 할 것이다. 한국은 이승만, 박정희, 전두환, 노태우 네 대통령의 영도 하에서 국민들의 평균 수

준보다는 훨씬 앞서서 一流 국가의 문턱까지 갔으나 3代에 걸친 소위 文民 대통령의 등장으로 성장의 動力과 국가의 기강이 약화되어 제자리 걸음을 하고 있다.

1997년 IMF 관리 체제를 가져온 外換위기는 1988년부터 시작된 민주화 과정의 비싼 代價였다. 1988년에 순채권국 상태, 무역 흑자 세계 제4위, 경제 성장률 세계 제1위의 튼튼한 대한민국을 물려준 歷代 군사정권에 대해서 오늘날 국가 위기의 책임을 묻는다는 것은 세종대왕에게 한글 전용의 폐해 책임을 묻는 것만큼이나 사리에 맞지 않다.

1987년 이후 한국의 민주화는 지역 이익, 개인 이익, 당파 이익을 민주, 자유, 평등, 인권이란 명분으로 위장하여 이것들을 끝없이 추구함으로써 國益과 효율성, 그리고 국가엘리트층을 해체하고 파괴해 간 과정이기도 했다. 박정희의 근대화는 國益 우선의 부국강병책이었다. 한국의 민주화는 사회의 좌경화·저질화를 허용함으로써 박정희의 꿈이었던 강건·실질·소박한 국가건설은 어려워졌다. 한국의 민주화는 조선조적 守舊性을 되살리고 사이비 좌익에 농락됨으로써 국가위기를 불렀다. 싱가포르의 李光耀는 한국의 민주화 속도가 너무 빨라 法治의 기반을 다지지 못했다고 비판했다.

박정희는 자신의 '한국적 민주주의'를 '한국식 민주주의', 더 나아가서 '한국형 민주주의'로 국산화하는 데는 실패했다. 서구 민주주의를 우리 것으로 토착화시켜 우리의 역사적·문화적 생리에 맞는 한국형 제도로 발전시켜 가는 것은 이제 미래 세대의 임무가 되었다. 서구에서 유래한 민주주의와 시장 경제를 우리 것으로 소화하여 한국형 민주주의와 한국식 시장경제로 재창조할 수 있는가, 아니면 民主의 껍데기만 받아

들여 우상 숭배의 대상으로 삼으면서 선동가의 놀음판을 만들 것인가, 이것이 박정희가 오늘날의 우리에게 던지는 질문일 것이다.

조선일보와 月刊朝鮮에서 9년간 이어졌던 이 傳記 연재는 月刊朝鮮 전 기자 李東昱 씨의 주야 불문의 충실한 취재 지원이 없었더라면 불가능했을 것이다. 아울러 많은 자료를 보내 주시고 提報를 해주신 여러분들께 감사드린다. 이 책은 박정희와 함께 위대한 시대를 만든 분들의 공동작품이다. 필자에게 한 가지 소망이 있다면, 박정희가 소년기에 나폴레옹 傳記를 읽고서 군인의 길을 갈 결심을 했던 것처럼 누군가가 이 박정희 傳記를 읽고서 지도자의 길을 가기로 결심하는 것이다. 그리하여 그가 21세기형 박정희가 되어 이 나라를 '소박하고 근면한, 자주독립·통일된 선진국'으로 밀어 올리는 날을 기대해 보는 것이다.

2007년 3월
趙甲濟

4 5·16의 24時

차례

제14장 國家改造

제12장

결단의 밤

朴正熙

합동 작전 회의

해병대는 거사 준비를 모범적으로 하고 있었다. 김포 해병여단장 金潤根(김윤근) 준장은 출동 부대로 내정한 吳定根(오정근·국세청장 역임) 중령의 대대를 강화하기 위해서 5월 초에 步戰砲(보전포) 협동 훈련을 실시했다. 무슨 일인지도 모르는 작전참모는 "보전포 훈련을 할 만한 장소가 없다"고 반대했다. 김윤근은 "군단장과 인접 사단장을 모시고 훈련 시범을 가지려는 것이니 비좁더라도 여단 지역 내에서 장소를 물색해 보라"고 지시했다.

보전포 훈련이 오정근 대대 중심으로 끝나자 김윤근 여단장은 이 대대에 대해서 야간 기동 훈련을 실시하라고 명령했다. 다른 장교들은 훈련이 오정근 대대에 집중되는 걸 보고는 기합을 받고 있다고 생각했다. 오정근 대대는 중대 단위의 도보 훈련만 해오다가 대대 규모의 차량 이동 훈련을 받게 되었다.

김윤근 여단장은 김포 가도를 현지 시찰했다. 비포장에다가 노면이 울퉁불퉁하고 웅덩이도 있어 야간 기동에 장애가 될 것 같았다. 그는 해안 중대와 공병 중대를 동원하여 길을 보수했다. 해병대가 5월 16일에 모범적으로 출동할 수 있었던 것은 우연이 아니었다.

5월 14일은 화창한 일요일이었다. 이날 아침, 영천에서 상경한 韓雄震(한웅진) 육군정보학교장이 신당동 박정희 집에 들렀다. 한 준장의 임무는 거사 당일 박정희의 경호와 수행이었다. 이때 이틀 전에 경찰에 연행, 구속된 뒤 박정희의 쿠데타 모의에 대해 추궁을 받고 있던 김덕승의 처가 찾아왔다. 남편을 살려 달라고 호소하는 것이었다. 한웅진은 "며칠 참으면 절로 해결될 터이니 기다려 주세요"라고 달래 보냈다. 박정희, 한웅진 두 사람은 내일 다시 만나기로 하고 헤어졌다. 한웅진은 박정희의 호위병으로 데리고 올라온 부하들이 묵고 있는 화신 옆 미화호텔로 돌아갔다. 박정희는 집을 나서 약수동으로 향했다.

서울 약수동 김종락(김종필의 형)의 집에 아침부터 평복을 입은 사람들이 모여들고 있었다. 검은색 안경을 낀 이들이 많아 장교들임을 짐작케 했다. 은행 간부이던 김종락은 집 안의 아이들을 모두 학교 운동장으로 보냈다. 김포 해병여단장 김윤근 준장은 처음 찾아가는 길이라 늦을까 봐 일찍 출발했는데 회의 시간 10시보다 15분 일찍 도착했다. 회의 참석자들은 한꺼번에 오면 이웃에서 이상하게 생각할까 봐 근처 다방에서 3, 4명씩 모였다가 들어오곤 했다. 참석자들은 박정희 소장과 김동하 예비역 해병소장, 김종필을 비롯하여 25명.

공수단: 단장 박치옥 대령, 대대장 김제민 중령. 30사단: 작전참모 이백일 중령, 33사단: 작전참모 오학진 중령.

6군단 포병단: 6군단 작전참모 홍종철 대령, 대대장 신윤창 중령, 대대장 具滋春(구자춘) 중령, 대대장 白泰夏(백태하) 중령, 대대장 鄭五敬(정오경) 중령, 대대장 金人華(김인화) 중령.

6관구 사령부: 참모장 김재춘 대령, 작전참모 박원빈 중령.

김포 해병여단: 여단장 김윤근 준장, 대대장 오정근 중령, 부연대장 趙南哲(조남철) 중령, 인사참모 최용관 소령.

특수 임무 담당자: 오치성 대령, 옥창호 중령, 김형욱 중령, 이석제 중령, 유승원 중령, 박종규 소령.

박정희가 간단한 인사를 했다. 이어서 쿠데타군 출동 계획의 입안자인 朴圓彬(박원빈) 중령이 각 부대의 임무와 출동 시간을 설명했다. 그 요지는 이러했다.

〈D데이 H아워는 5월 16일 새벽 3시. 5월 15일 자정, 예하 부대에 비상 훈련을 가장한 혁명군 출동령을 하달한다. 선두 부대는 공수단, 점령 목표는 반도호텔과 총리실. 제2대는 해병여단, 목표는 내무부, 치안국, 서울 시경. 제3대는 33사단으로서 시청 앞, 덕수궁에 집결. 점령 목표는 KBS 제1, 제2방송국과 기독교 방송국, 국제전신국, 중앙전화국. 제4대는 30사단으로 점령 목표는 중앙청, 청와대, 시경 탄약고, 서대문 및 마포 형무소, 연희 송신소. 제5대는 6군단 포병단인데 D데이 H아워인 5월 16일 새벽 3시 40분까지 육본 광장에 집결하여 예비대의 역할을 한다. 요인 체포 등 특수 임무를 맡은 장교들은 16일 새벽 2시 30분에 영등포—김포 삼거리에서 대기하다가 공수부대의 병력들을 인수받아 임무를 수행한다. 제1 지휘소는 6관구 사령부, 제2 지휘소는 남산, 제3 지휘소는 육군본부〉

원래 박원빈은 한강 서쪽에 위치한 부대가 한강 인도교를 건너는 순서를 해병여단, 공수단, 33사단으로 제의했으나 김윤근 해병여단장이 반대했다. 그는 해병여단이 가장 먼 곳에 있으니 공수단 뒤로 해달라고 했다. 공수단 김제민 중령은 공수단에 차량이 부족하다면서 스리쿼터 수송대의 지원을 요청했다. 스리쿼터 한 대에 공수단 1개 팀이 타도록 하기 위해서였다. 박원빈 중령은 6관구의 차량들을 15일 밤 10시까지 공수단 연병장으로 보내겠다고 약속했다.

회의가 끝날 무렵 김종필이 신문지에 싼 돈을 돌렸다. '집에 양식이라도 사주자'는 취지였다. 해병대 몫은 30만 환이었다. 이 합동 작전 회의가 끝난 뒤 해병대의 네 사람은 따로 모였다. 오정근 대대장 등 세 영관 장교들은 여단장에게 불평했다.

"왜 한강 인도교 통과의 선봉을 양보했습니까."

김윤근 준장은 찬찬히 설명했다.

"거사가 실패했을 경우를 생각해 보았소? 우리가 선봉이 되었다가 실패했을 경우, 해병대의 입장이 얼마나 난처해지겠소. 또 성공한다 하더라도 해병대가 선봉이었다고 하면 누가 집권해도 해병대를 경계하고 푸대접하게 될 것이고, 육군 측의 시기와 中傷(중상)이 첨가되면 해병대에 해로운 결과를 가져올 우려가 있으니 피해야지요."

합동 작전 회의를 마친 뒤 김종필과 이석제, 민간인 김용태는 남아서 문안 검토 작업에 들어갔다. 혁명 공약, 포고문은 김종필이 작성했다. 유승원 대령과 이석제 중령은 국민, 학생, 재향 군인, 국군, 유엔군 장병 및 사령관에게 보내는 메시지를 작성했다. 이런 문건들을 검토한 뒤 김종필 중령이 박정희에게 가져가 최종 검토를 받기로 했다.

광명인쇄소 李學洙 사장

5월 14일 오후 신당동의 박정희 소장 집에선 이상한 풍경이 벌어졌다. 육군 방첩대 산하 서울지구대(506부대) 대장인 이희영 대령과 육군본부 직할 제15범죄수사대(CID) 方滋明(방자명) 중령을 박정희가 집으로 부른 것이다. 서울 지역의 두 군 수사기관장은 박정희의 혁명 모의를 알고 있었다. 이희영은 전날 밤엔 박정희 소장을 구속하느냐 마느냐로 검찰총장과 참모총장 사이를 오가면서 논의까지 한 사람이다. 방첩대는 그 순간에도 박정희의 전화를 감청하고 있었고 미행조를 편성해 놓고 있었다. 그런 판에 박정희는 두 사람을 불러다 놓고는 김동하 소장을 태연히 소개시키고 쿠데타 이야기를 하는 것이었다. 한 해 전 이희영 대령이 2군 방첩부대장이었을 때 하던 그 이야기였다.

"군이 한번 나서서 깨끗이 쓸어 버린 뒤 병영으로 돌아간 다음에 정치를 감시하다가 마음에 안 들면 또 나오면 되는 거야. 이게 버마 네윈式(식)이지."

박정희는 날짜만 이야기하지 않았을 뿐이지 거사가 임박했다는 냄새를 풍겼다. 장도영 참모총장에게도 충분히 설명했다는 암시도 주었다. 방자명이 들으니 박정희는 자신과 이희영을 혁명 동지로 생각하는 듯했다. 방자명은 속으로 '무슨 배짱으로 저러나' 하는 반발심이 생길 정도였다. 육사 8기인 방자명은 몇 달 전까지 2군 범죄수사대에서 근무하여 박정희로부터 신뢰를 많이 받고 있었다. 박정희로부터 "뒤엎어야 한다"는 말을 여러 번 들었다. 노골적인 동참 권유를 받은 적도 있었다. 방자명은 장도영 총장에게 '박정희 쿠데타설'을 직접 보고한 적도 있었다. 이날 방자명은 박정희의 능수능란한 술수에 뭐가 뭔지 모르는 기분이 되었다고 한다.

5월 14일 오후 박정희는 바빴다. 이낙선 소령에게 친서를 지참시켜 1군 사령부의 장교들에게 전달하도록 보냈다. 대구에 있는 이주일 2군 참모장에겐 "모레 친구의 결혼식이 있어 못 내려간다"고 전화로 연락을 했다. 모레, 즉 16일에 거사한다는 뜻이었다. 박정희는 전화로 이야기할 수 없는 내용은 메모하여 전속 부관 김성구 중위를 시켜 직접 이주일 소장에게 전달하도록 했다.

14일 밤 박정희는 신당동 자택에 머물면서 늦도록 김종필이 가져온 혁명 공약, 各界에 보내는 호소문, 포고령 따위의 문안을 검토했다. 자정을 넘겨도 끝나지 않아 다음날 다시 하기로 했다. 밤늦게 문재준 6군단 포병사령관이 방문했다. 지방에 내려갔다가 오전에 있었던 작전 회의에 참석하지 못해 뒤늦게 박정희로부터 지침을 받으러 온 것이다.

이날 밤 공수단 대대장 김제민 중령 집에는 박종규 소령, 차지철 대위 등 11명의 팀장(대위)이 모여 장면 총리의 집무실이 있는 반도호텔 점령 계획을 논의했다. 엘리베이터조, 비상구조, 층계조, 정문조를 편성, 약 70명의 병력을 투입하기로 했다.

다음날(15일) 오전에 김제민, 박종규, 차지철, 그리고 다른 세 대위는 반도호텔 건너편 중국 음식점 아서원으로 갔다. 박종규가 비스듬히 옆면이 보이는 반도호텔의 외부 구조에 대해서 설명했다. 건물 양쪽 면에 난 철제 비상계단의 하단은 접혀 있었다. 위에서 비상 탈출할 때 펼칠 수 있게 된 것인데 밑에서 오르려면 로프가 필요할 듯했다. 이들은 이어 반도호텔의 내부를 정찰키로 했다. 먼저 1층에 있는 바(Bar)로 들어가서 맥주를 한 잔씩 했다. 일어서려고 하는데 맥주잔이 떨어져 깨졌다. 긴장된 분위기에서 나는 파열음은 그들을 더욱 긴장시켰다. 누군가가 "장면 정권이 깨지는 소리야"라고 했다. 이들은 엘리베이터를 타고 아래위를 오가면서 8층에 있는 장면 총리의 집무실과 숙소를 공격할 행동 계획을 짰다.

5월 15일은 월요일이었다. 청파동 숙명여대 근처에 살던 김종필은 아침에 군복으로 갈아입고 신당동 처삼촌 집으로 향하면서 만삭의 아내 박영옥을 향해서 한마디했다.

"하느님이 도우시면 당신과 또 만날 수 있겠지. 자고로 유복자는 대개 아들이라고 하니까 설령 내가 이 거사에서 죽더라도 그놈만은 잘 키워 주시오."

김종필은 언덕배기에서 내려오다가 뒤돌아보았다. 박영옥은 문 앞에 서 있었다.

5월 15일 오전 11시쯤 서울 종로구 안국동 광명인쇄공사 李學洙(이학수) 사장실의 문을 두드리는 사람이 있었다. 검은 안경을 쓴 김종필이었다. 李(이) 사장은 일본에 주문한 인쇄기 구입 건으로 무엇인가를 열심히 쓰고 있었다. 김종필은 안경을 벗더니 "내일 未明(미명)을 기해서 거사하기로 하였소"라고 했다. 이학수는 "제가 맡은 일은 완수하리다. 염려 마시오"라고 했다.

"이 형, 제가 안내할 테니 박 장군한테 갑시다. 이 형을 만나자고 합디다."

두 사람은 밖으로 나와서 택시를 잡아탔다. 신당동으로 달리는 차중에서 김종필은 이 사장의 손을 잡더니 귀엣말로 "오늘처럼 시간이 안 가는 날도 처음이오"라고 했다. 신당동 박정희 장군 집에 들어가니 키가 큰 한웅진 육군정보학교장이 먼저 와 있었다. 서로 인사를 하고 있는데 박정희가 안방에서 나왔다.

"이 형, 잘 오셨소."

인사를 나누는데 노란색 스커트를 입은 육영수가 들어왔다.

"여보, 인사하시오. 이분이 이주일 장군의 친척 되시는 이학수 씨요."

박정희는 이학수를 안방으로 데려갔다. 옷장 깊숙이 넣어둔 공책 한 권과 서류를 꺼냈다. 혁명 공약과 혁명 취지문, 포고문 초안이었다. 박정희는 이 서류들을 내놓고 이학수의 의견을 구했다. 이학수는 32절지 크기로 35만~50만 장을 인쇄하면 자정부터 시작할 경우, 다음날 아침 6시에 끝날 것이라고 했다. 박정희는 "포고문의 인쇄는 혁명군이 서울 시내로 진입한 뒤에 시작하라"고 했다. 확정된 혁명 공약, 포고문의 인쇄 원고는 김종필이 밤에 전해 주기로 했다. 박정희는 이렇게 당부했다.

"이 사장, 事前(사전)이나 작업 중에 경찰이나 수사 기관에 붙들려 가는 일이 있더라도 15시간 만은 입을 열지 마시오. 공장 직원들이 작업하는 동안에 기밀이 누설되지 않게 잘 해주시오."

박정희는 옆에 앉아 있던 김종필에게도 지시했다.

"경호원 3, 4명을 데리고 가서 직접 작업을 감독하게. 그리고 순찰경관이 오거든 입을 막고 잡아 둬."

이학수가 안방을 나오니 응접실에 김동하 장군이 와 있었다. 두 사람은 같은 함경도 출신으로 잘 아는 사이이고 모의에 참여하고 있다는 것도 알고 있는 사이였다. 이학수는 김동하에게 "나 먼저 갑니다" 하고는 광명인쇄소로 돌아왔다.

혁명 공약 제6항

광명인쇄소로 돌아온 이학수 사장은 공장장을 불렀다.

"오늘 밤 공보실에서 급한 원고가 나와서 철야 작업을 해야 하겠으니 야근할 사람들을 뽑아 대기시키시오. 저녁 식사도 모두 공장에서 하도록 이르시오."

이학수는 그날 저녁 친구 세 사람을 식사에 초대했다. 그러곤 정색을 하고 말했다.

"며칠 안으로 내 신상에 무슨 일이 생길지 모른다. 내가 불행해지면 자네들 세 사람이 힘을 모아 내 공장을 경영해 주고 내 자식들도 클 때까지 돌봐 주어야 해."

친구들은 "농담이 지나치군" 하고 웃어넘기려 했다.

"진담이다. 절대 흐지부지하게 듣지 마."

"혹시 收賂(수뢰) 사건에 걸려든 것 아냐."

"아니야. 내일 아침이면 모든 게 밝혀질 것이니 더 이상 묻지 마."

이학수는 식사를 끝내고는 집으로 갔다. 잠든 처자식의 얼굴을 바라보면서 불안한 가슴을 달랠 길이 없었다. 자정 직전 전화가 울렸다. 공장에서 온 전화였다. 그는 전화벨 소리를 듣고 일어난 아내에게 "오늘 야간작업이 있어 공장에서 밤샘을 해야겠다"면서 자식들 얼굴을 한 번 더 내려다보고는 공장으로 향했다. 야간작업 인원들을 파악한 다음 그는 김종필이 오기를 기다렸다.

민간인 참여자 가운데 張泰和(장태화)는 박정희와 직통으로 정보 수집, 상황 분석의 일을 하고 있었다. 5월 15일 낮에 육영수로부터 전화가 걸려 왔다. 그가 전화를 받으니 육영수는 박정희를 바꾸어 주었다. 박 장군은 "집으로 좀 와주시오"라고 했다. 장태화는 점심을 먹고 신당동으로 갔다. 박정희, 김종필, 장태화, 그리고 좀 늦게 합류한 이낙선 네 사람은 안방에서 어제 끝내지 못한 혁명 공약, 포고령, 정부기구표 등의 문안 검토 작업을 계속했다. 김종필이 써 온 혁명 공약에 박정희는 나중에 논란의 대상이 되는 제6항을 추가했다.

'이와 같은 우리의 과업이 성취되면 참신하고도 양심적인 정치인들에게 정권을 이양하고 군은 본연의 임무로 돌아간다' 는 조항은 박정희의 입버릇이 된 '버마식 군부 통치' 를 염두에 둔 것이었다. 군대는 병영으로 들어가 大兄(대형)처럼 정치를 감독하다가 마음에 들지 않으면 다시 정치에 개입하여 정리를 해주고 들어가는 식의 군부 통치 구상은 장구한 문민 통치의 역사를 가진 한국에 먹힐 리가 없었다. 박정희나 김종필이나 국가 근대화를 혁명의 목표로 설정하고 있었다. 단순히 舊(구)정치를 청산한다는 한시적 정치 참여를 생각하고 있었던 것은 아니다. 김종필은 이 6항의 첨가에 반대했으나 박정희의 고집을 꺾을 수는 없었다.

박정희는 혁명 공약의 발표자 명의를 군사혁명위원회 의장 장도영 육군 참모총장으로 하도록 지시했다. 김종필은 반발했다. "그런 사람을 왜 우리가 모셔야 합니까" 하고 대들다시피 했으나 박정희는 자신의 뜻을 굽히지 않았다. 박정희, 김종필, 장태화가 문안을 검토하여 수정한 것을 이낙선이 淨書(정서)했다.

군사혁명위원회 포고령 1호는 출국 금지, 집회 금지, 언론 검열, 직장 이탈 금지, 통금 시간 연장, 영장 없는 구금과 극형을 규정한 무시무시한 내용이었다.

포고령 제2호는 16일 오후 5시를 기해서 일체의 금융 거래를 동결한다는 내용이었다. 이것은 16일 아침 9시를 기해 전국에 비상계엄령이 선포되는 것과 맞추어 오전 9시로 수정되었다. 은행에서 예금 인출사태를 막기 위한 것이었다. 포고령 3호는 공항과 항만 폐쇄, 4호는 국회(민의원, 참의원)와 지방 의회의 해산, 정부 인수, 정당과 사회단체의 정치 활동 금지, 국무위원 체포를 명령하는 내용이었다. 포고령 5호는 금융 기관으로부터의 예금 인출을 1회에 10만 환, 한 달에 50만 환으로 제한하는 내용. 6호는 물가 동결과 매점매석자에 대한 극형, 포고령 7호는 외국인 재산에 대한 보호령이었다.

5월 16일 이후 김종필은 열 건이 넘는 포고령 문안을 호주머니에 넣고 다니다가 차례로 발표하였다. 포고령 15호부터는 혁명 이후에 작성한 것이라고 한다. 혁명 이후의 정권 안정과 권력 구조의 대강을 결정한 이날의 문건 검토 작업이 이뤄진 작은 안방은 새로운 정권을 탄생시킨 産室(산실)이기도 했다. 방 안은 담배연기로 자욱했다.

장태화는 팔멀을, 김종필은 켄트 담배를 피우고 있었다. 박정희가 말했다.

"이 담배도 오늘이 마지막이군."

김종필이 받아서 말했다.

"실컷 피웁시다. 내일이면 세상이 바뀌니 양담배를 葬送(장송)하는 셈치고 마음대로 피웁시다."

내일 쿠데타에 실패하면 양담배를 피울 수 없게 될 것이고 성공해도 지도층의 입장에서 양담배를 피울 수 없게 될 것이니 어차피 양담배는 이것이 마지막이란 뜻이었다.

이날 육영수는 몸조심을 하였다. 박정희가 부르지 않으면 들어가지 않았다. 육영수가 차려온 저녁을 먹는데 김종필이 한 문필가에게 집필을 부탁해 두었던 '국민에게 보내는 메시지'가 도착했다. 네 사람은 글을 돌려가며 읽어 보았다. 내용이 너무 유약하고 박력이 없다고 판단하여 보류하기로 했다.

이날 신당동 자택에는 혁명파 장교들이 자주 들락거렸다. 오전엔 진해 육군대학에서 공부하고 있던 육사 8기 鄭文淳(정문순) 중령이 찾아와서

'민주당사 점령'이란 임무를 받아 갔다. 광주 항공학교장 이원엽 대령, 보병학교 참모장 崔載明(최재명) 대령도 찾아왔다. 박정희는 이원엽에게 "전국 주요 도시에 혁명의 취지를 알리는 전단을 뿌려라"고 지시했다.

하루 전 박정희의 친서를 지니고 1군 사령부의 혁명파 장교들을 찾아 갔던 이낙선은 전달을 마친 다음 오후 1시쯤 신당동으로 와서 문안을 깨 끗이 옮겨 쓰는 일에 매달렸다. 혁명이 성공한 다음 장도영에게 전달할 박정희의 편지 초안도 이낙선이 썼다.

점심 무렵엔 박종규 소령이 와서 김종필에게 반도호텔 작전 계획을 현 장에서 점검한 결과를 보고했다. 박정희는 국방대학원에서 공부하고 있 던 尹泰日(윤태일), 宋贊鎬(송찬호) 준장에게 전화를 걸어 오후 5시까지 와 달라고 했다. 이 두 사람이 나타나자 박정희는 이낙선이 작성한, 장 도영 앞으로 보내는 자신의 편지를 건네주면서 거사가 시작된 이후 장 도영을 찾아가서 편지를 전하고 군사 혁명에 가담하든지 아니면 방해는 하지 말도록 설득해 줄 것을 당부했다.

박정희는 육본 교육처장 張坰淳(장경순) 준장에게 전화를 걸어 오후 6 시까지 와 달라고 했다. 장경순은 왜 자기를 불렀는지 모른 채 신당동에 도착했다. 박정희는 단도직입적으로 말했다.

"장 장군, 내일 거사야."

尹潽善의 불만

육본 교육처장 張坰淳(장경순·농림부 장관 역임) 준장은 5월 15일 오 후 박정희로부터 "내일 거사야"란 말을 듣고도 크게 놀라지 않았다. 두 사람은 오래 전부터 의기투합한 사이였다. 장경순은 "그럼 저는 뭘 해야 하지요"라고 물었다.

"장 장군은 장도영 총장과는 대학 동창이잖아. 그러니 혁명을 이끌어 달라고 설득해 주어야겠어. 또 하나 박치옥 공수단장도 동참하기로 했는데 공수단의 출동을 감독하는 책임을 져주게."

"알았습니다. 그런데 한 사람 더 데리고 와도 좋습니까."

"알아서 하시오."

장경순은 아끼는 부하 권천식 소령을 생각하고 있었다. 장경순은 일단 집에 들렀다가 "야간 비상 훈련에 참가하러 간다"고 아내에게 말한 뒤 밤늦게 친구인 한웅진 준장이 기다리고 있는 화신 옆 미화호텔로 향했다.

혁명 전야의 밤이 깊어가고 있던 이 순간 군부 쿠데타의 성패에 결정적인 역할을 할 사람이 청와대에서 장면 총리에 대한 불만을 가득 품은 채 살고 있었다. 실권이 약한 제2공화국 대통령은 민주당 구파 출신 尹潽善(윤보선)이었다. 신파 출신인 장면 총리와는 원래 친밀하지도 않았지만 이즈음은 결코 한때의 정치적 동지라고 부르기도 어려울 정도로 관계가 악화되어 있었다.

회고록 《외로운 선택의 나날》에서 윤보선은 '장면 총리의 배신'이란 표현을 써 가면서 그를 직설적으로 비판했다. 윤보선이 나라가 총체적 위기로 치닫고 있다는 것을 실감한 것은 1961년 3월 22일 혁신계가 주동한 야간 횃불 시위 때였다. 이날 밤 윤보선은 서민으로 변장하여 지프를 타고 시위대를 뒤따라가면서 그들이 외치는 섬뜩한 구호를 듣고는 '색채가 수상하다는 우려를 금할 수 없었다'고 한다. 윤보선은 청와대로 돌아와서 曺在千(조재천) 법무장관을 불러 장시간 대책을 논의했으나 결론을 내릴 수 없었다.

그때 장면 정부도 문제의 심각성을 인식하고 있었다. 데모 규제법과 반공 특별법을 제정하여 과격한 시위를 다스리려고 했다. 민주당 구파가 분당하여 만든 야당인 신민당도 내심으론 이 법의 필요성을 느끼고 있으면서도 당리당략적 이해관계로 반대하여 정부는 이 법의 통과를 포기하고 말았다.

이즈음 민심을 파악하기 위해서 부산에 다녀온 郭尙勳(곽상훈) 민의원 의장이 윤보선 대통령을 찾아와서 위기감을 전달했다.

"지금은 與(여)고 野(야)고 가릴 때가 아닙니다. 여야의 지도층이 한데 모여서 사태를 수습하는 방안을 강구해야 합니다. 급히 불러서 회의를 갖도록 합시다."

이날 윤보선 대통령이 청와대로 소집한 원로는 장면 총리, 곽상훈, 白樂濬(백낙준) 참의원 의장, 金度演(김도연) 신민당 대표, 유진산 간사장, 현석호 국방장관, 그리고 梁一東(양일동), 趙漢栢(조한백) 의원이었다. 곽상훈이 부산에서 느낀 민심을 설명했다.

"서울에 있으면 언론이 사실을 지나치게 왜곡하고 있다고 생각하기 쉬운데 이번에 부산에 가보니 정부에 대한 비판의 소리가 상상보다 격심했소. 우리가 힘을 합쳐서 이 위기를 타개해야 하겠습니다."

이야기가 오고가던 중 윤보선은 장면을 압박하는 발언을 했다.

"중대한 사태를 수습할 소신과 방안이 없다면 거국 내각이라도 만들어서 비상사태를 선언하고 국민에게 호소하는 방법이 가장 적절하지 않겠소?"

장면 총리는 "좀더 시간을 갖고 생각해 보는 것이 좋겠소"라고 했으나 거국 내각 이야기가 계속 제기되자 이렇게 말했다는 것이다(윤보선 회고록).

"내가 만일 그만두면 나보다 더 잘할 사람이 당장 어디 있겠소?"

이 말에 윤보선은 발끈하여 이렇게 쏘아붙였다.

"장 총리가 지금까지의 국내 失政(실정)을 솔직하게 시인하지 않고 또 제대로 인식하지 못한 듯한 발언을 한 것은 대단히 유감스러운 일이오."

이날 회의는 결론 없이 끝났으나 윤보선은 피차의 입장을 이해할 수 있는 기회가 되었다고 나름대로 평가했다. 참석자들은 기자들에게는 '이날 회동에선 신생활 운동에 대해서 논의했다'고 발표하기로 약속했다. 그러나 다음날 여당에선 윤보선 대통령을 비난하고 나섰다. 대통령이 신민당 편을 들어 장면 총리를 압박하고 있다면서 앞으로는 그런 자리에는 참석하지 않겠다는 성명이 나왔다.

윤보선은 이 사건이 '대통령과 국무총리 사이의 정치적 결별'이었다고 썼다. 5월 16일 아침 군사 쿠데타의 성공에 결정적 역할을 하게 되는 윤보선 대통령의 동기 가운데는 장면 총리에 대한 불신도 끼여 있었을 것이다.

박정희와 함께 쿠데타 모의에 참가했으나 돌출적인 행동 때문에 마지막엔 소외되었던 유원식 대령은 임시정부 요인 柳林(유림)의 아들이었다. 그는 윤보선의 친구인 沈明求(심명구)를 통해서 윤 대통령과 접촉하려고 했다. 1961년 봄 심명구는 윤 대통령을 찾아와서 이런 말을 했다.

"군 일부에서 반란을 일으키려고 책동하는 모양인데 들어 본 일이 있소?"

"아니 그게 무슨 소린가. 나잇살이나 든 사람이 왜 그런 허무맹랑한 말을 하는가."

"지난 정초에 하례객으로 청와대를 다녀간 육군 대령이 그 거사를 모의하는 군인 중의 한 사람이라고 하더군. 대통령을 다시 한 번 만나 보고 싶어한다던데."

"자네 무슨 그런 부질없는 소리를 하고 다니나. 큰 망신당하기 전에 입을 다물게."

그런 핀잔을 듣고도 심명구는 "그 육군 대령을 만나보지 않겠소?" 하고 대통령의 마음을 떠보려고 하더란 것이다.

"아니 이 사람아. 그런 불순한 마음으로 일을 저지를 사람이라면 어찌 내가 여기에 앉아서 만나야 되겠는가? 그런 소리 하려면 여기 오지도 말게나."

윤보선 대통령은 여러 경로로 군부 쿠데타說(설)을 접하고 있었으나 실권이 없는 그로서는 할 일이 없었다. 한번은 조재천 법무장관을 불러서 "어떤 대책을 세우고 있는가" 하고 물었다고 한다.

"장 총리나 국방장관도 다 알고 있는 일인데 대수롭지 않은 역정보라고 합니다. 염려하지 않으셔도 됩니다."

해병대와 공수단

김포 주둔 해병여단장 김윤근 준장은 5월 15일 아침부터 출동 준비를 착착 진행하고 있었다. 오전 9시 참모회의에서 김윤근은 "오늘밤 오정근 대대에 대해 차량을 이용한 야간 기동훈련을 실시하라"고 작전참모에게 지시했다. 이 기동 훈련이 실은 정권을 뒤엎기 위한 군 출동이란 것을 알 리가 없는 참모들은 "또 여단장이 오정근 대대장을 죽이는구나"라고 생각하는 것 같았다.

김윤근 준장은 하나 마음에 걸리는 것이 있었다. 참모장 朴成哲(박성철) 대령 일이었다. 박 대령은 해병대 사령관 金聖恩(김성은) 중장과 만주 하얼빈에서 중학교를 함께 다닌 사이였다. 그런 박 대령에게 거사 계획을 털어놓으면 비밀이 샐 것 같아서 김윤근은 참모장을 따돌렸다. 막상 거사를 앞두고 보니 미안한 생각이 들었다. 참모회의가 끝난 후 정기 외출을 나가겠다고 인사하러 온 박성철 대령에게 김윤근이 말했다.

"혹시 외출을 연기할 수 없겠소?"

"친구와 약속이 되어 있는데 제가 꼭 있어야 할 일이 있다면 전화로 약속을 취소하겠습니다."

"아니, 그럴 필요 없어요. 별일도 아닌데."

김윤근은 참모장에게 귀띔해 줄 기회를 만들려고 했는데 중대사를 앞두고 의심받을 일은 하지 않아야 한다는 생각이 들어 박 대령을 잡아두지 않았다. 거사가 성공한 이후 박성철은 친구들로부터 "여단장으로부터 얼마나 불신을 받았기에 그처럼 따돌림을 받았느냐"고 핀잔을 들었다고 한다. 오전 11시 김윤근은 헌병대장을 불렀다.

"각 부대장에게 통보해서 오늘 외출, 휴가를 가는 장병들은 늦어도 오후 1시까지 부대를 떠나고 오후 3시까지는 여단 검문소를 통과하게 하라."

여단에 수상한 움직임이 보인다는 정보가 새나가지 않도록 한 조치였다. 점심 식사를 한 뒤 김윤근은 여단본부 중대장 左炳玉(좌병옥) 대위와 여단 통신참모 文成泰(문성태) 중령을 따로따로 불렀다. 김윤근은 "지금부터 말하는 것은 명령이 아니고 개인적인 요청이다. 들어주면 고맙고 안 들어주어도 무방하다"고 전제한 뒤 거사 계획을 설명해 주었다. 두 사람은 놀라는 표정을 짓더니 곧 "여단장님이 하시는 일이라면 기꺼이 행동을 같이 하겠다"고 말하더란 것이다.

김윤근은 좌 대위에게 자신을 보좌할 지휘부의 조직을 맡겼다. 문 중령에겐 전방 지휘소와 후방 지휘소를 연결하는 무전 통신망의 구성을 지시했다. 아울러 비밀 유지를 위해서 오후 5시에 서울과 여단과의 전화선을, 밤 9시에 군단과의 전화선을 절단하라고 명령했다.

오후 3시가 좀 지나서 인사참모 崔龍琯(최용관) 소령과 군수참모 柳哲秀(유철수) 중령이 어두운 표정으로 여단장을 찾아왔다.

"출동 부대에 탄약 1期數(기수: 한 번 전투에 필요한 분량)를 보급하라고 했더니 병기참모가 말을 안 듣습니다. 기동 훈련에 무슨 탄약이 필요하냐고 하면서 막무가내입니다."

사실 기동 훈련에 탄약을 공급하라는 쪽이 무리였다. 그렇다고 정권을 뒤엎으러 나가는 부대가 비무장일 수는 없는 노릇이었다. 김윤근은 잠시 궁리를 한 뒤 병기참모에게 전화를 걸었다.

"내가 기동 훈련 부대에 탄약을 공급하라고 하였소. 병기참모도 잘 알다시피 휴전 후에 입대한 장교와 사병은 1기수의 분량이 얼마나 되는지 모르고 있으니 이번에 휴대시켜 그 부피를 체험하게 해야겠어요."

"말씀대로 공급하겠습니다. 그러나 포장을 뜯으면 분실될 염려가 있으니 포장을 뜯지 말고 상자 단위로 휴대시켜 주십시오."

"나도 대대장에게 그렇게 지시하겠소."

오후 4시 해병 제2훈련소장 鄭世雄(정세웅) 대령이 출동 부대에 합류하기 위해서 여단본부에 들어왔다. 김윤근은 정세웅과 함께 수송 중대와 오정근 대대를 둘러보았다. 수송 중대는 출동에 대비한 차량 점검과 정비로 분주했다. 강화도에 건너가 저녁 식사를 하고 다시 오정근 대대에 들르니 타 부대에서 도착하는 보충 병력과 탄약 분배로 북적이고 있었다.

김윤근은 자신이 출동 부대와 함께 나간 뒤 이 여단을 지킬 여단장 대리를 지명하려고 2연대장 朴承道(박승도·해병소장, 사단장, 구미공단 이사장 역임) 대령과 작전참모 鄭台錫(정태석) 중령을 불렀다. 김윤근은 비로소 두 사람에게 거사 취지를 설명해 주었다. 두 사람은 상기되더니 '부재 중의 여단 지휘는 다른 사람에게 맡겨 주시고 우리는 거사 부대와 행동을 함께 하겠다' 고 나서는 것이었다.

김윤근은 두 사람을 말리는 데 애를 먹었다. '두 사람이 협력해서 뒤를 맡아 주어야 내가 마음 놓고 출동하지 그렇지 않으면 나갈 수 없다' 고 설득하는 데 한참 시간이 걸렸다. 김윤근은 잠을 자두기로 했다. 부관 洪京植(홍경식) 소위에게 밤 11시에 깨우라고 지시한 뒤 숙소에 가서 깊은 잠에 빠져들었다.

5월 15일, 약 600명의 병력을 가진 공수단은 도봉산과 안성에서 훈련이 예정되어 있었다. 김제민 대대장은 훈련을 받으러 나가는 장교들에게 밤까진 어떤 일이 있더라도 귀대하라고 지시했다. 이 훈련은 미군 공수부대 고문관들의 지도로 이루어지는 것이었다. 김제민 중령은, 이들 미 고문관들이 타는 자동차의 바퀴 바람을 빼버리더라도 공수부대원들이 귀대하는 것을 막지 못하도록 하라고 시켰다. 이날 낮에 오치성 대령과 옥창호 중령이 박치옥 단장을 찾아왔다. 두 장교는 "출동시간을 반드시 지켜주십시오"라고 부탁했다. 박 대령은 "차량만 제때에 보내 주게"라고 응수했다.

공수단 차지철 대위는 이날 특별히 바빴다. 14일 밤 도봉산으로 출동했던 차지철은 15일 아침엔 시내로 나가 박종규와 함께 장면 총리 체포에 대비하여 반도호텔 정찰을 실시하고 오후 2시쯤 도봉산으로 돌아와 지상에서 낙하 훈련을 유도하였다. 2개 중대 병력의 공수단 훈련 부대는 이날 밤 도봉산을 출발, 밤 10시 15분쯤 김포의 본부로 돌아왔다. 낙하 훈련에 지친 이들은 돌아오자마자 쿠데타를 위한 출동 준비에 들어갔다.

부대에 남아 있었던 김제민 대대장은 이날 밤 팀장들을 불렀다. 그들에게 거사계획을 털어놓았다. 해병대가 동참할 것이고 장도영 참모총장도 이 쿠데타를 지도할 것이라고 말해 주었다. 박치옥과 김제민은 그때까지도 박정희의 말을 믿고 장도영이 쿠데타를 지도하고 있다고 생각하고 있었다고 한다. 팀장들은 모두 거사에 찬동했다. 김제민은 박치옥 단장에게 전화를 걸었다.

"단장님이 내려오셔서 한 말씀 해주십시오."

박치옥은 팀장들을 집합시킨 뒤 거사의 당위성에 대해 일장 훈시를 했다고 한다. 김제민 대대장은 이제 6관구 사령부에서 스리쿼터 수송대를 보내 주기만을 기다리고 있었다.

1軍과 6관구 사령부

쿠데타軍(군)의 지휘소가 될 영등포 6관구 사령부에는 김재춘 참모장과 박원빈 작전참모가 바쁜 하루를 보내고 있었다. 김재춘 대령은 먼저

黃山雄(황산웅) 수송관을 불러 이틀 전에 지시한 사항을 확인했다. 스리쿼터에 기름을 가득 넣어 두도록 지시했던 것인데 그 사이 누가 기름을 빼내 팔아먹었을지도 모르고 타이어가 터져 있을지도 모를 일이었다. 혁명 주체로 포섭된 황 대위는 20대의 트럭을 2개 중대로 편성하여 10대를 공수단으로 보내고 나머지 10대는 비상 대기시켜 두라는 지시를 받아 두고 있었다. 김재춘은 본부사령 桂忠義(계충의) 소령을 불렀다. 그도 포섭되어 있었다.

"오늘 저녁에 혁명 대열에 참여할 장교들이 오는데 대부분이 무장하지 않은 상태일 거야. 그러니 우리 본부에 있는 총과 실탄을 준비해 두게."

김재춘은 한 달 전부터 이미 衛兵(위병) 교육을 실시한다는 구실을 붙여 1개 소대 병력을 본부사령 지휘하에 두도록 했었다. 이날 다시 제10경비중대에서 1개 소대를 뽑아 본부사령 아래로 배속시켰다. 본부 무기고엔 15발들이 탄창을 끼워 단발 사격을 하는 카빈 M1과 30발들이 탄창을 꽂아 자동 연발 사격이 가능한 M2가 200여 정이 있었다. 계충의 소령은 이들 소총을 점검하기 시작했다. 15일 밤의 주번 사령은 비상 출동 명령을 내리는 데 관계하고 본부의 병력을 지휘하는 등 중요한 직무를 맡게 되어 있었다. 박원빈 중령은 자신이 이날 주번 사령이라고 착각하여 박정희에게 이날을 거사일로 하자고 건의했었다.

나중에 알아보니 이날 주번 사령은 공병참모 하 중령이었다. 그는 육사 8기로 박원빈과는 동기였지만 포섭되어 있지 않았다. 김재춘 참모장과 의논하였더니 능수능란한 참모장이 이 문제를 간단하게 해결했다. 김재춘은 2군 사령부 공병참모 朴基錫(박기석) 대령에게 전화했다. 박 대령은 육사 5기로서 동기 사이일 뿐 아니라 혁명군으로 포섭되어 있었다. 박기석에게 부탁하여 하 중령을 대구로 불러 내릴 구실을 만들었다. 김재춘은 대구로 출장을 보낸 주번 사령 대리로는 이미 이야기가 되어 있는 부관참모 李京華(이경화) 중령을 근무하게 하였다.

박정희의 쿠데타가 성공하느냐 실패하느냐의 열쇠를 쥐고 있는 또 한 사람은 1군 사령관 李翰林(이한림) 중장이었다. 1940년 박정희와 함께 新京(신경) 만주군관학교 제2기생으로 들어간 이래의 친구 사이였다. 그의 휘하엔 5개 군단 20개 사단이 있었다. 적어도 수치상으론 이한림이 반대하면 어떤 쿠데타도 성공할 수 없게 되어 있었다. 그는 박정희가 쿠데타를 꾸미고 있다는 사실을 알고 있었다. 그러면서도 '군 정보기관이 활동하고 있으므로 적절히 대처할 것'으로 믿고는 적극적인 음모 분쇄에 나서지 않고 있었다. 장도영, 이한림, 그리고 많은 장성들이 박정희의 쿠데타 모의를 알고도 이를 장면 총리에게 보고하여 적극적으로 쿠데타를 저지할 생각을 하지 않았던 것은 장면 정부에 대한 애착과 충성심의 결여를 보여준다.

많은 장교들은 장면 정부가 민주적이란 이유 하나만으로 무조건적인 지지를 보내지는 않았다. 민주주의의 3대 내용물인 자유, 복지, 안보 가운데 3분의 2(복지와 안보)가 缺格(결격)인 장면 정부는 이들에게 정통성을 상실하고 있었다. 민주주의의 이름 뒤에서 이루어지고 있는 무능과 부패는 장면 정부에 대한 민심과 군심의 이반을 불렀다. 이런 분위기에서 이한림은 친구의 쿠데타 모의를 알고도 '내가 야전군을 믿는 것처럼 서울도 그 나름대로의 임무를 수행하는 기관과 기능이 있으므로 잘 될 것'이라는 생각을 하고 있었다(회고록 《세기의 격랑》).

5월 15일, 이한림 중장은 그동안 야전군에 대한 업무 파악을 위해서 미루어 두었던 1군 창설 기념식 행사를 원주의 사령부 연병장에서 성대히 거행했다. 야전군 산하 전 중대의 대표들이 수천 旗(기)의 중대기를 들고 참석한 기념식은 장관이었다. 이 행사에 온 5명의 군단장, 20명의 사단장 가운데 내일 새벽에 거사가 있다는 것을 알고 있던 사람은 세 사람이었다. 5군단장 朴林恒(박임항), 5사단장 채명신, 12사단장 박춘식.

박임항은 만주군관학교 1기 출신으로서 박정희와 이한림보다는 한 기 선배였다. 채명신, 박춘식은 육사 5기 출신으로서 박정희를 참모장으로 모시고 참모로 근무하면서 인격적인 감화를 받은 공통점이 있었다.

이한림은 자신의 지휘하에 있는 20개 사단이 박정희의 음모를 저지시킬 수 있으리라고 자신했으나 음모의 긴 손은 바로 그의 발밑까지 와서 굴을 파고 있었다. 15일 오전 박정희의 밀사 이낙선 소령이 친서를 품고 1군 사령부 작전처 曹昌大(조창대) 중령을 찾아왔다. 조 중령은 1군 내 혁명 조직의 중심이었다. 이낙선이 전달한 친서는 박임항, 채명신 장군 앞으로 된 것인데 저녁 식사 후 전달하라는 조건이 붙어 있었다.

조창대 앞으로 된 친서와 이낙선을 통해서 구두로 전달한 메시지에서 박정희는 16일 새벽 3시를 기해 거사한다는 사실을 알리고 박임항 중장을 통해서 이한림을 설득해 줄 것을 당부했다. 박정희는 또 육사 8기 중령들이 접촉하지 않고 있던 포병참모 鄭鳳旭(정봉욱) 대령이 '믿을 수 있는 사람'이라는 뜻을 전달했다. 정봉욱은 6·25 때 낙동강 전선에까지 내려왔던 인민군 포병장교(당시 중좌)였다. 국군에 투항해온 그는 박정희가 사단 포병단장일 때 부하로 근무한 적이 있었다. 조창대는 쿠데타 지도자의 친서를 받은 직후 이종근, 심이섭, 박용기 중령에게만 내용을 알려주고 다른 장교들에겐 '오늘밤 9시 작업복 차림으로 박용기 집으로 모여라' 고 통보했다.

조창대는 창설 기념 행사가 이루어지고 있던 축구 경기장으로 가서 박임항, 채명신 장군을 만났다. "오늘 오후 6시에 여관으로 찾아뵙겠다"고 했다. 조창대는 저녁에 두 장군을 찾아가 박정희의 친서를 건넸다. '이한림 사령관을 설득하여 혁명을 방해하지 않도록 하라' 는 게 친서의 요지였다. 조창대는 밤 9시 박용기 중령의 집으로 향했다. 조창대, 이종근, 심이섭, 안찬희, 김덕윤, 김수만, 박용기 중령이 모였다. 안찬희 중령은 이한림 사령관의 비서실에 근무하고 있었다. 조창대는 박정희의 친서를 낭독한 뒤 불태웠다. 이들은 밤 11시엔 조창대 중령의 관사로 옮겨 다음 날 새벽 5시 방송을 기다리기로 했다. 후방 지역의 쿠데타軍 장교들에 겐 KBS의 아침 5시 혁명 공약 낭독 방송이 행동 지시가 되게끔 계획되어 있었다.

漏泄 (누설)

서울 근교에 주둔한 30사단은 1개 연대 병력도 되지 않는 예비 사단이 었지만 수도권에 위치한 때문에 중요했다. 5월 15일 작전참모 이백일 중령은 출근하자마자 '오늘 밤에 비상 출동 훈련이 있으니 준비하라' 는 지시를 연대로 내렸다. 6관구 작전참모 박원빈 중령이 기안하여 4월 말에 육본－6관구 사령부를 거쳐 수도권 부대에 내려 보낸 폭동 진압 훈련 계획(비둘기작전 계획)에 의거한 지시였으므로 의심을 받을 리가 없었다.

참모장 李甲榮(이갑영) 대령, 90연대장 朴常勳(박상훈) 대령은 이백일에 의해 20여일 전에 포섭된 혁명 동지였다. 오후 1시쯤 이갑영은 박상훈을 데리고 사단 내 야산으로 올라가서 이백일에 대한 불평을 털어놓았다. 오늘 비상 출동 대기 명령이 시달된 것을 보니 혁명을 위해 출동하는 것은 분명한데 자신들에게는 아무런 상의나 통보도 해주지 않는 이백일의 행동이 못마땅하다는 데 의견 일치를 보았다. 박상훈 대령은 출동 부대의 지휘관은 자신인데 한마디 의논도 없었던 이백일이 괘씸하기까지 했다. 박 대령은 이백일의 사무실을 찾아갔다.

"오늘 출동한다는데 사실인가. 나에겐 어째서 한마디 말도 없이 그러는가. 나는 못 하겠다."

대강 이런 요지의 불평을 했다. 이백일도 신경질을 냈다.

"못 하겠으면 그만두십시오. 어린아이 장난도 아니고 말이죠. 밤 10시에 육본에서 사람이 올 텐데 그때 모든 것이 알려질 것입니다. 전투단장으로서 행동하기 싫으면 오후 5시까지 확답을 해주십시오."

박상훈이 자신의 사무실로 돌아와서 생각에 잠겨 있는데 이갑영 참모장이 들어왔다.

"사단장 각하께 이 사실을 보고하시오."

박상훈은 사실상의 密告(밀고) 권유인 이 말을 듣고는 "밤 10시까지 기다려 보자"고 했다. 이갑영은 李相國(이상국) 사단장실로 갔다.

"각하, 박상훈 연대장이 사적인 일로 만나 뵙고자 원합니다."

"약속이 있어 퇴근해야 하는데 빨리 오라고 하시오."

부름을 받고 연병장을 가로질러 오는 박상훈 대령을 마중 나간 이갑영 참모장은 "사단장 각하께 모든 것을 보고하라"고 재촉했다.

박상훈 연대장과 이갑영 참모장이 사단장실로 들어왔다.

"박 대령, 사적으로 할 말이 있다는데 뭐야?"

"사적인 이야기가 아니고 공적인 이야기가 있습니다. 각하, 우리 부대가 오늘 밤 作命(작명)에 의하여 출동하는 것 알고 계십니까. 오늘 이백일 작전참모한테 들었는데 제가 전투단장이 되어 있습니다."

"아니 내가 모르는 출동 명령이 어디 있나?"

이상국 사단장이 화를 내면서 캐묻자 박상훈은 실토했다.

"이번 출동은 훈련이 아니고 군사 혁명의 성격을 띤 부대 동원입니다. 그동안 B형 전투단이란 이름을 붙이고 훈련을 해온 것도 혁명에 대비한 것이었습니다."

이상국 준장이 더욱 화를 내자 이갑영 참모장은 "사단장님, 밖에 나가서 식사라도 하시면서 말씀하시죠"라고 달랬다. 이상국은 자신이 운전하는 지프에 박상훈을 태우고 서울로 향했다. 이갑영 참모장은 뒤차로 따라오고 있었다. 차중에서 이상국이 말했다.

"연대장, 1,000명도 안 되는 우리 예비 사단으로 무슨 혁명을 한다고? 만고 역적될 소릴랑은 하지도 말고 지금부터 내 명령만 들어!"

이상국 사단장의 지프차가 서울 은평구 녹번동의 삼거리에 이르렀다. 뒤따라오는 참모장 차를 기다리기 위해서 차를 세우고 사단장과 연대장은 내렸다. 여기서 연대장 박상훈은 자신이 알고 있는 혁명 계획을 사단장에게 구체적으로 털어놓았다. 뒤따라온 이갑영도 다가오더니 이런 말을 하는 게 아닌가.

"오늘 밤 혁명군이 사단장님과 6관구 사령관님의 자택을 포위하고 두 분을 감금할 계획까지 세웠습니다."

이상국 사단장 일행은 밤 8시 30분쯤 서울 중구 무교동에 있는 삼희

정이란 음식점에 도착했다. 이상국은 수행한 본부사령 池東植(지동식) 대위에게 자신의 가족을 피신시켜 놓으라는 지시를 해서 내보냈다. 식사를 하고 나오는 육본 정보국 金判吉(김판길) 대령과 마주친 이상국 장군이 말했다.

"여보 김 대령, 오늘 저녁에 쿠데타가 일어난다는데 알고 있소?"

"저도 비슷한 정보를 듣고 있습니다만 오늘 그런 일이 일어난다는 사실은 금시초문입니다."

김 대령은 육군 방첩부대로 전화를 걸었다. 곽 모 소령에게 "빨리 이철희 부대장을 찾아 이상국 사단장을 대면시켜 주라"고 했다. 이날 부대장 이철희, 副(부)부대장 백운상 대령, 서울 관할 506대장 이희영 대령은 소공동에 있는 한국회관에서 저녁을 먹고 있었다. 이곳으로 조석일 중령이 뛰어왔다.

"각하, 이상국 준장이 부대 소요 관계로 각하를 찾고 있습니다."

"자기 부대의 소요는 자기가 수습해야지 왜 나한테 와서 야단이야."

한편 이날 행동에 질서가 없는 이갑영 참모장은 그새 시내에 있는 자신의 집으로 차를 몰고 가서 이백일 중령에게 전화를 걸었다.

"작전참모, 혁명 계획이 모두 탄로났어. 나는 지금 방첩대에 붙들려가니 자네는 어서 피신해."

이런 전화를 하고는 삼희정으로 돌아왔다. 이상국 사단장은 박상훈 연대장에게 "지금 즉시 부대로 돌아가서 출동 대기 부대의 무장을 해제하라"고 지시했다. 이상국은 이갑영과 함께 지금 조선호텔 건너편에 있던 506서울지구 방첩대 사무실로 갔다. 이철희가 기다리고 있었다. 이상국, 이철희 두 사람은 육사 2기 동기였다. 물론 박정희도 육사 2기 출신이다.

"이 준장, 뭔데 야단이야?"

"이 사람아, 오늘 밤 불태우고 죽고 한다네."

"그런 새빨간 거짓말이 어디 있어."

"아니야 이 사람아, 나도 지금 가족을 피난시키고 온다네."(이상의 대화는 〈5·16 혁명실기〉에서 인용)

이상국은 당황한 표정으로 "우리 사단에서 반란이 났다"고 되풀이해서 말했다. 이철희 장군은 사태의 심각성을 깨달았다. 그는 장도영 총장과 연락하기 위하여 바깥으로 나갔다. 이희영 대령은 대장실에서 이상국 준장에게 쿠데타軍의 지휘 체계도를 그린 정보 도표를 보여주었다. 한 체계도의 맨 위엔 박정희, 다른 도표의 맨 꼭대기엔 박병권(당시 국방대학원장) 소장이 적혀 있었다. 혁명 지도자 박정희 장군 아래 30사단을 포함한 4개 사단의 명단이 기록되어 있었다. 이희영은 그림을 가리키면서 이렇게 설명했다.

"30사단에서 반란이 났으니 이것은 박정희 장군이 일으킨 혁명입니다. 참모장, 연대장도 다 포섭되어 버렸습니다. 사단장님은 빼고요."

방첩대 곽 소령이 덧붙였다.

"이들은 지난 5월 12일엔 실탄 사격 후 출동한다는 계획을 세워 놓고 있었습니다. 우리는 사단장님의 성향으로 보아 쿠데타에 가담할 분이 아니라고 판단하고 있었습니다."

이상국은 6관구 사령관 서종철 소장에게 이 급보를 알렸다.

張都暎의 주저

5월 15일 오후 장도영 육군참모총장은 이철희 방첩부대장으로부터 "軍警(군경) 합동으로 김덕승 건을 조사했는데 이 자는 사기꾼이고 박정희 소장 거사설은 완전한 조작이다"는 요지의 수사 보고를 받았다고 회고록에서 썼다. 그의 이 증언은 다른 사람들의 증언과 배치된다. 경찰을 지휘하여 이 수사를 한 검찰의 이태희 총장, 서울 지구를 관할하던 506 방첩부대장 이희영 대령은 장도영 총장에게 '김덕승은 쿠데타 음모 그룹의 일원이며 즉시 박정희를 구속해야 한다'고 건의했다는 것이다.

장도영은 이날 이철희로부터 보고를 받고는 '박정희는 참 모략을 많이 받는 사람이야'라고 생각했다는 것이다. 그러고는 마음이 홀가분해졌다고 한다. 장도영은 정보참모부장 金容培(김용배), 참모차장 張昌國(장창국)과 함께 교동에 있는 은성이란 한식집에서 저녁을 함께 하기로 약속하고 퇴근했다. 김용배는 그동안 미국으로 장기간 출장갔던 최경록 2군 사령관의 대리로 대구에서 근무하다가 최 장군이 歸任(귀임)함으로써 돌아와 처음으로 출근한 날이었다.

저녁 8시쯤 은성에서 만난 세 사람은 술잔을 돌리면서 閑談(한담)을 하고 있었다. 세 장군은 군사영어학교 출신들이었다. 분위기가 무르익어 가는데 총장을 찾는다는 전갈이 있어 장도영은 마루로 나갔다. 방첩부대 조사과장 조석일 중령이 댓돌 위에서 경례를 하면서 "급한 보고를 드릴 일이 있어 왔습니다"라고 했다. 장도영은 "그래요? 그럼" 하면서 마루 건너에 있는 빈방으로 들어갔다. 조 중령은 "30예비사단에서 일부 장병들이 반란을 일으키려 한다는 이상국 사단장의 보고가 있습니다.

이 장군이 지금 506에 와 있습니다"라고 했다. 장도영은 김용배, 장창국 장군에게 "잠시 다녀오겠다"고 말하고는 조선호텔 건너편에 있던 506 부대 사무실로 갔다.

이상국 준장은 좀 흥분된 어투로 총장에게 보고했다. 장도영은 그 보고 내용이 '이백일 중령이 부대 장병들을 충동하여 반란을 일으키고 야간 훈련을 빙자하여 부대를 출동시켜 사단장과 그 가족까지 살해하려 한다' 는 요지였다고 주장했다. 박정희 장군에 대한 언급은 없고 단순히 사단장에게 감정을 품은 장교가 일으킨 소요 정도란 보고를 받았다는 것이다. 그러나 이상국은 反혁명 사건 재판에서 자신은 '박정희 소장이 군사 혁명을 일으키려 하고 있고 이백일 작전참모도 거기에 가담하여 사단장 몰래 병력을 출동시키려 한다' 고 보고했다고 진술했다. 장도영은 이상국을 질책한 다음 曺興萬(조흥만) 헌병감에게 전화를 걸었다.

"이상국 사단장이 거기로 가면 헌병 2개 중대를 차출하여 주고 대령을 한 사람 붙여 30사단으로 보내라."

장도영은 이어서 육군방첩부대 副(부)부대장 백운상 대령에게 "30사단에 가서 진상을 조사하라"고 지시했다. 이상국 사단장은 6관구 헌병대로 가서 1개 분대의 헌병을 호위용으로 얻어 30사단으로 향했다. 장도영은 30사단을 관할하는 6관구 사령관 서종철 소장을 찾았으나 연락이 닿질 않았다. 그는 이어서 육본의 주번 사령에게 전화를 걸었다.

"이상이 없는가."

"오늘 저녁 서울 지구 주둔 부대들이 야간 훈련을 하게 되어 있는데 총장님은 알고 계십니까."

장도영 총장은 '처음 듣는 일' 이었다는 것이다. 육본 작전참모부 당직 장교를 찾아 물으니 '이미 훈련 계획이 하달되어 있다'는 것이었다. 더구나 공수단은 한강 백사장에서 야간 낙하훈련을 하게끔 되어 있다고 했다. 장도영은 박치옥 공수단장에게 전화를 걸었다고 한다. 박치옥 대령은 "오늘밤 훈련은 비둘기작전 계획에 포함되어 있으며 이미 하달된 육본 작전참모부 훈련 지시에 의거한 것이다"라고 대답하더란 것이다(회고록). 장도영은 "훈련 계획을 즉각 취소하라"고 지시했다. 부평의 33사단장 安東淳(안동순) 준장에게도 훈련 취소 지시를 내렸다.

이때가 밤 10시 30분쯤. 장도영은 '자신도 모르는 야간 훈련을 취소시키는 명령을 내려 놓고도 아직 이 사태가 진행 중인 박정희의 쿠데타라는 데는 생각이 미치지 않았다'고 회고록에서 주장하고 있다. 그는 저녁 식사 도중에 급보를 듣고 506 사무실로 달려왔기 때문에 이때쯤 허기가 났다고 한다. 운전병에게 바로 옆에 있는 중국집에 가서 음식을 시켜오라고 했더니 이미 문을 닫았다는 것이었다. 장도영은 은성으로 전화를 걸어 보았다. 아직도 김용배, 장창국 장군이 대기하고 있다는 것이었다. 장도영은 은성으로 돌아가서 식사를 마쳤다. 두 사람에겐 여러 이야기를 하지 않고 야간 훈련 계획을 취소시킨 것만 언급했다. 두 사람과 헤어져서 귀가하는 길에 장도영은 다시 서울지구 506방첩대에 들어갔다. 자신이 명령한 사안의 조치 결과를 확인하기 위함이었다고 한다.

바로 이때 조홍만 헌병감이 전화를 걸어 왔다. 육본 장교 20여 명이 야간 훈련을 감독한다면서 영등포에 있는 6관구 사령부로 모여들고 있다는 보고였다. 장도영은 이 보고를 듣고는 '속히 헌병들을 급파, 훈련이 취소되었다는 것을 알리고 그들을 귀가시켜라'고 명령했다고 회고록에서 주장했다. 즉, 장도영은 아직도 일련의 사태가 박정희의 쿠데타 모의와는 아무 관계가 없는 것으로 인식하고 6관구로 모여들고 있는 장교들을 단순히 귀가 시키려는 조치를 취했을 뿐이란 주장이다.

장도영은 이어서 6관구 사령관(서종철 소장)에게도 전화를 걸어 "빨리 귀관이 사령부로 나가 부대에 비상을 걸어 상황을 장악하라. 육본 장교들을 해산시키고 불응하면 체포하라"고 명령했다. 그는 이때쯤 비로소 박정희 소장을 의심하기 시작했다는 것이다. 그래서 옆에 있던 이희영 대령에게 "박정희 장군을 찾아 전화를 연결하라"고 지시했다는 것이다. 이런 그의 말들이 사실이라면 장도영은 30사단의 반란 사건, 자신도 모르게 잡혀 있는 야간 기동 훈련 계획을 보고받고도 두 시간이 흐른 뒤에야 이런 일련의 사태가 박정희의 쿠데타 모의와 관계가 있다는 것을 알았다는 얘기가 된다.

506부대장 이희영은 그러나 장도영으로부터 '박정희를 미행하라'는 지시를 받은 것은 총장이 맨 처음 506 사무실로 들어왔을 때였다고 주장했다. 그 명령에 따라 金應瑞(김응서) 대위 이하 약간 명의 수사관들을 무전기가 있는 지프 두 대에 태워 신당동 자택으로 급파했다는 것이다. 박정희의 집 바깥에 차를 세우고 안을 감시하고 있던 김응서 대위 측에선 "지금 옥내에서 수명이 술을 마시고 있다"고 이희영 대령에게 보고했다고 한다.

이때 장도영 총장이 이희영 대령에게 "즉시 박정희 장군을 체포하라"고 했더라면 무난히 붙들 수 있는 기회였다. 장도영은 너무나 당연한 '쿠데타 지도자 체포 명령'을 이날 밤 내리지 않았다. 박정희가 체포되었더라면 쿠데타는 불발되었을 것이고 역사는 달라졌을 것이다.

당황

장도영 육군 참모총장은 이날 밤 거사 사실을 보고받고도 아주 한가하고 미온적인 대처를 했다는 비난을 면하기 어렵다. 그는 우선 쿠데타의 지도자 박정희 체포 명령을 내리지 않았고 쿠데타군을 저지하고 분쇄하기 위한 대규모 진압군 동원 명령을 내리지 않았다. 그는 그 급박한 시간에도 마치지 못한 저녁 식사를 끝내기 위해서 식당으로 돌아가 한담을 하고 나타났다. 쿠데타를 저지하기 위한 지휘소를 육본이 아니라 지구 방첩대 사무실로 잡아 여기저기 전화만 했다.

이런 그의 행동은 자연스럽게 의구심으로 발전한다. 즉, 박정희로부터 쿠데타 지도자가 되어 달라는 설득을 여러 번 받아 왔던 장도영은 막상 쿠데타가 일어나자 어떤 미련 때문에 과감한 진압 조치를 취하지 않았다는 의심이 그것이다. 장도영은 쿠데타軍이 서울 시내로 들어오기 약 여섯 시간 전에 박정희의 거사를 알았으므로 마음만 먹었더라면 박정희 체포, 쿠데타軍의 출동 저지에 성공할 수 있었다.

혁명군 작전의 기획자이던 6관구 사령부의 박원빈 중령은 이날 밤 저녁 식사를 바깥에서 마친 뒤 부대로 들어와서 초조한 시간을 빨리 보내려고 마작을 하고 있었다. 밤 9시 30분쯤 주번 사령으로부터 "서종철 사령관이 전화를 걸어 와 박 중령을 찾았는데 모른다고 했다"는 귀띔이 있었다. 박원빈은 이 시간에 사령관이 찾는다는 게 꺼림칙했다. 몇 분이 지나지 않아 30사단 작전참모 이백일 중령이 전화를 걸어 왔다. 참모장과 연대장이 사단장에게 거사 계획을 밀고하여 자신은 피신 중이란 것이었다. 박원빈은 아까 온 사령관의 전화도 이와 관계가 있겠구나 하는 판단을 했다.

이때 서종철 6관구 사령관은 이상국 준장으로부터 급보를 들은 뒤 6관구 헌병대로 나와서 상황을 파악하고 있었다. 서종철은 또 주변 사령한테 전화를 걸어 박원빈 중령을 찾았다. 없다고 하니까 그의 집으로 전화를 걸어 빨리 헌병대로 나오도록 하라고 지시했다. 박원빈은 먼저 집으로 전화를 걸어 아내에게 말했다.

"어디서 전화가 걸려 오거든 사복으로 갈아입고 친구 아들 돌 잔치에 갔다고 하시오."

그 직후 서종철 사령관이 직접 박원빈의 집으로 전화를 걸었다. 아내가 받아 남편이 시키는 대로 말하니까 서종철 소장은 "사복을 입고 나갔습니까, 군복을 입고 나갔습니까"하고 캐물었다는 것이다.

"저도 외출했다가 방금 들어왔습니다. 알아보겠습니다."

이렇게 뜸을 들인 뒤 그녀는 "사복을 입고 나갔다"고 말한다는 게 "군복을 입고 나갔습니다"고 말해 버렸다. 자신의 실언에 놀란 그녀는 어제 있었던 일이 생각났다. 남편이 외출 나갔다가 오더니 서류 뭉치를 주면서 땅 속에 파묻어 두라고 했던 것이다. 그 서류는 5·16거사 작전 계획서였다. 사령관의 전화를 받고 겁이 났던 박원빈 중령의 처는 서류를 불태우려고 아궁이에 넣고 성냥을 그었는데 손이 덜덜 떨려서 잘 되지도 않았다.

박원빈은 본부사령 계층의 소령을 불렀다. '사령부 경계를 철저히 하고 내 허가 없이는 누구도 출입시키지 말도록' 지시한 뒤 그는 차를 내어 부평 33사단으로 달렸다. 33사단 작전참모 오학진 중령과 전투단장 이병엽 대령을 불러냈다. 박원빈은 "30사단은 정보가 누설되어 희망이 없다. 33사단은 꼭 제대로 출동해야 한다"고 못을 박고는 돌아왔다.

이날 밤의 혼란 상황에서 중요한 역할을 하게 되는 6관구 사령부 참모장 김재춘 대령에게도 이날(5월 15일) 저녁은 지루하고 초조한 순간들의 연속이었다. 그는 혼자서 시간을 보내려고 퇴계로 아스토리아 호텔에 갔다. 커피숍에서 그는 사이렌 소리를 들었다. 헌병 백차가 신세계백화점 쪽으로 달리고 있었다. 괜히 불안해졌다. 그는 호텔을 나왔다. 퇴계로를 거쳐 남대문 쪽으로 가다가 차를 세우고는 약방 앞 공중전화를 잡아 들었다. 6관구 사령부로 전화를 걸어 박원빈 중령을 찾았다. 없다는 것이었다.

"그러면 주번사령을 바꿔."

"이경화 중령입니다."

"지금 시내에선 헌병 백차가 질주하고 있는데 사령부엔 아무 일이 없나?"

"지금 비상이 걸렸습니다. 전 장병들이 귀대하고 있습니다. 뭔가 잘못된 것 같습니다."

"작전 참모 어딨어?"

"안 보입니다. 비상이 걸리니 우리 편이 아닌 장교들까지 소집되어 부대로 들어오고 있습니다."

"알았다. 내 곧 들어간다."

원래 혁명계획은 사령관과 일반 장교들이 퇴근한 6관구 사령부에 주체 장교들끼리 모여서 쿠데타 작전의 지휘소로 이용한다는 것이었는데 출발에서부터 빗나가게 된 것이다. 김재춘은 다시 박정희 소장 집으로 전화를 걸었다. 신호음이 들리더니 바로 박정희가 나왔다.

"각하, 폭로된 것 같습니다. 비상이 걸렸습니다."

"그래? 그럼 어떡할래."

박정희는 난감한 음성으로 말했다.

"이래도 죽고 저래도 죽는데 나가야죠, 뭘 어떡합니까. 빨리 6관구로 나오세요. 제가 나가서 우선 지휘할 테니까 하여간 빨리 나오세요."

"알았다."

박정희는 전화를 끊었다.

지금까지 발표된 5 · 16 거사에 대한 기록에는 이 장면을 묘사할 때 박정희가 태연하게 "제2안대로 합시다"라고 말했다고 쓰고 있다. 제2안이란 비밀이 누설되었을 때 지휘관의 감금 등 강제적인 수단을 동원하여 거사를 강행한다는 시나리오였다. 김재춘의 기억에 따르면 박정희는 충격을 받은 목소리였고 '제2안'이란 말은 입에 올리지 않았다고 한다.

김재춘은 후암동 집으로 갔다. 군복으로 갈아입고 권총을 찼다. 아내에겐 "비상이 걸려 부대로 들어간다"고만 했다. 옷을 갈아입고 대문까지 나오면서 '두 번 다시 못 만날 길이 될지 모르는데 작별 인사를 해야 하나' 하고 고민했다. 3남 1녀를 두고 있었던 김재춘은 이들에게 눈길을 한 번씩 준 뒤 아무 말 없이 거리로 나왔다. 지프차를 타고 6관구 사령부 정문에 도착했다. 정문 앞에는 벌써 바리케이드가 쳐져 있고 헌병들이 통제를 하고 있었다. 김재춘이 큰 소리로 호통치듯 말했다.

"나 참모장이다. 바리케이드를 걷어라."

이때 이상한 물체들이 차를 향해 몰려오는 것이 전조등 불빛 사이로 보였다. 주체 장교들이었다. 이들은 헌병들이 통과시켜주지 않자 어두운 담장에 다닥다닥 붙어서 몸을 숨기고 있었다. 김재춘이 나타나자 우

— 하고 몰려든 것이다. 김재춘은 "육본에서 온 비상 훈련 감독관들이다. 다 통과시켜라"고 헌병들에게 명령했다. 김형욱, 유승원 등 20여 명의 장교들은 6관구 사령부로 몰려 들어갔다.

결단

1961년 5월 15일(월요일) 육영수는 신당동 집에서 중대한 일을 앞두고 주변을 정리하는 모습을 보였다. 근혜, 근영 두 딸을 학교로 보낸 뒤 그녀는 집일을 거들어 주던 아줌마를 불렀다.

"고향에 가서 2, 3일 쉬다가 와요."

"갑자기 고향은 왜요?"

아줌마는 육영수의 고향 근처 마을에서 온 사람이었다.

"날씨도 좋고 하니 쉬고 오라고 그러는 거예요."

육영수는 차비를 넉넉하게 주어 보냈다. 이날 박정희를 찾아오는 손님들이 잇따랐다. 김종필, 장태화, 이낙선은 안방에서 박정희와 함께 머리를 맞대고 종일 문건을 읽고 고치고 정서하고 있었다. 육영수는 이들에게 커피와 과일을 대접해 올리면서 틈만 나면 집안 구석구석을 뒤져 헌 옷가지와 빨래거리를 찾아냈다. 딸이 완고한 아버지의 반대를 뿌리치고 박정희와 결혼한 이후 줄곧 같이 살아왔던 이경령은 딸의 거동이 수상스러워 물었다.

"이 바쁜데 무슨 빨래냐. 무슨 일이 있느냐."

"아무 염려 마셔요. 어머닌 모르셔도 괜찮으셔요."

밤이 되었다. 육영수는 근혜, 근영, 지만 3남매를 이경령이 데리고 안방에서 주무시도록 했다. 육영수는 빨래를 한 가지씩 다리미로 다려 차곡차곡 챙기고 있었다. 밤 10시가 지났다. 육영수는 박정희가 있던 방으로 건너갔다. 박정희는 장태화, 김종필, 이낙선과 함께 일어나 출동 준비를 하고 있었다. 육영수는 "저 보세요"라고 불렀다. 육영수는 남편을 부를 때 "여보세요"라고 하지 않고 항상 "저 보세요"라고 했다.

"근혜 숙제 좀 봐주시고 나가세요."

박정희는 서슴없이 "어, 그러지" 하고 아내를 따라 나갔다. 박정희는 책상에 앉아 공부를 하고 있던 국민학교 5학년생 근혜를 굽어보고, 윗목 외할머니 곁에서 잠들어 있는 근영, 지만에게 눈길을 주고는 나왔다. 장태화가 "무슨 숙젭니까" 하고 물었다.

"어, 뭐 그림 그리는 거야."

장태화는 이 순간의 육영수와 박정희 모습을 오랫동안 기억했다. 남편이 지금 나가면 마지막이 될지도 모른다고 생각하여 자녀들과 자연스럽게 인사를 나누도록 한 육영수의 기지와 긴박한 순간에도 그런 여유를 보여준 박정희의 인간성 때문이었다. 지금 한나라당 소속인 박근혜 의원은 이렇게 기억한다.

"그날 아버님께서 들어오셔서 저를 한 번 보고 나가신 것은 기억나는데 무슨 숙제를 하고 있었는지는 기억에 남아 있지 않아요. 어머님께서는 집안을 정리하시고 계셨습니다. 그날은 집안이 평소와 다르게 긴장되어 있었으나 저는 무슨 일이 있는지 알 수 없었습니다. 나중에 생각하니 어머님께선 만약의 사태에 대비하여 주변을 정리하신 것으로 생각됩니다."

군 작업복으로 갈아입은 박정희는 아내가 작은 가방에서 꺼내 주는 권총을 찼다. 군화를 신은 채 마루의 의자에 앉았다. 김종필 전 총리의 기억으로는 이때 전화가 왔다고 한다. 박정희가 받고 끊었는데 내용은 '헌병들이 6관구 사령부로 몰려와서 혁명파 장교들을 체포하려고 한다' 는 것이었다고 한다(그렇다면 이 전화는 30사단에서 거사 비밀이 누설된 것을 처음으로 알린 김재춘의 전화가 아니고 그 뒤에 진행 상황을 누군가가 보고한 전화로 추정된다). 박정희는 전화를 끊고는 잠시 생각에 잠기더라고 한다.

이때 한웅진 육군정보학교장과 장경순 육본 교육처장이 나타났다. 원래 두 사람은 김포 입구에 먼저 가 있다가 박정희와 만나기로 약속이 되어 있었다. 장경순 준장은 한웅진 준장이 묵고 있던 청진동 화신백화점 뒤 미화호텔에 밤 10시쯤 나타났었다. 한웅진은 방에 없었다. 초조하게 기다리고 있는데 바깥에 나갔다가 돌아오는 한웅진을 만났다.

"아니, 한 장군. 이런 때 늑장을 부리면 어떻게 하오."

"박정희 장군이 연락을 했다는데 우리더러 집으로 오라고 했어."

"갑자기 그게 무슨 소리요."

"틀림없어. 육성을 내가 들었어요."

두 사람은 지프차를 타고 신당동으로 달렸다. 마루에 앉아 있던 박정희는 키 큰 두 장군이 나타나자 "군화 신고 그냥 들어와요"라고 했다. 박정희는 "다 탄로났어"라고 말했다. 장경순의 기억에 따르면 박정희는 당황한 표정은 아니었고 무표정한 편이었다고 했다. 한웅진, 장경순 두 사람은 의자에 앉으려다가 그 말을 듣고는 일어서면서 "갑시다"라고 거의 동시에 말했다고 한다. 박정희도 따라 일어서면서 "갑시다" 했다. 모두 따라나섰다. 박정희는 현관을 나서면서 아내에게 "내일 아침 5시 라디오를 들어 보오"라고 했다.

김종필이 골목으로 나와 보니 아까부터 있던 지프 두 대가 한편에서 계속 대기하고 있는 것이 보였다. 김종필은 방첩대에서 미행용으로 배치한 지프차라고 짐작했다. 김종필은 거사계획이 이미 알려질 만큼 알려진 마당에 어차피 오늘 하룻밤만 넘기면 된다는 배짱으로 이 지프차에 대해선 별로 신경을 쓰지 않으려고 했다.

두 대의 지프차엔 조장 김웅서가 지휘하는 7명의 506부대(서울 지구 관할) 방첩대 요원들이 타고 있었다. 이들은 물론 권총으로 무장하고 있었다. 이들은 '집 밖에는 승용차가 두 대, 안에서는 수명이 음주 중'이란 보고를 무전으로 해놓고 대문 쪽을 지켜보고 있었다. 만약 이때 장도영이 '박정희를 체포하라'는 명령만 한마디 내렸더라면 이들은 큰 저항 없이 쿠데타 지도자를 체포함으로써 거사를 저지할 수 있는 위치에 있었던 것이다.

박정희는 대기 중이던 지프차에 탔다. 뒷자리에는 한웅진, 김종필이 올랐다. 장경순은 데리고 온 권천식 소령, 한웅진이 데리고 온 申東寬(신동관) 소령과 함께 뒤차에 탔다. 이때 한웅진은 "아차, 내 권총"이라고 했다. 권총을 미화호텔에 두고 온 것이다. 박정희가 탄 차는 청진동을 향해 달리기 시작했다. 장경순이 그 뒤를 따르는데 검은색 지프차가 중간에 끼어들었다.

서류를 불태우고

장경순(국회 부의장 역임) 준장은 박정희 소장 차와 자신이 탄 지프차 사이에 끼어든 검은색 지프차를 앞지르도록 운전사를 재촉했다. 추월당한 검은 지프차는 금방 장경순의 차를 다시 앞질러 박정희 차를 바짝 뒤쫓고 있었다. 장경순은 문제의 지프차가 군 수사기관에서 미행으로 붙인 것임을 직감했다. 박정희가 탄 차는 화신백화점 뒤편에 있던 미화호텔 앞 길가에 멈추었다. 미행차는 보이지 않았다. 한웅진 준장이 호텔 객실에 두고 온 권총을 가지러 간 사이 장경순은 박정희에게 다가갔다.

"각하, 미행당하고 있습니다. 제가 처지하고 갈 테니까 빨리 가십시오."

한웅진은 두 자루의 소련제 권총을 들고 나왔다. 박정희는 차고 있던 45구경 권총을 소련제로 바꾸어 찼다. 박정희가 탄 앞차가 다시 출발하여 안국동 쪽으로 달리자 어느새 미행차가 나타나 따라붙는 게 아닌가. 안국동-중앙청-시청을 거쳐 서울역 쪽으로 가느냐, 소공동 한국은행 쪽으로 가느냐의 갈림에서 장경순은 미행차를 가로막고 박정희가 탄 차를 서울역 쪽으로 달리게 한 뒤 한국은행 쪽으로 유도하려고 소공로로 달렸다. 뒤돌아보니 미행차는 속지 않고 박정희 차를 따라가는 것이었다. 장경순이 탄 차가 다시 미행차를 추월했다. 장경순은 권총에 실탄을 장전했다. 아무래도 처치해야겠다고 서두르는데 미행차는 삼각지를 지나서 한강 인도교를 눈앞에 두고 어디론가 사라져 버렸다.

미행차에 탔던 김웅서 대위는 이때 무전으로 "11시쯤 박정희 소장을 포함한 2~3명이 신당동 자택을 출발하여 지금 삼각지를 지나 한강 인도교를 건넜습니다"라고 506부대로 보고한 뒤 철수한 것이다. 한강 인도교를 넘기 직전 박정희와 동행했던 김종필이 내렸다. 김종필은 일이 잘못 되면 이것이 마지막이 될지 모른다는 생각에서 처삼촌을 전송하는 기분으로 여기까지 따라온 것이다. 김종필은 내리면서 "내일 새벽에 뵙겠습니다"라고 인사했다. 김종필은 뒤따라 온 자신의 지프차를 타고는 안국동 광명인쇄소로 달렸다.

장경순은 미행차를 따돌린다고 이리저리 차를 몰게 하는 바람에 한강 인도교를 넘었을 때는 박정희 차를 놓쳐 버렸다. 사육신묘를 지나 길이 영등포와 김포 방향으로 갈라지는 곳에 갔더니 박정희가 지프차를 세워놓고 내려서 기다리고 있었다.

뛰어오는 장경순에게 "왜 늦었소"라고 한마디 한 박정희는 다시 차에 올라 영등포 6관구 사령부로 향했다. 이 시간 이석제 중령은 6관구 사령부 앞에서 애타는 순간들을 보내고 있었다. 李 중령은 집을 나올 때 45구경 권총은 허리에 차고 작은 리볼버는 바지 호주머니에 넣었다. 불안한 만큼 권총에 집착하게 되었다. 이석제는 권총을 만지면서 하루 전날 마지막 작전 회의에서 박정희가 당부하던 말을 떠올렸다.

"무고한 사람을 다치게 하지 말 것, 문제는 순리대로 풀 것, 그리고 시민들에게는 친절할 것."

밤 10시 이석제는 지프차를 타고 노량진의 한 다방에서 유승원 대령, 李亨柱(이형주) 중령 등과 만났다. 이석제만이 차를 가지고 나왔다. 행정 반장인 이석제는 자신의 지프 뒷자리에 여섯 개의 서류 보따리를 두고 있었다. 집권 후에 필요한 서류들이었다. 부처별로 추진할 정책안, 민주당의 주요 정책안, 장차 기용할 인물들의 명단과 이들에 대한 자료, 혁명 초기에 사용할 각종 전단, 방송문, 성명서, 대외 메시지, 후진국 경제 자료, 입법 자료, 혁명 법령 따위가 들어 있는 보따리 때문에 뒷자리엔 이형주만 탈 수 있었다.

차가 6관구 사령부 정문에 도착했다. 무장한 헌병들이 지키고 있었다.

"육본 검열단에서 왔다"고 해도 통과시켜주지 않았다. 뭔가 심상치 않게 돌아간다고 생각한 이석제는 차를 돌려 사령부에서 멀찌감치 떨어진 곳에 세웠다. 차에서 내린 이석제는 정문 부근에 20여 명의 장교들이 어둠 속에 몸을 숨기고 있는 것을 보았다. 그들에게 다가가서 "박 장군 오셨나?"라고 물었다. 아직 오지 않았다는 것이었다. 이석제는 불길한 생각이 들었다. 어제 마지막 작전 회의가 생각났다. 혁명군 출동 계획을 짠 박원빈 중령을 향해서 이석제는 이렇게 말했다고 한다.

"혁명에 동조하지 않는 출동 부대의 지휘관들에 대한 조치 내용이 없습니다. 이들 지휘관들은 사전에 연금시키고 통신은 두절시켜야 합니다. 만약 反혁명 세력이 선수를 쳐서 부대를 장악하면 병력동원에 실패할지도 모릅니다."

박원빈 중령은 "뭐 그럴 것까지 있나"란 태도였고, 박정희도 침묵을 지켜 이석제의 건의는 묵살되었다. 이석제는 속으로 '박원빈이 내 말을 듣지 않더니…' 하는 원망이 생기더라고 한다. 이석제는 이 순간 정문의 병력이 쿠데타를 저지하려는 6관구 사령관 측에서 배치시킨 것이라고 생각했던 것 같다(박원빈 씨는 그때 정문에 배치한 병력은 자신이 지휘하고 있던 友軍(우군)이었다면서 '작전참모를 만나러 왔다'고 했으면 통과시켜 줄 것인데 이석제 중령이 '육본에서 왔다'고 하는 바람에 통과시켜주지 않았던 것이라고 주장했다).

거사 비밀이 누설되었다고 판단한 이석제는 지프차에 실어둔 혁명 관련 서류들이 걱정되었다. 특히 혁명이 성공할 경우 기용하려는 인사들에 관한 서류는 엉뚱한 피해를 부를 위험이 있다는 판단을 했다. 이석제는 뒷자리에 앉아 있던 이형주 중령에게 "형주야, 나를 좀 도와다오"라고 했다.

"왜 그래?"

"상황이 심상찮다. 우선 인사 서류를 태워야겠다. 좀 찾아줘."

이형주가 뒷자리에 수북이 쌓인 보따리를 풀어서 서류를 끄집어내어 바깥으로 던졌다. 이석제는 이를 받아 성냥불을 그어 태우기 시작했다. 그러는데 별판 달린 지프차 한 대가 정문으로 다가왔다. 박정희가 탄 차였다. 이석제는 서류 소각을 중지하고 자신의 지프차에 올라탔다. 그는 박정희의 지프차 뒤에 붙었다. 헌병이 "누구야?"라고 했다. 2년 전 6관구 사령관이었던 박정희는 "나야"라고 위엄 있게 말했다. 헌병들은 안으로 전화를 걸더니 김재춘 참모장의 명령을 받아 바리케이드를 치워 주었다. 이 순간 바깥 담벼락에 붙어서 숨어 있던 장교들 수십 명이 우ー 하고 박정희 장군 차의 뒤에 붙어 사령부 안으로 들어왔다. 장교들은 걸어서 가고 박정희, 이석제의 지프차는 사령부 건물까지 굴러갔다.

제13장

5 · 16의 24時

朴正熙

零時의 암흑

사람이 긴장하여 불안에 휩싸이면 정상적인 판단이 되지 않는다는 것을 보여준 사례가 5월 15일 밤 6관구 사령부 앞에서 벌어졌다. 거사 비밀이 누설되었다는 소식을 들은 혁명파 장교들은 사령부 정문에 배치된 병력이 자신들에게 적대적인 쪽에서 동원한 것이라고 오판했다. 아무도 초병들을 통해서 안에 있는 朴圓彬(박원빈) 작전참모나 金在春(김재춘) 참모장을 부르려고 하지 않았다.

박정희가 탄 지프를 따르던 뒤차의 張坰淳(장경순) 육본 교육처장은 6관구 사령부 정문에서 초병들이 박정희의 지프를 에워싸는 것을 보고는 朴 장군이 체포되고 있다는 오판을 했다.

장경순은 이날 자신의 임무가 공수부대의 출동을 도와주는 것임을 깨닫고 김포의 공수단으로 차를 계속해서 달리게 했다. 차 안에서 장경순은 만감이 교차하는 고민을 했다. 공수단 정문에 도착하여 내리려다가 그는 한 200m쯤 더 가게 한 뒤 차를 세웠다. 먼저 내린 장경순이 뒷자리에 탄 權天植(권천식) 소령을 보고 말했다.

"너, 내려!"

장경순은 다짜고짜 말했다.

"왜 그러십니까?"

"넌 내려서 집에 가!"

"안 됩니다. 같이 가겠습니다."

"이 사람이, 어디를 가는 줄도 모르면서 같이 간다고 해? 빨리 내려!"

권천식 소령은 기어코 안 내리겠다고 버티는 것이었다. 권 소령은 3사단의 중대장으로서 6·25 당시 관망산 고지 전투에서 용맹을 떨친 사람이었다. 관망산을 공격한 일곱 명의 중대장 가운데 유일한 생존자였다. 장경순은 멱살을 잡고 그를 끌어내렸다. 그러고는 타이르듯이 조용히 말했다.

"자네는 4대 독자가 아닌가. 죽어선 안 돼. 그리고 자네가 살아야 할 이유가 있어. 내가 어떻게 될지 모르는데 우리 가족도 돌봐 주어야지."

이 말이 떨어지기가 무섭게 권천식 소령은 공포에 질린 표정을 짓더니 입을 덜덜 떨었다. 장경순은 '사람이 살고 싶어지면 이렇게 무서움을 느끼게 되는구나'라고 생각했다고 한다. 장경순은 권천식을 어둠 속에 남겨둔 채 공수단 정문으로 다시 돌아갔다. 공수단 정문에서 초병이 "아무도 못 들어갑니다" 하고 막았다.

"이 사람아, 장성이 못 들어간다니 말이 되는가. 단장을 대."

초병이 朴致玉(박치옥) 단장을 전화로 연결시켜 주어서 비로소 정문을 통과할 수 있었다. 장경순이 단장실로 들어가 보니 육본 특전감 張好珍(장호진) 준장이 와 있었다. 그는 '공수단의 출동을 저지하라'는 張都暎(장도영) 총장의 지시를 받고 감독차 와 있었다. 장호진 장군은 장경순과는 일제시대 學兵(학병) 동기였다. 장경순은 그를 바깥으로 불러냈다.

"장 장군, 내가 일일이 설명해야 알겠소? 이 나라가 이래서야 되겠소? 협조하시오."

"알았어. 그런데 성공해야 할 텐데."

두 張 장군이 단장실로 돌아가니 박치옥이 전화기를 붙들고 있었다. 대화를 들어 보니 상대방은 장도영 총장이었다. 박치옥 단장이 "장경순 장군도 와 있습니다"라고 이야기하니 장도영이 "바꾸라"고 한 듯했다.

장경순과 장도영은 동양대학 동창으로서 친밀한 사이였다. 전화기를 드니 장도영이 "귀관, 뭐 하러 거기 갔소. 지금도 늦지 않으니 돌아가"라고 호통을 쳤다.

"각하, 지금 어디 계십니까? 만나 뵈어야겠습니다."

"돌아가란 말이야!"

장도영은 전화를 일방적으로 끊었다. 한편 6관구 사령부의 정문을 통과한 박정희는 본부 건물로 들어오다가 육군대학에서 공부하던 중 연락을 받고 진해에서 올라온 尹必鏞(윤필용) 중령을 만났다. 박 장군은 "먼 데서 왔군" 하며 악수를 했다.

참모장실에서 전화통을 붙들고 씨름을 하고 있던 김재춘 대령은 박정희에게 "수색(30사단)과 부평(33사단)이 연락이 되질 않습니다"라고 보고했다.

참모장실에 모인 혁명파 장교들은 스무 명을 넘었다. 이들은 굳은 표정으로 서성대고 있었다. 이때가 자정을 한 15분쯤 넘긴 시점이었다. 박정희는 6관구에 오기로 약속한 시각인 밤 11시보다 한 시간쯤 늦게 나타난 셈이었다.

달력은 이제 5월 16일로 넘어갔다. 몇 시간 전까지만 해도 착착 진행되는 줄 알았던 거사는 한 걸음도 나아가지 못하고 지휘소여야 할 6관구 사령부는 혼란 상태에 빠져 있었다. 수많은 사선을 넘어온 박정희는 일생일대의 위기를 맞고 있었다. 아직 그의 수중엔 일개 대대 규모의 병력도 없었다. 장도영 총장은 이미 쿠데타 저지에 나서고 있었다. 옆방에는 李光善(이광선) 헌병차감이 혁명에 가담한 장교들을 조사하려고 헌병들을 데리고 와 있었다. 5월 16일이 시작된 零時(영시)의 상황은 암담했다.

이 순간 6관구 사령부엔 彼我(피아)가 뒤섞여 있었다. 그런 상태에서 무력충돌이 일어나지 않은 것은 김재춘 대령의 활약 때문이었다. 남을 돕기를 좋아하고 임기응변에 능한데다가 기가 센 김재춘은 박정희에게 거사 누설의 急報(급보)를 올린 뒤 사령부로 왔었다.

김재춘이 사령부로 들어가자마자 徐鐘喆(서종철) 6관구 사령관이 전화를 걸어왔다. 徐 소장은 육본 헌병감실에서 전화를 걸고 있었다. 김재춘의 기억에 따르면 그는 대강 이런 지시를 받았다고 한다.

"참모장, 어떻게 된 거요? 지금 우리 부대 내에서 쿠데타 음모가 진행되고 있다고 하는데 어디를 그렇게 싸돌아다니고 있단 말이오. 헌병 중대를 보냈으니 곧 도착할 헌병차감과 상의하여 반란군을 색출, 체포하시오. 모두들 참모장의 지휘를 받으라고 명령했소."

"예, 알겠습니다. 명령대로 하겠습니다."

서종철 소장은 반란군의 핵심인 김재춘에게 반란군을 소탕하라는 명령을 내린 셈이다. 그때까지도 서종철 소장은 참모장이 박정희 소장 그룹의 중심인물임을 모르고 있었다. 김재춘은 이날 밤 그가 성공적으로 6관구의 혼란 사태를 충돌 없이 수습할 수 있었던 이유가 '사령관으로부터 지휘권을 위임받은데다가 양쪽으로부터 다 같이 신임을 받았기 때문' 이라고 해석하고 있다.

張都暎―朴正熙 전화

김재춘 6관구 참모장은 서종철 사령관이 반란군을 진압하라고 보낸 헌병중대가 나타나자 지휘관에게 이렇게 말했다고 한다.

"영내에 製絲(제사) 공장이 있어요. 거기에 큰 창고가 있는데 거기 들어가서 別命(별명)이 있을 때까지 대기하도록 하시오. 반란군도 무장을 하고 있어 충돌이 우려되니 일단 거기서 내 명령을 기다리시오."

그 전에 쿠데타 주체 장교들은 카빈 한 정씩을 나누어 가졌다. 그는 영문도 모르고 비상 소집되어 나온 非(비)혁명파 장교들의 질문 공세에 대해서도 적당히 둘러댔다. 얼마 뒤 수십 명의 헌병들이 들이닥쳤다. 그들의 손에는 조서 용지, 수갑, 포승이 들려 있었다. 헌병들을 인솔하고 온 것은 이광선 헌병차감이었다. 이 대령은 김재춘과는 육사 5기로서 동기인데다가 아주 가까운 사이였다. '6관구 사령부에 나가 있는 장교들을 귀가시키고 불응하면 연행 조사하라'는 명령을 받고 나온 이광선은 김재춘이 나타나자 대뜸 "야, 어떻게 된 거야?"라고 소리쳤다.

이 순간 김재춘은 '상황의 주도권을 장악하려면 절대로 기가 죽어선 안 된다'고 몇 번이나 속으로 다짐했었다고 한다. 그래서 나온 말이 이러했다.

"야, 너 아직 몰랐냐? 우리 혁명하는 거?"

"뭐라고? 우리는 널 체포하러 왔단 말이야."

"누가 누굴 체포해? 잘못하면 네가 체포당하게 되어 있어."

"이봐. 잡으러 온 사람보고 그런 농담하지 마. 자세히 이야기 좀 해봐."

"잘 들어. 지휘관은 박정희 장군이시고, 해병대, 공수단, 그리고 육해공군 전체가 참여하고 있어. 임마, 잘못하면 너희들이 다 잡혀들어가. 조금 전에 인천항에 함정이 도착했다는 보고가 들어왔어. 해군이 함정을 보낸 건 장성들을 죄다 잡아 실어버릴 계획이 있기 때문이야."

김재춘은 이왕 확인이 안 될 말이니 거짓말을 해도 크게 하는 것이 친구를 위해서도 좋겠다고 생각했다. 김재춘 6관구 사령부 참모장은 박정희가 나타날 때까지 초조하게 기다리면서 혁명 지휘소인 6관구 사령부를 지켜내느라 임기응변을 다하고 있었다. 쿠데타 가담 장교들을 조사하러 온 헌병차감 이광선 대령을 설득하여 그 예봉을 무디게 해놓고 있는데 장도영 총장으로부터 전화가 걸려왔다.

"거기에 장교들이 많이 모여 있다고 하는데 뭘 해?"

"예. 많이 나와 있습니다."

"그 사람들 뭘 하고 있어?"

"비상훈련을 감독하려고 육본에서 나왔다고 합니다."

"김 대령은 모르는 소리야. 무슨 놈의 훈련이 훈련이야. 그 사람들 꼼짝 못하게 붙들어 놓아요."

이 말을 들은 김재춘은 무심코 "에이, 뭐 다 아시면서 그런 말씀이세요"라고 했다고 한다. 이렇게 반란군과 진압군 장교들이 뒤범벅이 된 상황 속으로 박정희가 들어선 것이다. 김재춘의 기억에 따르면 박정희의 입에서는 술냄새가 강하게 풍겼다고 한다. 박정희는 신당동 집에서 나오기 전 김종필, 장태화, 이낙선과 함께 飯酒(반주) 정도의 술을 마셨다.

김재춘은 박 장군에게 그때까지의 상황을 보고했다. 박정희는 자신이 2년 전 사령관실로 썼던 사무실로 들어섰는데 그 곳은 부사령관실로 쓰이고 있었다. 박 장군을 따라 혁명파, 비혁명파, 그리고 진압군 측 장교들까지 몰려들었다. 시선은 박정희에게 집중되었다. 박정희는 얼굴이 검붉게 상기되었다. 김재춘은 술기운 때문이라고 생각했다고 한다. 박정희는 피아가 뒤섞인 수십 명의 장교들을 향해서 이런 요지의 연설을 했다는 것이 김재춘의 기억이다.

"여러분, 우리는 4·19 혁명 후 그래도 나라가 바로잡혀지기를 기다렸습니다. 그런데 이게 무슨 나라꼴입니까. 국무총리를 비롯해서 장관들이 호텔방을 잡고 돈 보따리가 오고가는 이권운동, 獵官(엽관) 운동에 여념이 없으니 이게 무슨 꼴입니까. 자유당 정권을 능가하는 부패와 무능으로 나라를 멸망의 구렁텅이로 밀어 넣고 있는 이 정권을 보다 못해 우리는 목숨을 걸고 궐기한 것입니다. 동지들도 이제부터 구국 혁명의 대열에 서서 각자 맡은 임무에 전력을 다해 주기 바랍니다."

이 연설을 듣고 있던 사람 중에는 6관구 방첩대(508부대) 鄭名煥(정명환) 중령도 끼어 있었다. 육사 8기 출신인 그는 진압군 측에 서야 할 입장이었으나 박정희의 연설에 큰 감명을 받았다. 그 뒤 6사단장으로 있을 때 제2땅굴을 발견한 적도 있는 그는 "그런 불리한 상황에서도 박 장군은 그 자리에서 '이번 혁명은 어떤 경우에도 無血(무혈)로 해야 한다'고 평화적인 방법을 강조하던 것이 지금껏 기억에 남는다"고 말했다.

연설이 끝나자 박정희는 이광선 헌병차감과 정명환 중령을 가까이 오게 하여 "혁명을 도와달라"고 당부했다고 한다. 정명환 중령은 "예, 돕겠습니다"라는 말이 절로 나왔다고 한다. 박정희는 장도영 장군이 자기를 여러 번 찾았다는 말을 듣고는 전화를 연결해 줄 것을 지시했다. 정명환 중령이 다이얼을 돌렸다. 장도영과 박정희의 대화는 대강 이런 요지로 진행되었다.

"박 장군, 그 곳에는 뭐 하러 가 있소. 오늘 예정되었던 야간 훈련은 모두 취소시켰으니 집으로 돌아가시오."

"망해 가는 이 나라를 구출하기 위해서 우리는 이미 행동을 개시했습니다. 사전에 양해를 받지 못한 것은 대단히 죄송합니다. 이제부터는 최선을 다할 뿐입니다."

"여러 말 마시오. 이번에는 장면 정부에 대해서 경고하는 정도로 그치고 내일 만나서 자세히 이야기를 해봅시다."

"이미 부대는 출동을 개시했습니다."

"부대의 출동은 내가 금지시켰어요. 박 장군, 취한 것 같은데 빨리 집으로 돌아가시오."

"아무리 그래도 소용이 없습니다. 그저 보고만 계십시오."

박정희는 전화기를 꽝 소리가 날 정도로 내려놓았다고 한다. 장도영도 박정희의 이날 목소리엔 醉氣(취기)가 있었다고 말하고 있다. 그날 옆에서 두 사람의 대화를 들었던 장교들은 박정희가 흥분되어 있었기 때문에 그렇게 들린 것일 뿐이라고 말하기도 한다. 술을 좋아하는 박정희가 불안감을 달래려고 술을 마셨을 가능성은 있지만 이날 밤 그의 판단과 행동에 영향을 줄 정도는 아니었다.

편지

6관구 사령부에 모여 있던 혁명파 장교들은 박정희 소장의 일거수일투족을 주시하고 있었다. 인간이란 위기에 빠지면 본능적으로 지도자를 쳐다보고 그 지도자의 반응에 따라 자신의 거취를 결정하려고 한다. 李錫濟(이석제) 중령도 박정희를 관찰하고 있었다. 박정희 시대에 총무처 장관과 감사원장을 지낸 뒤 지금은 천안에서 살고 있는 그는 이렇게 기억한다.

"너무 긴장되니까 담배 피우던 사람들도 담배를 피우지 않더군요. 골초인 저도 그랬습니다. 출동 부대가 움직이지 못하게 되었다는 소식을 접한 우리는 박정희 장군의 결단만을 기다리는 입장이었습니다. 박정희 장군이 장도영 총장과 나누는 대화를 우리는 옆에서 다 들었습니다. 그분은 소파에 앉아서 한동안 생각에 잠겨 있더군요."

그때 이석제는 박원빈 작전참모 방에 들어갔다가 카빈총과 상자째 있는 실탄을 발견했다. 실탄 상자를 지프에 실어다 놓았다. 그는 권총을 두 자루나 품고 있는데도 카빈을 들었다. 이석제는 여차하면 한판 크게 벌이고 죽겠다는 각오를 했다. 생각에 잠겨 있던 박정희가 일어났다. 결심을 굳힌 듯 했다. 항공 점퍼를 입고 있었던 박정희는 지퍼를 내리더니 품안으로 손을 넣었다. 안주머니에서 무엇인가를 뽑아냈다. 편지였다. 박정희는 김재춘 참모장에게 장도영 총장 앞으로 전하라면서 편지를 건네주었다. 김재춘은 6관구 작전처 宋正澤(송정택) 중위에게 이 편지를 주면서 "지금 즉시 장도영 총장에게 전달하고 오라"고 명령했다. 송 중위는 신의주 동중학교 출신으로서 장도영의 후배였다. 송 중위는 서울 시내로 들어가 지금 조선호텔 건너편에 있던 서울방첩대 사무실로 찾아갔다. 그는 서울방첩대장 이희영 대령을 통해서 이 편지를 장도영 총장에게 전달했다. 장 총장은 편지를 읽고는 이 대령에게 건네주었는데 지금 김재춘이 보관하고 있다.

〈존경하는 참모총장 각하. 각하의 충성스런 육군은 금 16일 3시를 기하여 해공군 및 해병대와 더불어 국가의 위기를 극복하기 위하여 궐기하였습니다. 각하의 사전 승인을 얻지 않고 독단 거사하게 된 것을 죄송하게 생각하옵니다. 그러나 백척간두에 놓인 국가 민족을 구하고 명일의 번영을 약속할 수 있는 유일한 방도는 오직 이 길 하나밖에 없다는 확고부동한 신념과 민족적인 사명감에 一徹(일철)하여 결사 감행하게 된 것입니다.

만약에 우리들이 택한 이 방법이 조국과 겨레에 반역이 되는 결과가 된다면 우리들은 국민들 앞에 사죄하고 전원 자결하기를 맹세합니다. 각하께서는 저희들의 우국지성을 忖度(촌탁)하시고 쾌히 승낙하시고 동조하시와 나오셔서 이 역사적인 민족 과업을 수행하는 시기에 영도자로서 진두에서 지도해 주시기를 간절히 바라옵니다. 저희들은 총장 각하를 중심으로 굳건히 단결하여 민족사적 사명 완수에 신명을 바칠 것을 다시 한 번 맹세합니다. 소관이 직접 각하를 찾아뵈어야 하오나 부대를 지휘 중이므로 부득이 동료들을 특파하게 되었사오니 양해하여 주시기 바라옵니다.

余不備再拜(여불비재배) 5월 16일 소장 박정희〉

이 편지를 읽어 본 장도영은 이희영 대령에게 '박정희 장군이 아직도 6관구에 있는지 알아보고, 있으면 전화를 바꿔라'고 지시했다고 한다. 박 소장이 전화에 나오자 장도영은 언성을 높이고 이렇게 말했다는 것이다(회고록).

"당신 편지 보았는데 그것은 범행이고 반동이오. 어서 정신 차려 빨리 돌아가시오. 그렇지 않으면 당장 체포하겠소."

박정희는 "부대들이 거사하기 위해서 출동했으니 이젠 중단할 도리가 없습니다"라고 말하더란 것이다. 장도영은 이렇게 소리치고는 전화를 끊었다는 것이다.

"부대들은 내가 일절 움직이지 못하도록 엄명해 놓았는데 무슨 출동이란 말이오. 체포되지 않으려면 빨리 돌아가시오."

이런 대화가 사실이라면 장도영 총장은 '반란군'을 출동시키려 하고 있는 '수괴'에게 아직도 '자진 해산'을 종용하고 있었다는 얘기이다. 〈5·16 혁명실기〉엔 박정희가 이날 밤 두 통의 친서를 준비하고 있었다고 적고 있다. 원래 계획은 쿠데타군이 주요 목표지를 점령한 다음 장 총장에게 尹泰日(윤태일), 宋贊鎬(송찬호) 준장을 통해서 친서를 전달할 계획이었는데 그 전에 탄로가 나는 바람에 없애 버리고 다른 편지를 전달한 것이라고 한다. 소각해 버린 친서의 내용은 이러했다고 한다.

〈총장 각하. 몇 번이나 말씀드리고 각하의 묵인을 받은 바 있는 거사를 明朝(명조)를 기하여 기어이 단행하기로 했습니다. (중략). 다만 처음 계획으로서는 각하를 직접 모시고 이 성스러운 거사를 단행하려 했으나 만약 이 거사가 실패했을 때의 전 책임을 소관이 지고 각하에게는 폐가 돌아가지 않도록 하기 위해서 우리들만으로 거사를 단행하였습니다. 그러나 각하께서는 이러한 우리들의 微忠(미충)을 양해하시고 또한 우리들의 충성된 마음을 진심으로 받아들여서 이 나라의 재건을 위해서 선두에 설 것을 굳게 믿는 까닭에 감히 거사를 하기로 한 것입니다. 이 글을 각하께서 받으실 때는 忠勇(충용)스런 각하들의 부하들은 서울에 진주를 끝마치고 중요한 목표를 점령하여 착착 진행시키는 시간일 것입니다. 속히 나오셔서 우리를 지도하여 주시기 바라는 바입니다. 대한민국 만세.

5월 15일 밤. 박정희 拜(배)〉

〈5·16 혁명실기〉는 이 편지가 이낙선 소령이 기안하고 박정희와 김종필이 加筆(가필)하여 완성한 것이라고 적었다. 이 두 편지의 중대한 차이점은 전달된 편지엔 '각하의 승인을 얻지 않고 독단 거사한다'고 적혀 있고 소각해 버렸다는 편지엔 '각하의 묵인을 받은 바 있는 거사 운운'으로 되어 있다는 점이다. 이석제는 "장 총장에게 전달된 편지의 의미는 '혁명에 실패하면 우리는 죽지만 당신은 빠져나가시오'란 면죄부였다"고 주장했다.

김재춘은 새벽 2시 전 박정희 장군에게 "공수단으로 가셔서 부대를 직접 지휘해 주십시오"라고 건의했다고 한다. 그러나 〈5·16 혁명실기〉에는 박정희가 장교들의 만류에도 불구하고 공수단 行(행)을 강행했다고 적혀 있다.

이석제의 기억에 따르면 박정희는 "공수단과 해병대도 안심이 안 되는군. 내가 직접 가서 출동을 지켜봐야겠어"라고 말하며 6관구를 나섰다는 것이다. 박정희는 공수단으로 떠나기 전 김재춘에게 "참모장은 계속 여기에 남아서 지휘해 주시오"라고 당부했다.

김종필은 나중에 이날 밤 거사를 성공시킨 박정희의 3대 결심을 꼽은 적이 있었다. 거사 정보가 누설된 것을 알고도 신당동 집을 나와서 진압군 측 헌병들이 기다리는 6관구로 향한 것, 혼란에 빠진 6관구에서 나와 실병력이 있는 공수단과 해병대로 간 것, 그리고 한강다리를 건널 때의 결단이 그것이다.

金浦 街道

5월 16일 새벽 2시 직전 박정희는 6관구 사령부를 나와서 韓雄震(한웅진) 준장과 함께 지프에 올랐다. 이석제의 지프엔 李亨柱(이형주), 朴

淳權(박순권) 중령이 타고 박정희가 탄 앞차를 뒤쫓았다. 칠흑 같은 어둠을 뚫고 김포로 달리는 차중에서 앞자리의 박정희는 뒷자리의 한웅진 육군정보학교장과 많은 대화를 나누었다. 타계한 한웅진 준장이 기자에게 남긴 증언에 따르면 이날 車中(차중) 대화는 대강 이러했다고 한다.

• 박정희: "지방에서는 지금 서울 상황을 모르고 있을 거야. 빨리 부대가 출동해야 하는데 말이야. 새벽 5시에 라디오를 들으라고 해놓았는데 방송이 나가지 않으면 호응하기로 한 부대에서는 자살하는 사람도 있을지 몰라."

• 한웅진: "실패하면 빌어먹을 산 속에라도 들어가서 협상이라도 벌입시다."

• 박정희: "병력이 나와야 협상이라도 하지. 라오스의 콩레 대위처럼 그렇게 하는 것이 부하도 살리고 다 사는 길이 될지 모르지."

• 한웅진: "형님, 어쨌든 우리는 성공할 겁니다. 아무리 나라를 위해 거사했다고 하더라도 실패하면 만고역적이 되니까 끝까지 해봅시다."

박정희와 한웅진은 차중에서 담배를 계속 태웠다. 담배연기만이 두 사람의 마음을 안정시켜 줄 것 같았다. 두 사람은 이날 차중에서 여섯 갑을 태웠다는 것이다. 박정희도 이 순간에는 초조했던지 라이터를 쥐고 있으면서 한웅진에게 라이터를 달라고 재촉하기도 했다고 한다. 한웅진은, 그 12년 전 박정희가 군내의 남로당 조직원으로서 체포되어 전기 고문까지 당하고 무기징역 선고까지 받았다가 군복을 벗고 나서 불우한 삶을 살아가고 있을 때 육본 특무과장이었다. 한웅진은 육사 2기 동기이지만 나이가 많은 박정희를 형님처럼 모시면서 인생의 나락에 떨어진 그를 가장 가깝게 지켜보았던 이였다. 이제 그는 또 한 번 절체절

명의 위기에 빠진 박정희의 동반자가 된 것이다.

한편 공수단의 출동 부대 지휘자인 金悌民(김제민) 대대장은 6관구에서 보내 주기로 한 트럭을 기다리고 있었다. 이 차량隊(대)는 예정 시각보다 한 시간쯤 늦은 밤 11시에 도착했다. 김 중령은 10대의 트럭을 몰고 온 운전병을 공수단 요원으로 바꾸었다. 6관구 운전병들은 부대 안에 격리되었다. 김제민은 대대 연병장 옆에 있는 공수 교육장에 트럭을 세워 놓고 요인 체포 임무를 맡은 장교들이 나타나기를 기다리고 있었다. 이들 장교는 공수단이 서울로 들어간 이후 한 팀씩 지휘하여 총리, 장관들을 체포하도록 되어 있었다. 그런데 총리 체포를 책임진 朴鐘圭(박종규) 소령만 심야에 나타났다.

한 주체 장교 출신 인사는 "그날 밤 거사가 탄로났다는 사실이 알려진 뒤 피신하여 밤을 보낸 뒤 다음날 아침에 상황이 호전되자 나타난 사람들도 더러 있다"고 했다. 김제민 중령은 차량이 도착한 뒤에도 박치옥 단장이 출동 명령을 내리지 않아 공수단 본부로 전화를 걸었다. 대대본부와 공수단 본부는 약 2km나 떨어져 있어 서로 무슨 일을 하고 있는지 알 수 없었다.

"단장님, 출동준비 다 되었습니다."

"어, 그래 잠시 기다려 봐."

김제민 대대장은 일단 부대원들을 트럭에 태웠다. 포섭된 팀장들을 제외한 일반 병사들은 폭동 진압 훈련인 줄 알고 있었다. 김제민 대대장은 출동 시각이 지났는데도 명령이 떨어지지 않아 초조했었다고 한다. 이 무렵 공수단 정문에 박정희가 도착했다. 박치옥은 최근 증언에서 박정희가 도착했을 때는 공수단이 출동 준비를 끝내고 정문으로 나서려는 시점이었다고 한다.

뒤차로 따라온 이석제가 보니 박정희는 박치옥을 정문으로 불러냈다. 두 사람이 이야기를 하고 있는 동안 이석제는 차에서 내려 카빈총을 정문 쪽으로 겨누고 있었다고 한다. 박정희는 박치옥에게 "빨리 출동하라"고 독려했다는 것이고 박치옥은 "왜 안내 장교들이 오지 않았습니까. 왜 차량을 늦게 보냈습니까" 하고 따졌다고 한다. 정문에서 대화를 나누고 지프 쪽으로 돌아온 박정희의 표정은 그리 밝지 않았다고 한다. 박치옥에 따르면 이때 박정희의 입에선 술냄새가 났고 자포자기한 마음을 술기운으로 버티는 것 같았다고 한다. 이석제는 이런 해석에 동의하지 않는다.

박정희는 지프에 몸을 실으면서 "해병대로 가자"고 했다. 이석제의 지프는 시동이 걸리지 않았다. 박정희는 "당신들은 여기서 기다리시오"라고 말한 뒤 떠났다. 김포 해병여단으로 달리는 차중에서 박정희는 뒷자리에 탄 한웅진 준장에게 이렇게 말했다고 한다.

"해병대가 이 길을 진격하고 있을 때인데 도로가 캄캄하기만 하니 이상하지 않소. 해병대도 출동하지 않고 있다면 다른 부대는 예정대로 출동했다고 거짓말을 해서라도 끌고 나와야겠는걸."

지프가 길가의 경찰서 지서에 도착했다. 박정희는 내려서 지서로 들어갔다. "해병대가 이 앞을 통과했느냐"고 물었으나 그런 일이 없다는 것이었다. 지서에 나와 있던 해병대 헌병에게 여단 본부로 전화를 해보도록 했다.

"이미 30분 전에 부대를 떠났다고 합니다."

박정희는 '도대체 어느 길로 갔기에 보이지 않는가' 하고 생각하면서 지프를 한 1km쯤 더 달리게 했다. 맞은편에서 해병대 지프가 달려오고 있었다. 박정희는 그 지프를 세우고 물어보았다. 지프에 타고 있던 해병 헌병장교는 "우리 부대는 질러가는 길로 갔을 것이다"고 답했다. 박정희는 차를 돌려 공수단 쪽으로 몰게 했다. 박정희 소장은 정문 앞에서 기다리고 있던 이석제 일행에게 이렇게 당부했다고 한다.

"해병대를 만나면 30, 33사단의 이야기는 하지 않는 것이 좋지 않겠나. 해병대 측으로서는 육군이 출동한 것으로 알고 있을 거야. 그러니 동지 한 사람이 배반하여 기밀이 누설되었으므로 출동이 약간 늦어져 부득이 해병대가 앞장서게 되었다는 정도로 암시만 주도록 합시다. 상세한 이야기는 사기를 沮喪(저상)시킬 우려가 있으니 하지 말아요."

해병대 출동

김포 해병여단장 金潤根(김윤근) 준장은 부관이 시간에 맞춰 깨우는 바람에 일어나 보니 밤 11시였다. 인사참모 崔龍琯(최용관) 소령, 통신참모 文成泰(문성태) 중령이 기다리고 있다가 '출발 준비가 끝났습니다' 라고 보고했다. 여단 내 미군 고문단도 눈치채지 못하고 조용하다는 것이었다. 최 소령은 전차 중대의 출동문제를 제기했다. 원래 출동 계획에는 전차 중대를 출동시키면 그 굉음으로 한강 다리를 넘기 전에 폭로될 위험이 있다고 해서 제외되어 있었다. 최 소령은 주력 부대가 서울 시내로 들어가는 시간에 맞추어 전차 중대가 출발하도록 하면 되지 않느냐고 했다. 자정을 넘어서 5월 16일로 넘어간 뒤 드디어 吳定根(오정근) 대대장이 전화로 보고해 왔다.

"지금 부대의 선두가 출발했습니다."

지휘반은 주력 부대의 後尾(후미)에 붙게 되어 있었다. 김윤근 여단장은 출발을 기다리는 동안 軍宗(군종) 참모 金廣德(김광덕) 대위를 찾아나섰다. 그는 여단 내의 교회로 들어가서 軍牧(군목)을 모셔오라고 했다. 자다가 일어난 김광덕 대위는 옷매무새를 고쳐 입으면서 들어왔다. 김윤근은 한밤중에 깨워서 미안하다고 사과한 뒤 거사계획과 취지를 설명해 주었다.

"지금 막 거사 부대의 선두가 서울을 향해 출발했습니다. 잘 하는 일이라고 믿고 하는 것이지만 하나님이 보시기에 잘못된 일이라면 우리가 하려는 일을 쳐부수어 주시겠지만, 출동 목적을 모르고 나가는 많은 장병들이 피를 흘리지 않도록 기도해 주시기 바랍니다."

놀란 표정이 된 김 군목은 곧 침착함을 되찾더니 뜨거운 기도를 올려 주었다. 한결 마음이 가벼워진 김윤근은 교회를 나왔다. 그는 지프를 타고 전차 중대로 향했다. 이미 주력 부대의 트럭 縱帶(종대)가 엔진소리를 우르렁거리면서 김포가도를 달리고 있었다. 중대본부에 도착한 김윤근은 정문 보초에게 "지금 중대장을 보러 가니 전화로 깨우라"고 명령했다. 중대장 막사에 들어가니 金鉉浩(김현호) 대위가 옷을 입고 있었다. 김윤근은 그에게 또 거사 취지를 설명해 주었다.

"여단장님이 나가신다면 기꺼이 나가겠습니다."

"오전 4시에 출발할 수 있소?"

"언제든지 명령만 내리신다면 출발할 수 있는 준비가 다 되어 있습니다."

"좋소. 오전 4시에 서울로 출발하시오."

김윤근의 후미에 붙은 60여 대의 트럭 종대는 대대병력을 태우고 김포 가도를 달렸다. 달은 없었지만 별빛이 영롱한 밤이었다. 해병대가 염창 교에 이르렀을 때였다. 길가에 박정희 장군과 일행이 서 있는 모습이 헤 드라이트 불빛에 들어왔다. 김윤근은 급히 차를 세우고 내렸다. 철모를 쓴 김 장군은 박정희에게 뛰어오더니 거수경례를 붙이면서 보고했다.

"해병대 이상 없이 출동했습니다."

"수고 많았소."

박정희는 김 장군의 손을 잡은 채 작은 목소리로 말했다.

"김 장군, 30사단에서 거사 계획이 탄로가 났소. 그래서 30사단, 33사 단, 공수단 다 나올 수 없게 되었소. 이제는 해병여단만 가지고 강행하 는 길밖에 없게 되었으니 김 장군만 믿소."

"그렇게 되었습니까. 하는 수 없지요. 해병여단만 가지고 강행해 봅시 다."

김윤근은 담담하게 말하고 다시 차에 올랐다. 이때의 심정을 김윤근 은 이렇게 고백했다.

〈다시 지프에 올라 강변도로를 달리기 시작했다. 헤드라이트 불빛은 앞을 비추고 있었지만 눈앞이 캄캄해져서 아무것도 안 보이는 기분이었 다. 굵직한 몽둥이로 뒤통수를 한 대 얻어맞은 것처럼 머리가 띵해졌다. 처음부터 잘못되면 죽게 된다는 것을 각오하고 시작한 일이지만 막상 육군부대가 출동할 수 없게 되었다는 엄청난 차질에 부딪치게 되니 이 것저것 모두가 후회되었다〉(회고록《해병대와 5·16》)

김윤근은 한강으로 다가가면서 어제(5월 15일) 아침에 있었던 일이 기 억났다. 출근하려고 삼각지를 지날 무렵이었다. 해군 참모총장 차가 앞질러 가기에 들여다보니 李成浩(이성호) 총장 옆에 함대사령관 李孟基(이맹기) 소장이 동승하고 있었다. 김윤근은 손짓으로 앞차를 세우게 한 뒤 이맹기 소장을 내리도록 했다.

"내일이 D일인데 알고 있소?"

"D일? 그게 무슨 말이오?"

"金東河(김동하) 장군에게서 무슨 말 듣지 못했소?"

"글쎄, 아무 말도 들은 것이 없는데…."

"내가 무슨 착각을 한 것 같으니 용서하십시오."

김윤근 준장은 정중히 사과드리고 인사를 한 뒤 김동하 장군의 말을 곱씹어보았다. 김동하는 '이맹기 장군도 거사에 찬동했고 거사일에는 해군 함정 수 척을 인천항에 배치시키기로 했다'고 말했던 것이다. 한강으로 접근하면서 이일 저일을 생각하다가 김동하 장군을 떠올린 김윤근은 선배를 너무 믿었던 것이 후회가 되었다고 했다.

박정희와 장교들은 염창교 입구에 서서 지나가는 해병대 차량들을 향해서 손을 흔들고 만세를 불렀다. 지축을 울리면서 출동하는 해병대는 박정희에게는 그야말로 기사회생의 기적이었다. 한때 "부대가 나와야 산 속에 들어가서 게릴라전을 하다가 협상이라도 할 것 아닌가" 하고 생각했던 박정희는 이젠 성공의 확신까지 가질 수 있게 된 것이다. 염창교에는 6관구 사령부에 모였던 육군 장교들 10여 명이 와서 기다리고 있다가 박정희와 해병대를 만났다.

박정희는 이들 장교에게 "이제는 부평 33사단으로 가서 출동을 독려하라"고 명령했다. 단호하고 자신감이 붙은 말투였다. 박정희 차는 해병대를 뒤에서 따라갔다. 해병대 뒤에는 출동이 늦었던 공수단 트럭이 따

라붙었다. 이로써 해병대는 선두부대가 되었다. 이는 김윤근이 피하고
자 했던 상황이었다. 성공하든 실패하든 해병대는 육군으로부터 당할
것이라고 그는 생각했던 것이다. 해병대와 공수단은 5월 16일 새벽 3시
30분경 한강 인도교의 남단인 노량진 쪽에 도착했다. 남한강 파출소의
경찰관들이 무슨 일인가 하고 나오는데 해병대 병사들이 공포를 쐈다.
경찰관들은 달아났다.

6군단 포병단의 당황

해병대와 공수단 병력이 한강 인도교의 남단인 노량진에 도착한 시
각, 장도영 육군 참모총장은 육군본부가 아닌 서울지구 방첩대 사무실
(조선호텔 건너편)에서 지휘를 하고 있었다. 그는 자신이 취한 조치를 회
고록에서 이런 요지로 설명했다.

〈나는 김재춘 대령과 15일 저녁부터 16일 새벽까지 여러 차례에 걸쳐
통화를 나눴다. 그때마다 김 대령은 내 명령대로 6관구 사령부에 집결한
장교들을 해산시켰으며 관구 소속 예비사단들의 출동도 엄금시켰다고
보고해 왔다. 나는 이 말을 곧이곧대로 믿었다. 나는 김재춘 대령이 쿠
데타에서 중요한 역할을 수행하고 있다는 것을 전혀 알지 못했다. 나는
김 대령의 '여기는 조용하다'는 말을 믿고서 안심했다.

그러나 일부 소수 부대라도 서울로 들어오려 하지 않을까 해서 육본에
비상 대기시켜 둔 헌병 50명을 한강교로 급파, 미군 차량을 제외한 모든
육군 차량의 통과를 엄금시키라고 명령했다. 조금 뒤 충격적인 보고가
올라왔다. 헌병들이 한강 다리 위에서 해병여단과 대치하고 있다는 것

이었다〉

장도영 총장은 새벽 3시 30분이 넘어서까지도 해병대와 공수단이 몰려오고 있다는 사실을 몰랐다는 것이다. 김재춘의 허위보고에 속았고 자신이 박정희에게 '집에 돌아가서 잠이나 자시오'라고 지시한 것이 지켜지고 있다고 믿었다는 얘기다.

당시 장도영을 관찰하고 있었던 부하들의 증언은 다르다. 육본 직할 제15범죄수사대(CID)의 方滋明(방자명) 부대장은 자정 무렵 수색의 30사단으로 달려가 반란 주모자인 작전참모 李白日(이백일) 중령을 야반도주하게 하고 상황을 평정한 뒤 장도영한테 돌아와 대기 중이었다. 이때 해병대가 공수단과 함께 한강교로 접근하고 있다는 보고가 들어왔다는 것이다. 장도영은 직접 전화통을 들고는 육본 직할 헌병중대장 金錫律(김석률) 대위를 부르더란 것이다.

"병력 50명을 카빈으로 무장하고 GMC트럭 여덟 대를 동원하여 한강다리를 봉쇄하라."

장도영은 곁에 있던 방자명 중령에게 지시했다.

"귀관도 육본에 가서 헌병대의 배치를 지휘, 감독하고 중간보고하라."

방자명은 소수 병력으로 대병력을 상대한다는 것이 불안하여 이렇게 건의했다고 한다.

"각하, 남산엔 1개 공병단이 주둔하고 있고 각 헌병대는 중화기를 갖고 있습니다."

장도영은 "아니 됐어, 우선 그것으로 될 거야"라고 말한 뒤 다른 일에 관심을 돌리더라고 한다. 같은 자리에 있었던 이희영 서울방첩대 대장도 방자명이 그런 건의를 하는 것을 목격했다고 확인해 주었다. 장도영 총장은 동원할 수 있는 병력을 제대로 쓰지 않고 일부러 소수 병력을 투입했다는 의심을 받고 있다. 이때 공병단 병력과 기관총을 동원하여 한강 다리 위에 몰려 있는 해병대와 공수단을 공격했더라면 서울 진입을 저지시킬 수 있었을 것이다.

방자명 중령은 한강 다리에 트럭을 八(팔)자로 놓는 차량 바리케이드를 3중으로 쳤다. 방 중령과 김 대위는 김포가도 쪽을 바라보았으나 근접 물체는 보이지 않고 조용했다. 방 중령은 "김 대위, 필요하면 발포하시오"라고 명령한 뒤 서울방첩부대로 돌아와 장도영 총장에게 보고했다.

이때 장도영은 전투복 차림으로 갈아입고 여기저기 전화를 걸고 있었다. 玄錫虎(현석호) 국방장관과 육본의 주요 참모들도 나와 있었다. 방자명은 다시 육본으로 갔다. 연병장에 병력이 꽉 차 있는 게 아닌가. 장병들의 부대 표시를 보니 6군단 포병단이었다. 방자명은 '진압군이 들어왔구나' 하고 안심했다.

5·16 혁명사를 자세히 읽어 보지 않은 사람들은 이날 서울 시내로 처음 들어온 부대가 해병대와 공수단이라고 오해한다. 사실은 그들이 한강 다리를 넘기도 전인 새벽 3시 30분에 文在駿(문재준) 대령이 지휘하는 6군단 포병단의 전 병력이 육본에 진주했던 것이다.

포병사령관(문재준) 이하 5개 대대장 전원이 쿠데타에 가담하고 있었으므로 이 부대는 차질 없이 의정부—미아리를 거쳐 새벽에 점령 목표지에 도착했다. 장교 68명, 사병 1,283명으로 구성된 부대였다. 문재준 사령관은 이틀 전 확정된 계획대로 서울 시내가 혁명군에 의하여 이미 점령되어 있을 것이라고 예상하고 왔는데 너무나도 조용한 데 경악했다.

'새벽 3시에 서울 시내로 들어와서 주요 목표물을 점령하기로 했는데 이거 우리가 박정희 장군한테 속은 것이 아닌가' 하는 생각이 번쩍 들었다. 문재준 대령은 6군단 작전참모 洪鍾哲(홍종철) 대령과 참모들을 데리고 혁명군 지휘소로 결정된 남산으로 가 보았다. 거기에도 사람의 그림자조차 없었다. 그런데도 6군단 포병단 병력을 실은 트럭들은 새벽을 울리는 굉음과 함께 육본으로 계속 밀려들고 있는 것이다. 문재준의 담배를 쥔 손이 덜덜 떨렸다. 담배를 거꾸로 피워 물기도 했다.

"오늘이 확실히 16일이야? 맞아?"

"틀림이 없습니다."

"뭐가 잘못된 거 아냐?"

"그렇다고 도로 물릴 수도 없지 않습니까. 이젠 다 폭로된 겁니다. 이건 훈련이었다고 해서 돌아갈 수도 없고요."

이런 대책 없는 대화를 나누고 육본으로 돌아온 문재준 대령은 작전참모부장 宋錫夏(송석하) 소장과 맞닥뜨렸다. 송 소장은 서울지구방첩대에서 장도영 총장을 만나고 육본으로 돌아오는 길이었다.

"귀관, 어디서 출동한 병력인가."

"육본 지시에 의해서 출동한 6군단 포병단입니다."

"잘 됐다. 지금 해병대가 반란을 일으켰으니 한강으로 가서 진압하라."

"알겠습니다."

문재준은 기겁을 하고 돌아와서 참모들과 상의했다. 申允昌(신윤창) 대대장은 "당장 잡아넣어버리자"고 했으나 문재준은 "좀 두고 보자"고 했다. 작전 참모부장이 주번 사령을 보내 병력 배치 상황을 확인하겠다고 했다. 신윤창은 주번 사령에게 쏘아붙였다.

"여보, 우리가 왜 출동했는지 아오? 군사혁명하러 왔소. 여러 말 말고 가시오."

이때 한강 쪽에서 총성이 울렸다. 6군단 포병단 지휘부의 초조와 불안이 끝나는 순간이었다.

한강 다리에서

해병여단의 선두인 제2중대가 한강 인도교로 진입했을 때 트럭 두 대를 여덟 팔 자로 배치한 헌병들의 제지를 받는다. 중대장 李俊燮(이준섭) 대위는 참모총장도 이번 혁명을 지지하고 있다는 말을 들었다. 그래서 헌병들이 총장의 명령을 받아 자신들을 환영하러 나온 줄 알고 헌병 중대장 김석률 중대장과 반갑게 악수를 했다. 그런데 김 대위는 "우리는 총장님의 명령에 따라 어떤 부대의 통과도 허용할 수 없다"고 말하는 게 아닌가.

이 보고를 전해들은 오정근 대대장은 김윤근 여단장에게 뛰어갔다. 오 중령도 참모총장이 혁명을 지지하고 있다고 알고 있었으므로 "이게 도대체 어떻게 된 일입니까"하고 따지듯 말했다. 김윤근은 박정희 소장한테 들은 대로 설명해 준 뒤 "해병대만 가지고 혁명을 강행하기로 했으니 헌병이 계속해서 막으면 밀어 버리시오"라고 명령했다. 오정근 중령은 "알았습니다. 밀어 버리겠습니다" 하고 시원하게 복창하고 앞으로 달려갔다. 오정근 중령은 원래부터 해병대 단독 거사를 꾀했던 이였으니 이런 상황에서도 주저할 이유가 적었다. 그 뒤 앞쪽에서 총성이 들려 왔고 곧 조용해지더니 오정근 중령이 무전기로 보고했다.

"헌병을 쫓아 버리고 지금 저지선을 통과해서 인도교로 들어갑니다."

한강 인도교 남단에 설치한 트럭 바리케이드를 넘는 총격전에서 헌병 3명, 이준섭 대위 등 해병 6명이 부상했다. 해병대 후미 쪽에 붙어 있던 김윤근 여단장이 탄 지프도 인도교로 들어갔다. 바리케이드로 놓아 둔 트럭은 엔진이 꺼져 있어 치우는 데 시간이 걸릴 듯했다. 김윤근 여단장은 지프에서 내렸다. 중지도 쪽에서 또 총성이 들렸다. 오정근 중령이 달려왔다.

"중지도에 제2 저지선이 있고 헌병이 저항합니다. 혹시 이 다리에 폭파 장치를 해두었을지 모르니 병력을 일단 노량진 쪽으로 **빼는** 것이 어떻겠습니까?"

"폭파 장치가 그리 쉽게 되겠소. 걱정 말고 밀어 붙이시오. 그런데 저 저지선의 트럭 헤드라이트 불빛이 눈에 거슬려요. 저것부터 깨부숴 버려요."

오정근 중령은 중지도 지점에 설치된 제2 저지선의 헤드라이트를 겨냥해서 일제 사격을 하게 했다. 불빛이 꺼지자 제2 저지선도 돌파되었다. 김윤근 준장은 한강 인도교의 반을 지나 이제는 용산 쪽으로 걸어갈 수 있었다. 서서히 움직이던 해병대 차량 종대는 다시 정지했다. 오정근 중령이 다시 달려왔다.

"큰일입니다. 또 다른 저지선이 있습니다."

"큰일은 무슨 큰일이오. 저지선이 있으면 돌파해 버려야지."

그러나 김윤근도 앞으로 저지선을 몇 개나 더 돌파해야 할지를 생각하니 걱정이 되었다. '날은 이미 밝아오기 시작하는데 아직 한강 다리에서 우물거리고 있으니…. 실패라면 살아서 욕을 보느니 자결해 버려야지'

하는 생각을 하니 아내와 세 아이의 얼굴이 스쳐 지나갔다. 그러다가 트럭에 탄 장병들을 보고는 마음을 고쳐먹었다.

'아니다. 내가 살아 있어야 아무것도 모르고 출동한 장병들에게는 책임이 없다는 것을 증언해 줄 수 있을 것이 아닌가.'

이때 박정희도 차에서 내려 한강 다리를 걸어서 건너고 있었다. 그를 호위하던 장교들 가운데 한웅진 준장과 이석제 중령의 증언을 통해서 상황을 복원해본다.

박정희 일행은 중지도, 즉 한강 다리의 중간 지점을 지나 북쪽으로 걸어갔다. 북단에는 제3의 저지선이 있었다. 트럭 4대를 동원하여 차단벽을 만든 것이다. 트럭들 좌우측에서 헌병들이 매복하여 총을 쏘고 있었다. 해병들은 상체를 숙이고 뛰어가 저지선 앞에서 엎드려 응사하고 있었다. 헌병들의 병력이 얼마인지를 알 수 없었으니 불안감은 더했다.

박정희 소장이 상체를 숙이지도 않고 걸어가기 시작했다. 카빈을 든 이석제 중령이 따랐다. 그는 6·25 동란 때 중대장으로 전투한 경험이 생각났다. '사람이 아무리 빨라도 총알을 피할 수는 없다. 총알이 사람을 피하지, 사람이 총알을 피할 수는 없다'는 經驗則(경험칙)이 있었다. 전쟁터에서 그런 믿음에 따라 행동하니 부하들이 용감한 중대장이라고 존경해마지 않았다. 총알을 고개 숙여 피한다고 피할 수 있는 것이 아님을 알고 있는 이석제와 박정희가 꼿꼿하게 걸어가는데 총알이 옆으로 쌩쌩거리며 날아가는 소리가 들렸다.

김윤근 준장이 박정희에게 뛰어왔다.

"또 다른 저지선이 있습니다. 앞으로 저지선이 몇 개나 더 있을지 모르겠습니다. 날이 새기 전에 목표 점령은 어려울 것 같습니다."

"그대로 밀어 버리시오."

박정희의 침착하고 단호한 태도에 김윤근 준장도 용기를 얻었다고 한다. 박정희는 해병대가 작전하는 것을 바라보면서 난간에 기대어 담배를 피워 물었다. 李錫濟는 이런 말을 했다고 한다.

"각하, 일이 끝내 안 되면 각하 바로 옆 말뚝은 제 것입니다."

박정희는 씩 웃으면서 이렇게 말하더란 것이다.

"사람의 목숨이 하나뿐인데 그렇게 간단하게 죽어서 쓰나."

잠시 후 박정희는 "이 중령" 하고 불렀다.

"상황이 여의치 않으면 제2안대로 합시다."

박정희가 생각한 제2안이란 출동한 부대로써 일정한 지역을 점거하고는 정부와 담판한다는 것이었다. 한웅진은 "박 장군은 총격전이 오고가는 상황에서 난간을 잡고 물끄러미 강물을 내려다보더니 일본말로 '주사위는 던져졌어'라고 말했다"고 증언했다. 나중에 한웅진은 "형님, 그때 강물을 바라보면서 무슨 생각을 했습니까" 하고 물었다고 한다. 박정희는 "가족들 얼굴이 강물에 떠오르더군"이라고 말하더란 것이다.

이 순간 박정희의 결연한 태도가 흔들리는 장교들의 마음을 다잡아 주었다는 증언은 많다. 예기치 않은 저항을 받은 혁명군 장교들 모두가 박정희를 주시하고 있었고, 박정희는 그들에게 용기와 확신을 심어 주는 행동을 보였다. 결정적 순간의 이런 결정적 행동이 그 뒤 18년간 단 한 번도 정면도전을 받지 않은 그의 지도력과 권위의 원천이 되었다.

張勉 총리의 수도원行

한강 인도교를 저지하던 트럭 바리케이드가 최종적으로 뚫린 것은 5월 16일 오전 4시 15분경이었다. 카빈으로만 무장한 헌병 50명을 지휘하고 있던 김석률 대위는 서울방첩대에 위치하고 있던 장도영 총장에게 수시로 보고를 올렸다. 장도영은 '가능한 한 渡江(도강)을 저지할 것이나 부득이한 경우에는 한강의 북쪽 언덕으로 철수하라' 고 명령했다고 한다. 김 대위는 한강인도교 북단, 즉 용산 쪽의 저지선에서 철수한 뒤 장도영에게 "해병대에 이어 공수단도 다리를 건너 육본 쪽으로 가고 있다"고 보고해 왔다.

장도영은 이때 비로소 張勉(장면) 총리와 尹潽善(윤보선) 대통령에게 전화를 걸어 피신을 권한다. 장면의 생전 증언에 따르면 맨 처음 장도영의 전화를 받은 것은 새벽 2시쯤이었다. 장면은 반도호텔 809호실을 숙소로 쓰고 있었다. 옆방인 808호실은 경호실이었다. 경호대장 趙仁元(조인원) 경감이 총리를 깨워 장도영의 전화를 바꾸어 주었다. '30사단에서 장난을 치려는 것을 막아 놓았고 해병대와 공수부대를 한강에서 저지시키고 있다' 는 요지의 보고였다고 한다. 장도영은 "아무 염려 마시고 그저 그런 일이 있다는 것만 알고 계십시오"라고 말하더란 것이다.

"한 주일 전에 내가 말한 그것 아닌가."

"아니, 별것 아닙니다. 염려 마시고 제게 맡겨두십시오."

"염려 말라는 말만 하지 말고 내게 와줘. 와서 직접 자세히 보고해. 매그루더 사령관에게도 보고했나?"

"예, 했습니다."

"그래, 좀 왔다 가게."

"예, 가겠습니다."

장도영은 끝내 나타나지 않았다. 서울방첩부대에서 장도영의 지휘를 지켜보고 있던 현석호 국방장관은 군의 작전에 간여할 입장이 아니었으나 총장이 영 못미더웠다고 한다. '윤보선 대통령에게 보고 드렸느냐'고 물으니 장 총장은 '아직 안 드렸다'고 해서 '즉각 전화를 걸도록' 시켰다는 것이다. 매그루더 사령관에겐 자신이 직접 통보하고 싶었으나 영어가 서툴러 장도영에게 시켰다. 옆에서 들으니 매그루더한테도 '대수롭지 않은 소요' 정도로 보고하는 듯했다.

윤보선 대통령은 새벽 4시쯤 곤한 잠 속에서 일어났다. 이재항 비서실장이 깨운 것이다. 대통령이 전화기를 드니 장도영의 다급한 목소리였다.

"각하, 지금 군부 쿠데타가 일어났습니다. 헌병을 동원하여 한강 다리에서 저지선을 쳐보았으나 중과부적으로 저지선이 무너지고 이미 서울로 들어왔는데 쉽게 진압될 것 같지 않습니다. 정부 인사들이 은신하고 있는 중이오니 대통령 각하께서도 신변의 안전을 배려해 주십시오."

윤보선 대통령은 老母(노모)와 처자들만 일단 일가집으로 피신시키고 자신은 청와대를 지키기로 했다.

현석호 국방장관은 서울방첩대를 나와서 소공로를 건너 반도호텔로 갔다. 8층 총리방에서는 이태희 검찰총장과 조인원 경호대장 등 몇 사람들이 모여서 서성거리고 있었다.

"어, 현 장관이로구먼."

장면 총리는 반가운 표정이었다.

"장 박사님, 사태가 여의치 않으니 일단 피하셔야겠습니다. 어디로 가시겠습니까."

이태희 총장이 "제 집으로 모시겠습니다"고 나섰다. 한강 쪽에서 총성이 들려오고 있었다. 호텔 아래로 내려가 이태희 총장의 승용차를 타려고 했는데 운전사가 보이지 않았다. 총성에 놀라 달아난 듯했다. 한 경호원이 길 건너편에 있는 미국 대사관으로 달려가 철문을 두드렸다. 아무 응답이 없었다. 이때 망을 보던 경호원이 "군인들이 온다"고 소리쳤다. 장면 총리 부부는 서둘러 전용차에 몸을 실었다. 이때 총리의 안경이 떨어져 깨졌다. 차는 청진동 뒷골목으로 해서 중학동 한국일보 건너편의 미국 대사관 직원 사택지 앞에 머물렀다. 장면은 문을 두드렸다.

〈어떤 엄명이 내려졌는지 문이 열리지 않았다. 집으로 돌아갈 수도 없고 길에서 방황할 수도 없어 일단 안전한 곳에서 정세를 파악하기 위해 잠시 몸을 피하기로 했다. 어디로 가야겠다는 작정은 없었다. 잠시 피신해 정세를 보기 위해서 아무도 짐작 못할 혜화동의 수도원으로 가보았다. 內子(내자)가 전부터 친교가 있던 원장에게 사정을 말하고 허락을 받아 방 하나를 얻었다〉

목격자에 의하면 혜화동 로터리(회고록)에 있던 카르멜 수녀원으로 들어온 장면 총리 부부는 몹시 지친 표정이었다. 안경을 끼지 않은 얼굴이었기에 더욱 고통스럽게 보였으리라. 원장 수녀인 마리 클레(프랑스인)가 황급히 총리 부부를 부속 건물 내 한 방으로 데리고 갔다. 방에 들어서자마자 장면 총리는 기도를 드리더라고 한다.

장도영 총장이 이날 밤의 사태 발전을 장면 총리에게 정직하게 보고했더라면 장면 총리는 미 8군 영내나 미국 대사관으로 피신하여 신변의 안전을 도모할 수 있었을 것이다. 그런 상황에서 쿠데타軍에 대한 진압을 지휘했더라면 역사는 달라졌을지도 모른다. 장도영은 '별것 아닌 것' 처럼 보고했다가, 또 장면 총리에게 '가서 보고하겠다' 고 해놓고 나타나지 않았다. 그동안 총리를 기다리게 해두었다가 결국 총리가 경황없이 수녀원으로 피신하는 상황을 만들었다는 비판을 받는다.

장면 총리가 한국일보 건너편 미국 대사관 사택지의 문을 두드린 것은 이유가 있었다. 이곳에 미국 CIA 서울지부장 피어 드 실버의 집이 있었다. 장면 총리는 2년 전 부통령 시절부터 자주 이 집에 초청을 받아 와서 식사를 하고 가곤 했다. 그러나 이 운명의 새벽, 절친한 사이인 실버와 장면의 길은 서로 엇갈렸다.

실버는 새벽에 미국 대사관의 CIA 당직요원으로부터 '한강에서 총성이 들린다' 는 보고를 받고 집을 나와서 대사관으로 달렸다. 이미 무장한 쿠데타軍이 거리를 통제하면서 신분을 확인하고 있었다. 광화문 거리엔 기관총이 설치되고 있었다. 실버는 세단을 몰고 있었는데 여러 번 검문을 받았다. 그 사이 장면 총리가 사택지의 문을 두드린 것이었다. 실버는 회고록에서 '그는 정문이 닫힌 뒤에 도착했으며 아무렇게나 옷을 주워 입은 모습으로 신분을 밝히지 않았기 때문에 들어가지 못했다' 고 썼다.

광명인쇄소

5월 16일 새벽, 한강에서 총성이 울리자 申應均(신응균) 국방차관보는 단신으로 현장에 나타났다. 그는 김동하 예비역 해병소장을 만나 그의 지프를 타고 박정희가 있는 곳으로 갔다. 박정희가 혁명의 당위성을 설명하자 신응균 예비역 중장은 "혁명은 시기상조지 않소"라고 했다고 한다(〈5·16 혁명실기〉). 박정희는 쌀쌀하게 그 자리를 떠나면서 동행하는 한웅진 준장에게 "시기상조래. 처치해 버릴까" 하고 농담을 했다.

박정희는 한강 다리를 건너는 데 시간이 많이 걸리자 작전계획을 변경했다. 33사단 병력으로 남산의 중앙방송국 건물을 점령하기로 되어 있었는데 이 부대는 정보 누설로 출동이 늦어졌다.

박정희는 공수단으로 하여금 방송국을 점령하도록 시켰다. 해병대와 공수단은 한강 다리를 건너 용산으로 쏟아져 들어왔다. 용산역전에서 해병대 선두부대는 맞은편에서 오는 6군단 포병단 병력과 만났다. 포병들은 육본을 점령한 뒤였다. 박정희 차는 육본으로 가지 않고 바로 남산으로 달렸다.

이날 새벽 중앙방송국(KBS) 숙직실에선 朴鍾世(박종세) 아나운서가 때묻은 이불을 뒤집어쓴 채 자고 있었다. 새벽 3시가 넘은 시각, 숙직하던 수위가 오더니 깨웠다.

"아까부터 총소리가 들리는데요."

박종세와 수위가 옷을 갈아입고 계단을 내려가는데 올라오는 헌병 장교와 맞닥뜨렸다. 육본으로부터 방송국을 경비하라는 명령을 받고 배치된 헌병이었다.

"김포 방면에서 일부 군인들이 반란을 일으켰는데 빨갱이인 듯합니다. 제1 점령 목표가 방송국이란 정보가 있어서 우리가 지키고 있습니다."

박종세 아나운서는 그 헌병 장교를 따라 아래층으로 내려갔다. 다른 부서의 숙직원들이 모여 앉아 불안에 떨고 있었다. 새벽 4시 20분쯤, 갑자기 헌병들이 트럭에 올라타더니 사라져버렸다. 조금 있으니 총성이 요란하게 울리고 얼룩무늬 전투복을 입은 군인들이 현관을 통해서 안으로 몰려들었다. 숙직원들은 이방, 저방의 책상 밑으로 숨어들었다. 박정희 소장이 도착한 것은 이때였다. 한웅진 준장은 현관으로 들어서면서 공수부대원들에게 말했다.

"빨리 아나운서와 직원들을 찾아서 데리고 와!"

한웅진은 박정희를 향해서 "각하, 방송문을 가지고 오셨습니까" 하고 물었다.

"종필이가 가지고 오게 되어 있는데….."

박정희는 걱정스런 표정을 지었다. 이때 이석제 중령 일행이 들어오면서 박정희에게 거수경례를 붙였다. 장교들이 박정희 주변으로 모여들었다. 윤태일 준장이 손목시계를 보니 오전 5시 20분 전이었다. 그는 "이거 안 되겠는데요"라고 했고, 박정희는 "같이 갑시다. 한 장군, 여기 점령하고 있어요"라고 말한 후 지프를 타고 광명인쇄소가 있는 안국동으로 달렸다.

이날 밤을 김종필은 광명인쇄소에서 피 말리는 초조 속에 보냈다. 밤 12시에 혁명 공약 등 문안을 가지고 이낙선 소령과 함께 인쇄소에 도착하니 李學洙(이학수) 사장과 金龍泰(김용태·공화당 원내총무 역임)가 기다리고 있었다. 이학수는 文選工(문선공)들에게 김종필이 가져온 원고를 건네면서 이렇게 말했다고 한다.

"놀라지 말고 誤字(오자) 없도록 침착하게 일하게. 저 사람들은 군인인데 무기를 들고 와서 강제로 시키니 나도 어쩔 수 없어. 부디 다른 생각하지 말고 일 잘하게. 만일의 경우에는 사장이 강제로 시켜서 했다고 하면 괜찮을 거야."

문안을 읽어본 문선공들은 안색이 창백해지면서 부들부들 떨기 시작했다. 이학수는 "내가 모든 책임을 질 테니 걱정 말라"고 달랬다. 김종필도 공장장을 불러 타일렀다.

"무슨 일이 있으면 우리가 감금해 놓고 권총으로 위협하면서 일을 시켰다고 말하시오. 모든 책임은 우리가 지는 거요."

공장장이 문안을 읽어 보더니 갑자기 이런 말을 하는 것이었다.

"올 것이 왔습니다. 합시다."

이 말을 들은 김종필은 '아, 이 일은 되는 일이구나' 라고 생각했다고 한다. 김종필 전 총리는 최근 이렇게 말했다.

"나는 이층에 올라가서 인쇄공을 감시하면서 한편으로는 바깥을 내려다보고 있었어요. 이날 밤은 무사히 넘어가는 줄 알았는데 새벽 2시쯤 문제가 생긴 거예요. 내가 내려다보니 순찰하던 경찰관 두 명이 공장 문앞에 서는 겁니다. 여태껏 야간 인쇄를 안 하다가 덜커덕거리니까 순경들이 이상하게 생각한 것 같아요. 무슨 말을 하는지는 모르겠는데 '이집은 밤에 인쇄하지는 않는데' 라고 말하는 것 같았어요. 그러더니 한 사람이 문에 손을 대는 겁니다. 나는 권총을 빼들었습니다. 그러고는 속으로 간절히 빌었습니다.

'제발 안으로 들어오지 말아라. 들어오면 내가 쏠 수밖에 없다. 제발들어오지 말아라.'

그 순간 문을 잡았던 순경이 손을 스르르 내리더니 발길을 돌리는 겁니다. '잔업하는 거겠지' 라고 생각한 것 같았습니다. 얼마나 고마운지 … ."

인쇄소에서 김종필은 6관구 사령부와 육본으로 전화를 걸어 상황을 알아보고 있었다. 박정희를 6관구로 떠나보낼 때 거사 비밀이 탄로난 것을 알고 있었으므로 그 뒷일이 걱정되지 않을 수 없었다. 새벽 2시까지는 그럭저럭 통화가 되었는데 그 뒤로는 장교들과 영 이어지지 않았다. 신당동 박정희 집으로 전화를 걸어도 받지 않으니 더욱 불안해졌다. 이학수 사장은 "어떻게 된 일이오" 하면서 같이 걱정을 했다. 김종필은 "안심하고 기다려 봅시다"라고 이야기할 수밖에 없었다. 새벽 3시를 넘어서 통금 중인 거리에서 차 소리가 들려왔다. 한 대가 아니고 여러 대의 차량들이 굴러가는 소리였다. 김종필이 뛰어나갔다. 조금 있다가 뛰어 들어온 김종필은 싱글벙글했다.

"6군단 포병단이 1초도 틀리지 않게 정시에 출동했소. 지금 안국동 로터리를 지나가고 있어."

새벽 5시 직전, 문을 두드리는 사람이 있었다. 윤태일 준장과 박순권 중령을 데리고 박정희 소장이 나타났다. 김종필이 2층에서 뛰어 내려갔다. 이낙선은 "각하…"라고 말하면서 눈물을 글썽거렸다. 박정희는 덤덤하게 인쇄된 네댓 장의 혁명 공약문을 받아 훑어보더니 "방송국으로 가자"고 했다. 김종필은 이낙선에게 인쇄 일을 맡기고 처삼촌의 지프에 동승했다.

革命 放送

박정희는 혁명 공약 인쇄물을 들고 남산으로 달리는 차중에서 김종필에게 처음으로 장도영 육군 참모총장에 대한 불만을 털어놓더라고 한다.

"아니, 장 장군이 그럴 수 있어? 나한테 총을 쏘라고 시키다니. 우리가 그동안 알려 줄 것은 다 알려 줬잖아."

남산 KBS 방송국에 박정희가 도착했을 때 공수부대원들은 아나운서와 방송 기술자들을 찾아다니고 있었다. 당직 아나운서인 박종세는 1층 보도계실로 피했다가 다시 텔레타이프실로 옮겨 웅크리고 있었다. 연초에 이런 일을 예상하여 방송국 내부를 염탐해 둔 적이 있었던 김종필이 "박 아나운서 있소, 나오시오. 우리는 빨갱이가 아니오"라고 외치면서 들어왔다.

박종세가 김종필을 따라 바깥으로 나오니 별을 단 장성들이 여러 명서 있었다. 키가 작고 바싹 마른 사람이 앞으로 나오더니 "나 박정희라고 하오"라고 하며 손을 내밀었다. 이 바쁜 상황에서도 박정희는 박종세에게 군사혁명의 필연성에 대해서 간략한 설명을 한 뒤 혁명공약이 적힌 전단을 건네주었다. 박정희 일행은 박종세를 앞세워 2층 主방송실로 올라갔다. 박종세는 주위를 두리번거리더니 "저 혼자서는 방송을 할 수 없습니다"라고 했다.

"거짓말 말어. 썩었구나 이놈도. 너 따윈 죽여 버려야 돼."

한 공수단 장교가 철거덕 권총을 장전하면서 소리를 질렀다. 한웅진 준장이 "자넨 참아"라고 말리고는 "지금 다섯 명이나 되는데도 더 있어야 한단 말이오"라고 했다. 방송기계를 다룰 줄 아는 엔지니어가 보이지 않는다는 것이었다. 그 순간 공수단원들에게 이끌려 기술직원들이 나타났다. 이윽고 主조정실에 빨간불, 파란불이 들어오기 시작했다. 한웅진은 "형님, 직접 방송하십시오"라고 권했다. 한웅진은 간밤 차중에서 "방송이라도 하고 죽읍시다"라고 농담을 했던 것이 생각났다. 박정희는 예의 그 계면쩍은 표정을 지으면서 가만히 있었다. 행진곡이 울리고 박종세가 읽기 시작했다.

〈친애하는 애국 동포 여러분! 은인자중하던 군부는 드디어 今朝未明 (금조미명)을 기해서 일제히 행동을 개시하여 국가의 행정, 입법, 사법의 3권을 완전히 장악하고 이어 군사혁명위원회를 조직하였습니다. 군부가 궐기한 것은, 부패하고 무능한 현 정권과 기성 정치인들에게 더 이상 국가와 민족의 운명을 맡겨 둘 수 없다고 단정하고 백척간두에서 방황하는 조국의 위기를 극복하기 위한 것입니다.

군사혁명위원회는 첫째, 반공을 國是(국시)의 제1義(의)로 삼고 지금까지 형식적이고 구호에만 그친 반공체제를 재정비 강화할 것입니다. 둘째, 유엔 헌장을 준수하고 국제 협약을 충실히 이행할 것이며 미국을 위시한 자유우방과의 유대를 더욱 공고히 할 것입니다. 셋째, 이 나라 사회의 모든 부패와 舊惡(구악)을 일소하고 퇴폐한 국민 도의와 민족정기를 다시 바로잡기 위하여 淸新(청신)한 기풍을 진작할 것입니다. 넷째, 절망과 기아선상에서 허덕이는 민생고를 시급히 해결하고 국가 자주경제 재건에 총력을 경주할 것입니다. 다섯째, 민족적 숙원인 국토 통일을 위하여 공산주의와 대결할 수 있는 실력의 배양에 전력을 집중할 것입니다. 여섯째, 이와 같은 우리의 과업이 성취되면 참신하고도 양심적인 정치인들에게 언제든지 정권을 이양하고 우리들 본연의 임무에 복귀할 준비를 갖추겠습니다.

애국 동포 여러분, 여러분은 본 군사혁명위원회를 전폭적으로 신뢰하고 동요 없이 各人(각인)의 직장과 생업을 평상과 다름없이 유지하시기 바랍니다. 우리들의 조국은 이 순간부터 우리들의 희망에 의한 새롭고 힘찬 역사가 창조되어 가고 있습니다. 우리들의 조국은 우리들의 단결과 인내와 용기와 전진을 요구하고 있습니다.

　대한민국 만세! 궐기군 만세!

군사혁명위원회 의장 육군 중장 장도영〉

　대한민국 성인 남녀들이 달달 외우게 되는 이 혁명 공약은 김종필이 초안을 잡고 박정희가 교열을 본 것이다. 이 문장엔 한 시대의 대명제, 또는 유행어가 될 단어들이 들어 있었다. 舊惡, 기성 정치인, 청신한 기풍, 기아선상, 참신한 등등. 이 혁명 공약문은 정치인들이 즐겨 쓰는 관념적인 용어가 적은 대신에 구체적이고 실용적인 표현들이 많다. 언어가 사상을 표현하고 사상이 시대를 만들어 간다면 이 혁명 공약문은 實事求是(실사구시), 즉 현실과 사실에서 논리와 가치를 추구하는 것을 행동윤리로 삼고 있는 새로운 국가 지도층의 등장을 알리는 것이기도 했다.

　박종세 아나운서는 이 방송문을 되풀이해서 읽었다. 꼿꼿이 서서 방송 장면을 바라보고 있던 박정희는 부하들이 "각하, 한 번만 꼭 직접 방송을 하십시오"라고 권해도 말없이 고개를 가로저었다.

　이석제 중령은 혁명 방송이 나간 뒤 안도감과 함께 허탈해지는 것을 느꼈다. 아무 사무실이나 문을 열고 들어가 소파에 앉았다. 맞은편 여직원에게 "물 한 잔 주시오"라고 했다. 여직원이 끙끙대면서 말했다.

　"저… 저… 다리가 움직이질 않아요."

　공포감 때문에 '허리가 빠진 것'이었다. 자신의 이름이 盜用(도용)되고 있는 사이 장도영 총장은 비로소 병력 동원 명령을 내린다. 소공동에 있던 서울방첩대 사무실에서 지휘를 하고 있던 그는 해병대와 공수단 병력이 한강 다리를 건너 시내로 진입하고 있다는 보고를 받자 수색 30사단 李相國(이상국) 준장에게 전화를 걸었다. 간밤의 반란 기도를 제압

한 이 준장의 목소리는 아직도 화가 풀리지 않고 있었다. 장도영은 "지금 어느 정도의 병력을 출동시킬 수 있는가" 하고 물었다.

"1개 중대 정도는 되겠습니다."

장도영은 다른 장교를 시키면 또 반란군으로 돌변할지 모른다고 생각해서 사단장이 직접 지휘하여 서울로 들어와 시청을 경비하라고 지시했다. 全軍(전군)을 통틀어 제2공화국을 수호하기 위해서 출동한 병력은 1개 중대가 유일했다. 이 중대도 시청에 도착했을 때는 혁명군에 접수되어 총구를 거꾸로 돌리게 된다.

陸本으로 入城

5월 16일 새벽 원주 1군 사령부 李翰林(이한림) 사령관의 숙소. 당번병이 문을 두드렸다. 급한 전화가 걸려 왔다는 것이었다. 전화기를 들었다. 육군 참모차장 張昌國(장창국) 중장이었다.

"아니, 이 꼭두새벽에 웬일이오?"

"쿠데타가 일어났소."

"무엇이?"

"군사 쿠데타 말이오."

"주모자가 누구요?"

"박정희 소장이오."

"기어코 그가 일을 저질렀군."

"지금 상황은 어떻소?"

"새벽 3시 조금 지나서 쿠데타 부대가 육군본부에 진입했소."

이한림은 20년 친구인 박정희가 쿠데타를 꾸미고 있다는 것을 알고 있었으나 군 상층부와 수사기관이 알아서 대처할 것이라고 생각하여 적극적인 저지 대책을 세우지 않고 있다가 자신의 운명에도 큰 영향을 끼치게 될 뉴스를 접한 것이었다.

이한림이 '총구로부터의 권력'에 대한 박정희의 집념과 처음 접한 것은 1946년이었다. 육사 2기 생도로서 교육을 받고 있던 박정희는 육사 중대장으로 근무하고 있던 滿軍(만군) 동기인 이한림과 만났다. 어느 날 두 사람은 남산을 산책했다. 박정희는 경무대(지금의 청와대당시는 조선총독부 관저로 쓰이다가 미군 사령관 하지 중장의 관저로 쓰이고 있었다)를 가리키면서 이렇게 말했다.

"한림이, 이곳에 포를 설치하고 경무대 쪽을 포격한다면 나폴레옹이 파리 소요를 진압할 때 야전포를 쏴서 파리를 제압했던 것과 같이 경무대 장악은 문제가 없겠지?"

이한림은 "정희야, 그런 농담하지 마. 너는 농담이 지나칠 때가 있어"라고 입을 막았지만 박정희의 그 말은 뇌리에 오랫동안 남았다. 이한림은 전날 1군 창설 기념식에 참석하러 와서 원주에 머물고 있던 군단장과 사단장들을 사령관 공관으로 소집했다. 그는 서울의 정변 소식을 들려준 뒤 "즉시 부대로 귀임하여 전선 방어에 철저를 기하고 추가 지시를 대기하라"고 명령했다. 군단 예비인 1군단의 林富澤(임부택) 군단장에겐 '반란군 토벌을 위한 출동준비'를 지시했다. 이한림은 장면 총리와 통화를 하려고 했으나 연결되지 않았다. 그래서 장교 3명을 서울로 보내 상황을 알아보고 오라고 시켰다.

이 순간 장도영 육군 참모총장은 미 8군 사령부로 들어가 매그루더 사령관과 요담하고 있었다. 이날 매그루더가 미 합참으로 보고한 電文에 따르면 장도영은 아침 6시 30분에 매그루더를 찾아왔다고 한다. 이 요담은 매그루더의 요청에 의하여 이루어진 것이라고 한다. 매그루더는 새벽 3시 장도영의 첫 전화를 받았었다고 한다. 이때 장도영은 "미군 헌병들을 동원하여 해병대의 서울 진입을 저지해 달라"고 요청했으나 매그루더는 거절했다.

〈장도영 자신은 혁명군과는 무관하지만 유혈 사태를 막기 위해서 그들과 협상하려고 한다는 암시를 주었다. 그는 또 예하부대 지휘관들로부터 혁명을 반대하는 자신의 입장을 지지한다는 확약을 받아 놓겠다고 했다. 그는 그러나 진압군을 서울로 불러들이는 것은 내키지 않는 눈치였다〉(보고 電文)

장도영은 자신의 회고록을 통해 이 자리에서 매그루더에게 '나는 해병대를 지휘할 수 없고 육본을 점령한 6군단 포병단도 행정상으로는 육본에 속해 있을 뿐이지 敵前(적전) 행동에 관해서는 유엔군 사령관의 지휘하에 있음을 상기시켰다'고 했다. 그는 또 '군 내외에서 막연하게 알고 있던 육군 참모총장의 책임과 그것을 수행하기 위한 권한 사이엔 엄청난 차이가 있었다. 후방 질서를 유지하기 위해서 일선 부대를 출동시키는 것은 유엔군 사령관의 양해와 협조가 있어야 했다'고 썼다.

아침 7시 직전 박정희는 남산을 출발, 김재춘 6관구 참모장의 지프를 타고 앞뒤로 해병대의 호위를 받으면서 육본으로 들어갔다. 육본 연병장엔 혁명군으로 가담한 6군단 포병단 병력이 와 있었다. 간밤에 6관구 사령부로 들어갈 때와는 사뭇 다른 상황에서 박정희는 육본으로 당당하게 입성하는 길이었다. 육본 현관 앞에 차가 섰다. 김재춘과 박정희가 내리는데 한 장교가 헌병들을 배치하면서 "너희들은 여기서 경계를 서다가 반란군이 들어오면 쏴!"라고 하더란 것이다. 박정희는 그 장교를 보고 "뭘 쏴!"라고 한마디 하고 건물 안으로 들어갔다.

박정희는 불안했던지 뒤따르던 김윤근 해병여단장에게 "김 장군, 해병대를 풀어서 이 건물을 포위하시오"라고 지시했다. 박정희를 동행한 김재춘의 기억에 따르면 이때 2층 참모총장실에서 내려오던 미 고문단장 하우스 장군과 맞닥뜨렸다고 한다. 하우스 장군은 지휘봉으로 박정희 쪽을 가리키면서 영어로 말하는데 영어가 짧은 김재춘은 "제너럴 팩?"이라고 하는 말만 알아들을 수 있었다. 대강 짐작으로 "네가 반란군 지휘자 박정희냐?"는 뜻인 것 같았다. 박정희는 이런 말을 했다고 한다.

"우리가 살 길은 이 길뿐이다. 너는 간섭하지 말고 비켜!"

공격적인 말투에 기가 죽은 하우스 장군은 길을 비켰다. 박정희가 2층으로 통하는 계단을 올라가는데 육본 작전참모부장 宋錫夏(송석하) 소장이 내려오다가 마주쳤다. 송석하는 박정희로부터 작전참모부장 자리를 인수받았다. 육사 2기로서 박정희와는 동기였지만 나이는 두 살 위였다. 그는 만주국 봉천군관학교 5기 출신으로서 丁一權(정일권)과 동기여서 박정희의 만군 선배에 해당한다. 박정희가 말했다.

"아니, 형님, 쏘긴 뭘 쏩니까."

송석하는 조금 전에 자신이 헌병들에게 "앞으로는 출입자를 통제하라"고 명령했던 일이 생각났다. 그는 박정희의 손을 끌면서 "그런 일 없습니다. 하여간 올라가서 이야기 합시다"라면서 그를 총장실로 안내했다. 송석하는 "권총은 풀지요"라고 권했다. 박정희는 "그러지요"하면서 권총을 풀어 부관실에 맡기고 안으로 들어갔다. 김재춘도 따라 들어갔다. 방은 텅 비어 있었다. 두 사람이 복도로 나와 몇 걸음 옮기는데 장도영이 들어왔다. 박정희, 김재춘 두 사람은 경례를 올려붙였다. 장도영은 경례도 받지 않고 방으로 들어갔고 朴, 金 두 사람도 따라 들어갔다. 총장실에서 있었던 대화를 김재춘은 이렇게 기억한다.

박정희: "저희가 이제 방송도 다 하고 준비를 끝냈습니다. 어떻게 하시겠습니까. 각하께서 진두지휘하셔야죠."

장도영: "어쩌자고 병력을 동원해서 육본을 점령하는 거요. 나로서는 지금 아무런 결정을 할 수 없어요."

張都暎, 몰리다

5월 16일 아침 육본 총장실에서의 대화는 계속되었다.

박정희: "저희들이 다 알아서 할 테니까 그저 인정만 하시고 저희들 하자는 대로 따라오시면 될 것 아닙니까."

장도영: "내가 어떻게 그렇게 하겠소."

박정희: "저희들은 이제 후퇴할 수 없습니다. 목숨 내놓고 한 일인데… 제가 인편으로 보낸 편지는 받으셨습니까."

6관구 참모장 김재춘 대령은 박정희 옆에 앉아서 부관실의 동향에 귀를 기울이고 있었다. 계속해서 전화기가 울리고 있었다. "1군 사령관 이한림 장군이…" 하는 말소리도 가늘게 들렸다. 박정희는 계속 다그치듯 장도영을 설득하고 있었다.

"저희들은 모두 유서를 써놓고 집을 나왔습니다. 죽기 전엔 후퇴할 수 없습니다."

"그러지 말고 민주당 정권더러 사과하라고 시키고 쿠데타軍을 철수시킵시다. 장면 총리를 찾아도 보이질 않으니 나도 계통을 밟아 보고해야 할 것 아니오."

"아니 혁명인데 무슨 보고가 있습니까. 각하께서 알아서 하시면 되지. 그리고 썩어 문드러진 민주당 정권에 무슨 사과를 시킵니까."

어색한 침묵이 흘렀다. 장도영은 바깥으로 나가 버렸다. 그는 참모회의실로 가서 참모들과 회의를 하는 것 같았다. 박정희도 같은 층의 상황실에서 혁명군 장교들 회의를 소집했다.

"장 총장에게 지휘자가 되어 줄 것을 요청했더니 강경히 반대했으나 나중에는 태도가 누그러졌고 일이 너무 중대하니 결심하는 데 시간을 달라고 했소. 좀 기다려봅시다."

이런 박정희의 말이 끝나기가 무섭게 육본에 진주한 6군단 포병단 문재준 대령이 소리쳤다.

"아니, 다 잡아넣고 해야지 타협은 무슨 타협입니까."

이 말을 신호탄으로 주로 포병단 대대장들이 격한 발언들을 쏟아 놓았다. 장교들의 눈엔 핏발이 서 있었고 격앙되어 있었다. 박정희는 무질서해지는 분위기를 가라앉힌 뒤 "그럼 장도영 총장을 모시고 와서 이야기합시다"라고 했다. 박정희는 끝까지 장도영 총장을 모시고 혁명을 해야 한다고 생각하고 자신의 뜻을 관철시키려고 했다. 다른 장교들은 대체로 기존 지휘 체계를 싹 쓸어버리고 혁명다운 혁명을 하자는 생각이었다.

장도영은 참모회의실에 공군 참모총장 金信(김신), 해군 참모총장 李成浩(이성호) 중장, 金聖恩(김성은) 해병대 사령관을 초청하여 대책을 논의하고 있었다. 거사 부대에 포위된 상황에서 회의를 하니 반대, 지지에 대한 기탄없는 견해를 토로할 분위기가 아니었다. 회의 도중 문재준 대령이 들어와서 열변을 토하며 지지를 호소하기도 했다. 이성호 총장은 "혁명 지지가 되든 반대가 되든 나는 참모들과 회의를 한 후에 태도를 밝히겠다"고 말한 뒤 자리를 떴다.

이날 아침 혁명 주체가 아니면서 가장 먼저 박정희를 지지하겠다고 태도를 확실히 한 장군은 柳陽洙(유양수) 소장이었다. 육본 작전참모차장 겸 전쟁계획통제관이던 그는 동작구 흑석동에 살고 있었다. 새벽에 총성을 들은 그는 육본의 본부사령에게 전화를 걸어 "빨리 차를 보내라"고 했다. 30분 만에 지프가 집으로 왔다. 한강을 건너는데 이미 군인들이 바리케이드를 치고 검문을 하고 있었다. 육본에 들어가니 연병장엔 6군단 포병단 병력이 꽉 들어차 있었다. 본부 건물 현관으로 들어가다가 장경순 교육처장과 마주쳤다. 장 준장은 "미리 알려드리지 못해서 죄송합니다"라고 했다.

"누구하고 하는 일이오?"

"박정희 장군입니다."

"어디 계십니까."

"지금 총장실에 계십니다."

2층 복도에는 완장을 낀 장교들이 서성대고 있었다. 총장실로 갔더니 박정희는 무거운 표정으로 앉아 있었다. 유양수와 눈이 마주치자 박정희는 일어서서 나왔다. 박 소장은 "유 장군, 이야기 좀 합시다"라고 했다.

"미리 이야기하지 못해서 미안하오. 일이 여기까지 왔으니 도와 주어야겠어요."

"알았습니다. 다른 방법이 없습니다. 그대로 미십시오."

"고맙소."

유양수는 혁명 지도자가 박정희라는 사실을 알고는 마음이 놓였다고 한다. 그는 자신의 사무실로 올라와 외무부에 전화를 걸었다. 유엔 담당 간부를 불러 유엔사무총장과 우방 16개국에 보내는 사태 설명서를 작성하도록 하고 공항 폐쇄를 지시했다.

한편 5·16 성공의 1등 공신인 김윤근은 부하 장교들과 총장실 옆방에서 쉬고 있었다. 갑자기 문이 열리더니 민간인 두 사람이 들어왔다. 그들은 장교들의 얼굴을 두리번거리면서 살피더니 구면인 김윤근을 발견하고는 "김 장군이 어떻게 여기 계십니까"라고 했다. 민간인은 국방부 출입기자들이었다.

"재간이 비상합니다. 아니 어떻게 여기에 들어올 수 있었소."

"말씀 마십시오. 해병이 막는 걸 겨우 뚫고 들어왔습니다. 그런데 시내의 해병대는 모두 김포여단 소속입니까."

"그렇소."

"지금 총장실에는 누가 계십니까."

"박정희, 김동하 장군이 들어가 있습니다."

"박 장군이라면 2군 부사령관, 김 장군은 해병 1사단장을 지내신 분 아닙니까."

"맞습니다."

그들은 서둘러 나갔다. 이날 조간신문 호외와 석간신문엔 쿠데타 주동자로서 장도영, 박정희, 김윤근(또는 박정희, 김동하, 김윤근)이 소개되었다. 자기 선전을 싫어하는 김윤근은 이 기사 때문에 마음이 영 편치 않았다고 한다.

軍 수뇌부 청와대로

5월 16일 오전 8시 30분부터 육본 2층 상황실에선 박정희 측 장교들 50여 명과 장도영 총장 측 참모들 사이에 합동회의가 열렸다. 박정희는 먼저 이런 말을 했다.

"우리는 죽음을 각오했습니다. 출동할 때는 유서를 쓰고 손톱까지 깎아 놓았습니다. 참모총장을 비롯한 여러분께서도 위기에 처한 조국을 구출하기 위한 우리들의 뜻을 받아들여 혁명 완수에 다함께 동참합시다."

장도영 총장은 "이번 행동으로 행정부에 충분한 경고를 주었으니 출동 부대들은 원위치로 돌아가야 한다"고 말했다. 주체 장교들이 들고 일어났다. 책상을 치고 고함을 지르는 장교들도 있었다. 이미 거기엔 육군 참모총장에 대한 존경심이 없었다. 중령이 중장을 윽박지르는 꼴이었다. 박정희는 장도영에게 "계엄령 선포에 대해선 동의해 주십시오"라고 건의했다. 장도영은 "그 문제는 윤보선 대통령과 상의하여 합법적인 절차를 밟아서 합시다"라고 했다. 박정희는 이렇게 쏘아붙였다고 한다 (《5·16 혁명실기》).

"혁명 자체가 非法的(비법적)인 수단인데 무슨 합법적인 절차를 밟는다는 말입니까?"

장도영 총장이 자리를 박차고 일어나 나가려고 했다. 혁명파 장교들이 들고 일어났다.

"처치하자."

"잡아넣어라."

6군단 포병단의 대대장 白泰夏(백태하) 중령이 권총을 뽑아들고 장도영의 앞을 막았다.

"나가지 못합니다. 시간이 없으니 즉시 태도를 결정하십시오."

박정희가 소리를 빽 질렀다.

"이 사람들이! 이렇게 무질서해 가지고 어떻게 혁명을 하려고 그래!"

박정희가 호위하듯이 장도영을 모시고 총장실로 걸어갔다. 문재준 대령은 "총장이 각하를 납치한다"고 소리치면서 바깥으로 뛰어나갔다.

"빨리 육본을 포위하라."

총장실로 들어간 장도영은 박정희에게 "여보, 저런 사람들을 데리고 무슨 혁명이오?"라고 했다. 이때 박정희를 따라 들어온 이석제 중령이 나섰다. 그는 역사와 법률에 밝은 장교였다.

"각하, 끝내 이 혁명을 반대하신다면 훗날 나라를 지키지 못한 장군으로 역사적 책임을 지셔야 할 것입니다. 장면 정부는 조선조의 양반들처럼 주자학에 젖어 공리공론으로 허송세월을 보냈습니다. 이미 혁명군이 서울을 점령했고 장면 총리는 행방불명입니다. 지금 대한민국은 무정부 상태입니다. 혁명군이 혼란을 수습해야 합니다."

"귀관의 생각처럼 문제가 간단하지 않네. 혁명군은 작전 지휘권을 가진 미국의 자존심을 무시했어."

장도영은 전혀 납득하지 않았다. 격앙된 이석제는 오른쪽 바지 호주머니에 넣어 둔 권총에 손이 자꾸 가는 것을 참느라고 애를 썼다. 장도영이 계엄령 선포를 완강하게 거부하고 있는 사이 이날 아침 9시 KBS

는 군사혁명위원회 장도영 의장 명의로 된 계엄선포문과 포고문 1호를 방송했다. 포고문을 15호까지 작성하여 호주머니에 넣고 다니던 김종필이 첫 봉투를 개봉한 것이다.

〈군사혁명위원회는 공공 안녕 질서를 유지하기 위하여 단기 4294년 5월 16일 오전 9시 현재로 대한민국 전역에 비상계엄을 실시한다. 일체의 옥내외 집회를 금한다. 국외 여행을 금한다. 언론은 사전 검열을 실시한다. 직장 포기와 태업을 금한다. 유언비어 날조, 유포를 금한다. 이상의 위반자는 영장 없이 체포 구금하고 극형에 처한다.

계엄사령관 장도영〉

이 방송이 나간 뒤 한 30분이 흘렀을까, 박정희가 총장실에서 나오더니 혁명파 장교들에게 "윤보선 대통령을 찾아가서 재가를 받기로 했다"고 말했다. 박정희는 김재춘과 유원식을 데리고 지프에 올랐다. 장도영 총장은 각 군 참모총장들과 함께 떠났다.

현석호 국방장관은 이때 서울시청 시장실 비서실에 감금되어 있었다. 공수단은 새벽에 현석호 장관과 韓通淑(한통숙) 체신부 장관을 붙들어 지금의 프라자호텔 자리에 있던 체육회 건물 앞에 세워 두게 했었다. 장도영 총장이 지나가다가 이를 보고 박치옥 공수단장에게 "시청 안으로 모셔라"고 지시했던 것이다. 장도영 총장은 청와대로 올라가면서 박치옥 단장을 다시 찾아왔다.

〈장도영 총장은 "문제를 수습하기 위해서 윤보선 대통령을 만나러 가야겠는데 현석호 장관을 모시고 갈 수 없겠소. 일이 끝나면 다시 보내드리겠소"라며 부탁조로 이야기했다. 혁명의 성공은 장 총장의 위세를 바닥에 떨어뜨려 놓았다. 이런 것이 혁명이기도 하다. 미안한 심정이었던

나는 선선히 응했다〉 (박치옥 手記)

박치옥은 수개월 전 장도영을 찾아가서 부탁을 해서 공수단장에 임명된 경우이다. 오전 10시 30분쯤 청와대에 국방장관, 3군 참모총장, 그리고 박정희 소장이 모였다. 윤보선 대통령은 새벽에 장도영의 급보를 받고 일어나선 장면 총리를 찾았으나 연락이 닿질 않았다. 내각책임제하에서 국군통수권은 형식적으로는 대통령에게 있었으나 실제로 일상적인 지휘는 장관―총장을 통해서 총리가 하고 있었다.

그 국무총리가 달아나 연락이 닿지 않는 상황에서 윤 대통령은 전혀 준비 없이 그 국군통수권을 행사해야 하는 입장에 서게 되었다. 두 달 전에도 장면 총리에게 "거국내각을 구성하고 비상사태를 선포해서라도 이 난국을 극복해야 한다"고 권했던 그로서는 '일은 자기들이 벌여놓고 수습은 내가 하게 생겼다'는 심정이 들었을지도 모른다.

박정희는 접견실과 붙은 대기실에 들어갈 때까지 권총을 차고 있었다. 비서가 "권총을 풀고 들어가시지요"라고 하니 박정희는 흠칫 했다. 잠시 심각한 표정으로 생각에 잠기던 그의 모습을 본 사람들은 박정희가 순간적으로 권총과 떨어지는 데 불안감을 느끼는 것 같았다고 회고한다. 아직 혁명의 성공이 손에 잡히지 않을 때 그가 의지할 수밖에 없었던 것은 차가운 총구였던 것이다.

윤보선 대통령은 집무실에서 나와 접견실로 들어가 줄을 서 있던 군 수뇌부 인사들로부터 경례를 받았다. 그때 윤 대통령의 입에서 무심코 새나온 말이 "올 것이 왔구나"였다. 윤보선은 자신의 회고록에서는 그 뜻이 '온다던 것이 왔구나'였다고 해명했다. 혁명을 지지한다는 말이 아니고 '달갑지 않은 일이 기어이 터지고 말았구나' 하는 뜻이었다는 것이다.

尹潽善 대통령

5월 16일 청와대 접견실에서 윤보선 대통령에게 맨 먼저 보고를 한 사람은 장도영 총장이었다. 안색이 좋지 않은 그는 사무적으로 말했다.

"심려를 끼쳐드려 죄송합니다. 간밤에 보고 드린 대로 서울 근교에 주둔하는 부대와 일부 전방 부대가 서울 시내로 진입하였습니다."

박정희가 입을 열었다.

"각하, 저희들은 각하를 절대적으로 존경하고 지지하고 있습니다. 이렇게 심려를 끼쳐드려서 죄송합니다. 저희도 처자가 있는 몸으로서 오직 우리 국가와 민족을 위하는 애국 일념에서 목숨을 걸고 이 혁명을 일으킨 것입니다. 국방부, 육본과 방송국을 위시해서 서울 전역이 지금 혁명군의 수중에 들어와 있고 계엄이 선포되었습니다. 이 결행을 지지해 주시고 계엄을 추인해 주시기 바랍니다."

윤보선은 初對面(초대면)의 박정희를 '말투가 차분하고 가라앉아 있었다'고 나중에 평했다. 박정희의 말을 듣고도 한참 침묵을 지키던 윤보선은 입을 뗐다.

"그대들이 만일 애국하기 위해서 혁명을 했다면 애국하는 방향으로 일해야 하지 않겠소. 나로서는 아직 그대들의 충성을 액면 그대로 이해할 수 없소. 오늘의 사태에 대한 책임은 물론 우리 정치하는 사람에게 크다고 보지만 이왕 계엄이 선포되었다고 하니 그대들의 말이 곧 법이요, 생사가 그대들 말 한마디로 결정될 것이 명백하오. 진정 애국에서 나온 거사라면 절대로 피를 흘리지 말아야 할 것이오. 그리고 계엄을 이미 선포하였다니 내가 추인할 수는 없소."

박정희는 거듭 계엄의 추인을 요청했으나 대통령은 단호하게 거절했다. 장도영의 기억에 따르면, 이때 현석호 국방장관이 '윤보선 대통령의 발언은 군의 불법 행동에 대한 단호한 반대 표시로는 불충분한 것이라고 생각된다'는 취지의 발언을 했다고 한다. 이에 대해서 윤 대통령은 '이런 사태를 초래한 현 정부의 책임'을 들어서 반격하더라는 것이다. 장도영, 박정희 일행은 접견실에서 나왔다.

잠시 후 박정희 소장과 유원식 대령이 돌아와서 다시 윤 대통령을 만났다. 박정희는 다시 대통령에 대한 충성을 다짐했고, 유원식은 "저희들은 이 혁명을 仁祖反正(인조반정)으로 생각하고 있습니다"라고 말하더란 것이다. 박정희는 "이번 혁명을 지지하는 성명을 내 주십시오"라고 건의했다. 윤보선은 화가 났다.

"내 신조로는 군인들이 정권을 잡는 데 반대하오. 그리고 당신들을 한 번도 본 적이 없고, 어떤 생각을 가지고 있는지도 알지 못하는데 내가 어떻게 그대들을 지지하여 책임을 질 수 있겠소. 내가 당장 지지 성명을 낸다면 국민들은 내가 혁명군과 내통했다고 생각하든지 위협을 받아서 성명을 낸 것이라고 추단할 것이니 나로서는 이 일을 방조할 수 없소."

윤보선은 이어서 "나는 당신네들이 서울을 점령한 이상 더 이상 이곳에 머물러 있을 수 없소. 나는 곧 집으로 돌아갈 작정이오"라고 말했다. 박정희는 극구 만류했다.

"대통령께서 그러시면 안 됩니다. 계속 집무하시면서 사태를 원활히 수습해 주십시오."

"여하튼 쿠데타가 난 이상 나는 대통령에 더 머물고 싶지 않으니 당신들에게 통고하는 것이오."

박정희는 대통령의 지지 성명을 받아내는 데는 실패했으나 윤보선이 적극적으로 이 혁명을 진압할 의사가 없음도 확인했다. 청와대를 나온 박정희는 김재춘의 지프에 오르자 유원식 대령에게 한마디 하더란 것이다.

"자네는 왜 앞서서 함부로 말하고 그래."

김재춘은 접견실 바깥에서 기다리고 있었기 때문에 안에서 어떤 대화가 오고갔는지는 알 수 없었다. 박정희는 접견실로 들어가기 전에 현석호 국방장관이 장도영 총장과 함께 나타난 것을 보고는 김재춘에게 이런 귀엣말을 했던 것이다.

"왜 현석호를 풀어주었나. 박치옥이한테 전화해 봐."

김재춘이 바깥에 남아서 박치옥 대령한테 전화를 걸었다.

"지금 박 장군이 화났어. 왜 연금된 현석호 장관을 풀어주었나."

"참모총장이 와서 데려간다는데 어떻게 막나. 너 이상한 소리 하는구나."

육본으로 돌아가는 차에서 박정희는 대통령과의 대화 내용을 김재춘에게 들려 주었다. 윤보선 대통령이 혁명에 호의적인 반응을 보였다고 이야기하더란 것이다. 박정희는 청와대로 올라올 때보다 훨씬 자신 있는 태도였다. 이날 오전 박정희는 시청 앞에 나타나 시민들과 언론에 처음으로 노출되었다.

유명해진 사진, 즉 양쪽에 박종규 소령, 車智澈(차지철) 대위, 李洛善(이낙선) 소령을 데리고 서 있는 박정희의 모습은 이때 조선일보 사진부 鄭範泰(정범태) 기자가 찍은 것이다. 정범태는 "박정희는 차갑고 무뚝뚝했다. '저런 사람이니까 혁명을 일으킬 수 있겠구나' 하는 느낌이 들 정도로 결연한 모습이었다"고 기억한다.

이날 박정희를 유심히 관찰하고 있었던 사람이 또 있었다. 李正熙(이정희)는 당시 스물네 살의 대학 청강생이었다. 종로5가에 살고 있던 그는 혁명 방송을 듣고 흥분을 감출 수 없어 무작정 시청 앞으로 뛰어갔다. 박정희의 모습을 보고 그는 얼어붙는 느낌이 들었다고 한다. 지금은 경북 경주에 살고 있는 그는 이렇게 말했다.

"나중에 안 일이지만 저와 이름이 같아서 그때 장면을 더욱 생생하게 기억하게 된 것인지 모르겠습니다. 박정희는 전투복을 단정하게 입고 있었어요. 바지에 줄이 칼날처럼 섰는데 무릎 부분에서만 풀어져 있었습니다. 작업복과 군화가 오래된 것이어서 '장군이 뭐 저런 옷을 입고 있나' 하는 생각이 들 정도였습니다.

지휘봉을 손에 잡고 뒷짐을 지고 있었는데 입을 꽉 다물고 한마디 말도 없이 바위처럼 서 있더군요. 저는 일부러 가까이 다가갔습니다. 검은 안경을 낀 박정희의 눈 흰자위가 보일 정도였습니다. 갑자기 안도가 되는 거예요. '이제 됐다, 이제 사회가 안정되겠구나' 하는 느낌이 왔습니다."

오전 11시쯤 박정희 일행이 청와대를 떠난 직후 이번에는 마셜 그린 주한 미국 대리대사와 매그루더 주한 미군 사령관이 윤보선 대통령을 방문했다. 두 사람은 "미국 정부에 이 사태를 보고했고 확실한 훈령을 받은 것은 없으나 합헌적인 장면 정부를 지지한다는 것과 혁명군의 원대 복귀를 종용하는 성명을 막 발표하고 오는 길이다"고 대통령에게 말했다.

매그루더 사령관과 그린 대리대사

매그루더 미 8군 사령관은 5월 16일 오전 10시 18분에 중대한 성명을 발표했다. 그 요지는 '유엔군 사령관의 자격으로서 본인은 지휘권 안에 있는 모든 사람들이 장면 총리가 이끌고 있는 합법적으로 공인된 정부를 지지할 것을 요구한다. 한국군의 참모총장들은 각자의 권한과 영향력을 행사하여 국정에 대한 통제권이 즉시 정부 당국에 되돌려지고 질서가 회복되도록 할 것을 바라는 바이다'로 되어 있었다.

그 직후 마셜 그린 주한 미국 대리대사도 성명을 발표하여 매그루더의 입장을 전폭적으로 지지했다. 마셜 그린의 성명 요지는 '미국 정부는 작년 7월의 국회 총선과 8월의 총리 선출에 의해서 구성된 합헌적인 한국 정부를 지지하고 있다는 사실을 강조한다'는 것이었다. 이 두 성명은 '미국의 소리'와 주한 미군 방송을 통해서만 방송되었기 때문에 일반인들은 알지 못했다.

이 성명은 박정희의 혁명군을 반란군으로 단정한 것으로서 매그루더 사령관이 한국군에 대한 지휘권을 갖고 있다는 점에서 진압 명령으로 해석될 수 있었다. 이날 매그루더가 미 합참에 보고한 전문에 따르면 '이한림 1군 사령관은 매그루더 사령관의 성명을 읽고 자신은 한국 정부를 지지할 것이라고 연락해 왔다'는 것이다.

〈이한림은 또 "만약 자신의 부대가 반란을 진압하도록 동원 명령을 받는다면 진압에 반대하는 소수가 있을지도 모르지만 대다수는 복종할 것이다"라고 말했다. 이한림 장군은 특정한 부대에 대해서는 출동 준비 태세를 명령했다. 1군 전체에 대해 비상을 건 것은 아니다〉

이 순간 장면 총리가 카르멜 수녀원에서 전화를 걸어 장도영 총장과 이한림 사령관에게 진압 명령을 내렸다면 사태는 뒤집어졌을 가능성이 있다. 한국군에 대한 작전 지휘권을 가진 매그루더와 軍令權(군령권)을 가진 총리가 같은 목소리로 진압을 명령했을 때 우리 군 지휘부는 반대할 수 없었을 것이다. 물론 그런 진압에 따른 유혈사태는 必知(필지)의 사실이었고 實兵(실병) 지휘관들이 상관들의 명령을 거부하고 혁명군 편을 들었을 가능성도 있다.

이날 오전 10시 30분 매그루더와 마셜 그린이 청와대로 들어왔을 때 윤보선 대통령은 미국 측의 강경한 성명을 듣지 못하고 있었다. 매그루더는 단호한 어조로 말했다.

"지금 서울 시내로 들어온 반란군의 병력은 약 3,600명에 불과합니다. 1군 산하 병력은 요지부동일 뿐 아니라 대구 지방에서도 약간의 병력이 혁명에 참가했으나 현재는 속속 원대로 복귀 중입니다. 1군 산하에서 열 배의 병력을 동원하여 서울을 포위하면 혁명군은 곧 항복할 것입니다."

尹 대통령은 "일선에서 병력을 동원하자는 말인가요"라고 물었다.

"그렇습니다. 그들은 항복하지 않을 수 없을 것입니다."

윤보선은 주로 듣는 입장을 취했다. 매그루더는 자신의 지휘권 아래에 있는 부대가 쿠데타를 일으켰다는 데 대해서, 그리고 자신이 1년 전부터 군복을 벗기려고 했던 그 박정희에 당했다는 데 대해서 대단히 분노하고 있었다. 매그루더는 대통령에게 건의했다.

"지금 군 통수권을 행사할 장 총리는 행방을 감추었고 따라서 행정부가 없습니다. 다른 국무위원의 소재도 알 수 없습니다. 국가원수인 대통령 각하가 지금 대한민국의 유일한 헌법 기관으로 남아 계시니 헌법상 국군의 통수권을 가진 대통령께서 병력 동원에 동의해 주시기 바랍니다."

그린 대리대사도 거들고 나섰다.

"대통령은 護憲(호헌)의 책임을 지고 계십니다. 반란군들을 격파해야 합니다."

윤보선은 그린에게 워싱턴의 태도에 대해서 물어 보았다. 케네디 대통령은 캐나다에 가 있고 러스크 국무장관도 워싱턴을 비우고 있다는 것이었다. 워싱턴의 확고한 방침은 아직 결정되지 않았고, 매그루더와 그린이 자체적인 판단에 의해서 강경론을 주장하고 있다는 판단을 하게 되었다고 한다(회고록).

윤보선이 다시 물었다.

"조금 전에 연합참모본부로부터 북괴군이 휴전선 일대에 집결하고 있다는 정보를 들었는데 귀관은 그 사실을 알고 있소?"

"그 정보는 조금 전에 보고받아 우리도 알고 있습니다. 대구 2군 사령부의 군인이 약간 동요를 했으나 바로 귀대했고 휴전선을 지키는 1군은 아직 조용합니다. 과히 걱정 마시고 출병을 허락해 주시기 바랍니다."

"지금 변란이 일어난 상태인데 휴전선 일대엔 괴뢰군이 집결하고 있다고 하니 일선에서 병력을 차출해서 수습을 하려다가는 저들이 물밀듯 쳐들어온다고 봐야 하지 않겠느냐 이 말이오. 그럴 경우 막을 준비는 되어 있소?"

윤보선의 언성이 높아 매그루더가 잠시 주춤하고 있는 사이 대통령은 5·16의 성공에 결정적인 요소로 작용하게 되는 한마디를 했다.

"우리 국군이 일선에서 동원되는 것에 나는 동의할 수 없소. 사령관 생각대로라면 차라리 미군을 동원해서 반란군을 진압하는 것이 어떻겠소?"

"우리 유엔군은 外敵(외적)이 아닌 내전에는 원칙적으로 개입할 수 없습니다. 대통령께서 국군을 동원할 수 있도록 허락해 주신다면 이탈한 부대를 복귀시키겠습니다. 시가전을 염려하시지만 3만~4만 대군이 서울 일원을 포위하고 공군을 동원하여 전단을 뿌리고 원대 복귀의 통로를 엄호하면 3일에서 1주일 사이에 유혈사태 없이 진압할 수 있습니다."

매그루더는 묵묵히 듣고 있는 대통령을 안심시키려고 이런 말도 덧붙였다.

"각하께서 우리 요구를 들어주신다면 8군 사령부의 본부중대가 청와대 경호를 맡아 각하의 안전도 보장할 것입니다."

"청와대를 둘러싸고 있는 반란군과 경호하러 오는 미군이 충돌하지 않는다는 보장이 있소?"

윤보선은 또 "내 생각으로는 대통령에게는 군 통수권이 없다"고 말했다. 제2공화국 헌법에는 '대통령에게 군 통수권이 귀속된다'고 적혀만 있고 하위 법률이 제정되어 있지 않았다. 따라서 실질적으로는 군 통수권이 국무총리에게 있다는 것이 윤보선의 논리였다.

손발 묶인 美軍

매그루더 미 8군 사령관은 한국군에 대한 자신의 지휘권이 무시되어 버린 데 대하여 충격과 분노를 동시에 느끼고 있었다. 자신의 지휘하에 있는 부대의 반란을 허용했다는 것은 군인으로서 가장 큰 실패였다. 매그루더가 윤보선 대통령에게 집요하게 진압을 요청한 것도 자신의 떨어진 권위를 회복하겠다는 뜻이었다. 윤보선은 그러나 "반란군의 열 배나 되는 진압군을 동원하면 쉽게 수습할 수 있다고 하는데 나는 그렇게 보지 않는다"고 했다.

"쿠데타軍 3,600명은 죽기로 하고 나온 사람들인데 한 사람의 반란군이 한 사람의 진압군을 죽인다고 해도 3,600명이 전사해야 한다는 계산이 나옵니다. 우리끼리 이런 유혈사태를 벌이는 사이에 북괴군이 쳐내려오면 어떻게 합니까."

이날 줄곧 윤보선의 뇌리를 억누른 것은 쿠데타軍과 진압군의 대치가 내전으로 발전하여 북한의 남침을 초래할 위험성이었다. 그는 자신의 회고록에서 이렇게 썼다.

"분단국에서는 하나의 국군, 합심된 국토방위의 干城(간성)이 생명선이다. 나는 이를 분열시키지 않았다."

매그루더가 윤 대통령으로부터 진압 명령을 끝내 받지 못하고 먼저 돌아간 뒤 대통령과 그린 대리대사는 청와대 식당에서 점심을 함께 하면서 논의를 계속했다. 그린은 그 점심이 '쓸쓸하고 씁쓸한 분위기에서 이루어졌다'고 최근에 회고했다. 이 자리에서도 그린 대사는 진압 명령을 내려주도록 윤보선을 계속해서 설득했다.

"이 쿠데타가 성공하면 한국은 아마도 장기간 군사 통치를 겪게 될 것입니다. 미국으로서는 합헌 정부만 지지할 수 있기 때문에 군사혁명을 지지할 수는 없는 것입니다."

이에 대해서 윤보선은 뼈아픈 반문을 던졌다.

"나도 군사혁명을 지지하지는 않소. 수습 방법이 대사와 다를 뿐이오. 그 문제를 떠나서 대사는 지금 미국 정부는 합헌적인 방법만 지지한다고 했는데, 그러면 작년 4·19 혁명의 경우 그것이 합법적이어서 지지한 건가요?"

이 역습에 그린 대사는 답변을 하지 못했다고 한다. 각자의 계산과 신념은 서로 달랐지만 5월 16일 이날 박정희 소장과 윤보선 대통령은 미국의 요구를 정면으로 거부한 점에선 보조가 맞았다.

한미 관계에서 이는 역사적인 의미가 있다. 이승만 대통령 시절, 미국은 이 老(노)반공투사에 대해 일종의 공포감을 갖고 있었다. 그들은 이승만이 자주 노선을 선택하여 단독 北進(북진)이라도 하여 미국을 다시 전장으로 끌고 갈 경우에 대비하여 한국군을 자기편으로 묶어 두려고 했다. 한국군 지휘부를 친미화하여 유사시엔 한국 대통령이 아닌, 작전 지휘권을 쥔 미군의 지시를 따르도록 시도했던 것이다.

주한 미군 사령관은 한국군 육군 참모총장의 임명에 즈음하여 항상 발언권을 행사해 왔다. 장도영 총장의 임명에 있어서도 매그루더의 동의가 있었던 것이다. 한국군에선 장성급 이상이 되면 미군의 눈치를 보고 사고방식도 상당히 미국화하는 경향이 있었다.

박정희─김종필로 대표되는 혁명군의 장교들은 그런 친미파가 아니었다. 매그루더로서는 상대하기가 거북한 존재였다. 영어로 의사소통이 되지 않는 장교들이었을 뿐 아니라 문화가 달랐다. 혁명군 장교들은 영어를 좀 한다고 미군 장성들과 친하게 지내는 상관들을 경멸해온 사람들이었다.

4·19 혁명 때 미국 정부는 친미적인 군 상층부, 언론 및 야당을 이용

하여 이승만 정부를 효과적으로 압박할 수 있었으나 5·16 쿠데타가 발생하자 상황을 조종할 수 있는 지렛대를 놓쳐 버린 것이다. 친미적인 장면 총리는 잠적해 버렸고, 믿었던 장도영 육군 참모총장은 진압군의 동원에 미온적이었으며 윤보선 대통령까지도 냉담한 반응이었다. 1980년 전두환의 신군부가 정권을 잡을 때도 그랬던 것처럼 5·16 이후 미국은 자신들이 원하는 정권을 한국에서 만들어 낼 힘을 상실한다(그 대신 일단 성립된 정권을 미국이 원하는 방향으로 유도할 수 있는 영향력은 유지하고 있다).

윤보선—매그루더—그린 요담은 5·16을 성공시킨 가장 중요한 계기였다. 이 회담에서 윤보선이 취한 태도에 대한 미국 측 기록으로는 5월 17일 체스터 보울즈 미 국무차관이 라오스 문제를 논의하는 국제회의에 참석차 제네바에 가 있던 딘 러스크 국무장관에게 보낸 보고서가 있다.

〈윤 대통령은 (청와대 요담에서) "장면 정부에 대한 국민들의 환멸과 불만족은 확산되었고, 부정은 광범하고 정부의 상부층까지 오염시키고 있으며 한국은 강력한 지도력을 필요로 하고 있었는데도 장면은 그런 지도력을 제공하는 데 무능했다"고 지적했다. 윤보선은 "국회 내외의 인물들을 망라하는 거국 내각을 구성하면 이 문제를 해결할 수 있다고 믿는다"고 했다〉

매그루더 사령관은 5월 17일 합참의장에게 보고한 전문에서 윤보선의 의도를 이렇게 분석했다.

〈윤 대통령은 헌법을 지켜야 한다고 립 서비스하고 있지만 쿠데타가 政敵(정적)인 장면 총리를 제거하고 새로운 정부를 구성하는 데 있어서 받아들일 수도 있는 방법이라고 생각하는 듯하다. 그는 장면을 교체하

고 싶어하는데 이 목적을 달성하기 위해 가장 적법한 방법이 무엇인지를 찾고 있는 것 같다〉

미국 측은 윤보선이 진압 명령을 내리는 데 반대한 것을 그의 反장면 성향 및 정치적 야심과 결부시켜 이해하고 있었던 것 같다.

16일 늦은 밤 미 합참의장 렘니처 대장은 매그루더 주한 미군 사령관에게 급전을 보냈다. 렘니처는 '나는 지금 막 백악관에서 열렸던 대책회의에 참석했다가 돌아왔다'고 했다. 이 회의에서는 16일 정오(워싱턴 현지 시각)에 있을 백악관 대변인 샐린저의 정례 기자 브리핑에서 한국 쿠데타에 대해서 어떤 논평을 할 것인가를 중점적으로 논의했다고 밝혔다.

렘니처는 '케네디 대통령은 매그루더와 그린이 발표한 성명서를 전폭적으로 지지하는가'란 질문이 나올 경우 이런 답변을 하는 것이 좋겠다는 건의를 올렸다고 전했다. 즉, '그 성명은 그들의 임무에 합당한 선에서 발표되었다.'

미 국무부 동아시아 담당 차관보 매카나기(전 주한 미국 대사)도 참석한 백악관 대책회의에서는 쿠데타에 반대한 매그루더와 그린의 성명이 '너무 멀리 나갔다'는 견해가 있었다.

렘니처는 매그루더에게 '앞으로는 더 이상의 논평은 삼가고 꼭 해야 할 경우는 유엔군의 목적이 공산주의자들의 위협으로부터 한국을 지키는 것이란 사실만 강조하기 바란다'고 지시했다. 매그루더의 행동 자유가 워싱턴에 의해서도 제약되는 순간이었다.

CIA 서울지부장의 등장

워싱턴 시각으로 5월 16일 정오, 미 국무부는 對(대)언론 정례 브리핑을 가졌다. 이날 링컨 화이트 대변인은 한국에서 발생한 쿠데타에 대해서 이런 논평을 했다.

〈우리는 계속해서 보고를 받고 있으며 이 사태를 관찰하고 있다. 이 사태는 아주 유동적이고 불명확하기 때문에 내용 있는 논평을 할 처지가 못 된다. 매그루더 장군과 그린 대리대사의 성명(기자 注—쿠데타에 반대하고 장면 정부를 지지한다는 내용)은 그들의 직무 범위 안에서 이루어진 것이다〉

워싱턴은 이 논평을 통해서 매그루더와 그린이 취한 조치는 현지에서 알아서 한 것일 뿐 케네디 대통령의 결심을 반영한 것은 아니라는 사실을 명백히 한 것이다. 적극적인 쿠데타 반대 입장에서 한 발을 크게 뺀 셈이다. 이날 밤 미 국무부 차관 체스터 보울즈는 그린 대리대사에게 急電을 보냈다. 보울즈는 러스크 국무장관을 대리하고 있었다. 보울즈는 이 전문에서 '합헌 정부를 회복시켜야 한다' 는 당위성을 설명한 뒤 다음과 같은 현실론을 편다.

〈그러나 (윤보선) 대통령과 군 지휘관 및 정부 요인들의 이상한 비협조, 이들이 쿠데타를 진압하려고 하지 않는 태도, 그리고 총리와 다른 각료들의 잠적으로 미루어 볼 때 장면 정부가 이번 위기를 맞아 큰 상처를 받지 않고 견디어 낸다는 것은 거의 無望(무망)한 것으로 보인다. 따라서 사태가 확실해질 때까지 일단 조심스럽게 관망하는 자세(wait and see)를 취하기로 결정했다.

우리는 계속해서 장면 정부가 재건되기를 희망하면서 그런 목적에 방해가 될 만한 언동을 피해야 할 것이다. 한편, 이 정부가 스스로를 구원하려는 노력을 하지 않고 있는 지금 이미 끝나버린 것일지도 모르는 장면 정부의 운명과 우리의 입장을 같이 묶어 버리는 모습을 보여선 안 될 것이다〉

국무부는 쿠데타에 반대하는 최초의 입장에서 한 걸음을 더 뒤로 뺀 것이다. 이날 미국 중앙정보국(CIA)의 앨런 덜레스 부장은 케네디 대통령 앞으로 중요한 정보 보고서를 한 장 올렸다. 그 동안 CIA 서울지부가 추적한 한국 쿠데타에 관련된 정보 보고서의 두 페이지짜리 요약이었다. 이 보고서에는 장도영 육군 참모총장이 박정희 소장의 모의를 자세히 파악하고 있으면서도 장면 총리에게는 제대로 보고하지 않고, 미국 측과는 정보 교환을 해 온 상황이 날짜별로 적혀 있었다. 이 정보 보고를 접한 미국 정부 고위층은 아마도 이런 정부는 희망이 없다는 판단을 했을 것이고, 장도영 총장이 결국은 박정희에 의해서 조종되고 말 것이라는 예상을 했을 것이다.

한미 관계가 혼돈에 빠져 있던 5월 16일 직후의 상황에서 CIA 서울지부장 피어 드 실버가 등장한다. 5월 16일 아침 그는 급보를 받고 반도호텔 건너편에 있던 미국 대사관으로 출근했다. 그는 CIA 본부로 쿠데타의 발생을 알리는 제1보를 보낸 뒤 담배를 피워 물고는 생각에 잠겼다. 장면 총리가 가르쳐 준 비밀 전화번호가 생각났다. 다이얼을 돌렸다. 전화벨이 울리고 떨리는 목소리가 응답했다. 실버가 영어로 말하니 상대방도 영어로 말했다. 실버는 "총리를 좀 바꾸어 달라"고 했다. 상대방은 긴장된 목소리로 말하는데 그 요지는 '장면 총리는 실각했고, 도주 중이며, 혁명이 일어났다'는 것이었다. 누구냐고 묻자 이렇게 답했다.

"나는 박종규 소령입니다. 혁명군을 대표합니다."

실버는 "만나고 싶습니다. 제가 거기로 가겠습니다"라고 말한 뒤 대답도 듣지 않고 전화기를 내려놓았다. CIA에서 對(대)공산권 공작 전문가로서 잔뼈가 굵은 실버는 길을 건너 반도호텔로 갔다. 1층 로비에는 한무리의 서양 사람들이 잠옷을 입고 실내화를 신고 나와서 불안한 표정을 짓고 있었다. 한국군의 공수단 군인들도 모여 있었다. 엘리베이터 앞에서 키가 큰 사병이 지키고 있었다. 실버가 다가가니 사병은 무엇인가 한국말로 말을 걸었다. 실버는 영어로 "고맙다"고 말하고 웃음을 지으면서 엘리베이터 안으로 들어갔다.

8층으로 올라가서 오른쪽 장면 총리의 집무실로 갔다. 문을 두드리자 호리호리한 몸집을 한 소령이 나왔다. 얼굴은 긴장되어 있었고 기진맥진한 듯 보였다. 방에 들어가니 완전무장한 공수단원 몇 명이 더 있었다. 실버가 "박종규 소령입니까" 하고 물으니 그는 고개를 끄덕거렸다. 박종규는 볼멘소리로 "우리가 도착했을 때는 총리는 이미 도주한 뒤였다. 지금 막 박정희 소장에게 상황을 보고하려던 참이었다"고 했다. 실버는 명함을 꺼내 뒤에다가 사무실 전화번호를 적어 건네주면서 "언제든지 전화를 걸고 찾아오면 만나겠다"고 했다. 실버는 사무실로 돌아와서 CIA 본부에 연락을 취했다. 박정희와 박종규의 이름을 알려 주면서 이들에 대한 신원 조회를 부탁했다. 실버가 그때 알고 있던 혁명군 장교들은 이 두 사람이 유일했다.

아침 9시, 박종규가 미국 대사관으로 찾아왔다. 박종규는 실버를 데리고 김종필이 머물던 사무실로 갔다. 실버는 초면의 김종필을 이렇게 묘사했다(회고록 《서브로자》).

〈나는 박종규 소령을 따라 4층으로 올라가서 어둠침침한 복도를 지나 큰 회의실로 들어갔다. 김종필 중령이 책상 뒤에 앉아 있었다. 그는 중키였고 체격은 호리호리한 편이었다. 童顔(동안)이었으며 조용하고 침착했다. 박 소령이 한국말로 나를 소개하자 나에게 의자를 권했다. 박 소령은 통역을 맡았다. 내가 그 뒤 박정희 장군이 주도하는 정부와 접촉하는 데 있어서 김종필은 시종일관 중요한 역할을 해주었다.

그는 내가 CIA 중견 간부라는 사실에 대하여 관심이 많았다. CIA가 미국 정부 조직상 어떤 지위를 갖고 있는가에 대해서 정중하고 주의 깊게 질문하곤 했다. 이날 대화의 주도권은 김종필이 잡았다. 그는 왜 군사혁명이 필요했는가에 대해서 상세하게 설명해 갔다. 김종필은 자신의 생각을 적절하고 깊이 있게 표현할 줄 아는 명석한 두뇌의 소유자였다.

나는 그들이 이제 대한민국을 통치할 책임을 떠맡았으므로 먼저 주도권을 잡고서 미국 대사관 및 미군 사령부와 우호적인 관계를 재확립해야 할 것이라고 충고했다. 나는 그동안 혈맹관계를 유지해온 우리 두 나라가 적대적 관계가 된다는 것은 비극이라고 말해 주었다〉

실버는 김종필과 나눈 대화 내용을 본부에 보고한 뒤 그린 대리대사에게도 이야기해 주었다. 그린은 매그루더 사령관이 흥분해 있으므로 박정희를 상대하려고 하지 않을 것이라고 말했다. 그린은 "매그루더의 정보참모가 박정희의 좌익 행각에 대한 정보를 입수했다"고 귀띔해 주었다. 실버는 벌써 CIA 본부에 조회한 자료에 의해서 박정희가 지금은 공산주의자가 아니란 확신을 갖고 있었다. 그린은 "그런 이야기를 매그루더 사령관에게 해줄 필요가 있겠다"고 실버에게 충고했다.

姜英勳 육사 교장

5월 16일 새벽 4시쯤 서울 서대문 부근에 살던 육사 교장 姜英勳(강영훈·국무총리 역임) 중장은 전화벨 소리에 잠을 깼다. 바로 윗집에 사는 金炯一(김형일) 중장이었다. 육군 참모차장을 거쳐 당시 국방장관 보좌관으로 있던 김 중장은 박정희 소장과는 노선이 달라 자주 충돌한 사람이다.

"지금 총소리 안 들리오?"

"어디서 나는데요?"

"한강 쪽입니다. 아마도 쿠데타가 난 모양입니다. 하여간 우리 집에 와서 의논합시다."

"쿠데타가 났다는데 의논하면 뭣 합니까. 나는 사관학교로 가봐야겠어요."

강영훈 교장은 그 길로 자신의 차를 불러 타고 광화문으로 나갔다. 혁명군들이 공포를 쏘면서 거리를 질주하고 있었다. 이대로는 청량리 쪽으로 갈 수 없을 것 같다고 판단한 그는 구파발―북한산성을 돌아 의정부를 거쳐 태릉으로 가기로 했다. 그는 의정부에 도달했을 때 미 1군단장 라이언 중장의 숙소를 찾았다. 라이언 중장은 대뜸 이런 질문부터 했다.

"박정희라는 쿠데타 지휘자를 아시오?"

"좀 알지요."

"공산주의자가 아닙니까?"

"한국전쟁을 치른 장군인데 공산주의자인지 아닌지는 당신네들이 더 잘 알 것 아닙니까."

라이언 중장은 상황 설명을 해주는데 6군단 포병단이 참여했다는 말에 강영훈 중장은 충격을 받았다. 대포까지 끌고 서울로 들어갔다고 오해했기 때문이다. 강 중장은 '대단한 유혈사태가 날지 모르겠다'는 걱정을 했다.

육사에 가보니 학력이 좋은 교수 · 교관 요원 등 기성 장교들은 "우리도 혁명군에 참여해야 하지 않겠느냐"고 들썩거리고 있었다. 姜 교장은 이들을 집합시킨 뒤 "딴 생각하지 말고 교육에 충실하고 학생들이 공부에 전념할 수 있도록 하라"고 지시했다.

생도대장으로서 전술교육을 맡고 있던 이는 金益權(김익권) 준장이었다. 서울대 법대 1회 졸업생이자 육사 5기 출신인 그는 박정희가 육사 중대장일 때 생도였으므로 평소에 존경심을 품고 있었다. 4 · 19 이후 공권력의 슈(令)이 서지 않아 생도들이 외출을 나갔다가 깡패들에게 얻어맞고 오는 경우도 있어 그도 '이대로는 안 되겠다'는 생각을 하고 있었다. 김익권 준장을 비롯하여 참모장과 교수부장은 姜 교장에게 "빨리 육본에 가셔서 혁명을 지지한다고 말씀 드리십시오"란 건의까지 했다고 한다.

강영훈은 오후에 육본으로 떠났다. 그 직후 육본에서 전화가 걸려왔는데 생도대 부대장을 지낸 바 있는 朴蒼岩(박창암) 대령이었다. 朴 대령은 육사생도들이 시가행진을 하도록 해달라고 요구했다. 김익권은 '지휘 계통을 따라 명령이 내려와야 한다'는 점을 강조했다. 박창암이 전화를 바꾸는데 박정희였다.

"각하, 저 김익권입니다. 교장을 통해 지시를 내리시든지 참모총장을 통해서 명령하시면 따르겠습니다."

"여보, 혁명하는 데 무슨 지휘 계통을 따지오? 그리고 교장은 여기 없소."

박정희는 화가 난 듯이 전화를 끊었다. 김익권은 강영훈 교장이 그곳에 도착한 줄 알고 있었다. 잠시 시간이 흐른 뒤 박창암 대령이 또 전화를 걸어 왔다. '1개 전투중대 병력이 무장을 하고 육사로 갑니다'란 통보였다.

강영훈 교장 차가 청량리 부근을 지나는데 맞은편에서 세 대의 트럭이 오고 있었다. 박창암 대령이 타고 있었다. 강영훈 중장은 차를 멈추게 한 뒤 박 대령에게 물었다.

"어딜 가나?"

"육사로 갑니다."

"사관학교엔 갈 필요 없네. 나와 함께 육본으로 가세."

"안 됩니다. 저는 임무가 있습니다."

육사에 도착한 박창암 대령은 김익권 준장에게 "생도들을 집합시켜 달라"고 했다. 김 준장은 스피커를 통해서 이런 취지의 교내 방송을 했다고 한다.

"모든 학생들은 강당에 집합하기 바란다. 지금 군사혁명이 일어났는데 설명이 있을 것이다. 절대로 강권하는 것은 아니다. 생도들의 의사에 따라 결정할 것이다."

자발적으로 모이도록 했는데 8개 생도 중대 가운데 1개 중대 정도만 모였다. 박창암 대령은 다시 장교들을 소집해 달라고 했다. 그는 이들 생도와 장교들을 상대로 혁명의 불가피성을 설명하고 돌아갔다. 육사 장교들은 아직은 생도들을 이끌고 나갈 마음이 아니었다.

16일 오후 3시를 넘어 육본에 도착하여 장도영과 박정희를 만난 강영훈은 "사관 생도들은 정치에 이용하지 맙시다"라고 했다고 한다. 박정희가 바깥으로 나간 틈에 강영훈은 친구 사이인 장도영에게 말했다.

"야, 정신 차려라. 대체 뭘 하는 거야?"

"야, 나는 허수아비야. 박정희가 다 하고 있어."

"무슨 소리야? 참모총장이 그 따위 소리 해도 되나?"

"오늘 아침에 타군 참모총장들을 모이게 해서 회의를 해봤어. 공군 총장은 쿠데타에 반대하는데 해군참모총장은 의견을 말하지 않더군."

"아니 공군하고 해군이 무슨 상관이야. 육군이 중심인데 자네가 정신 차려야지."

장도영은 일어서면서 "지금 회의를 하는데 같이 가자"고 끌었다. 혁명군과 장도영 측의 합동회의였다. 회의장의 의자 배치를 보니 계급 서열이 무시되었다. 혁명군의 영관급 장교들이 육본 측 장성들보다도 상좌에 앉아 있는 판이었다. 회의가 시작되자 柳原植 대령이 일어났다.

"저희는 참모총장님을 모시고 윤보선 대통령을 찾아뵙고 왔습니다. 대통령 각하께서는 '이것은 인조반정에 해당하는 일이다' 고 극구 칭찬하셨습니다."

柳 대령은 尹 대통령의 말을 일방적으로 왜곡하여 전달하고 있었다. 다른 장교가 일어나더니 이렇게 말하는 것이었다.

"이제는 모든 문제를 계급 고하를 막론하고 일 대 일로 결정해야 합니다."

회의실 분위기는 살벌했다. 박정희도 일어나더니 한마디 불평을 털어놓았다.

"아직까지도 장면이가 어디 갔는지도 모르고 붙들지도 못하고 말이야, 뭣들 하고 있는 건지 모르겠어."

全斗煥 대위의 등장

5월 16일 육본에서 열린 혁명군－육본 합동회의에서 강영훈 육사 교장은 장도영 육군 참모총장에게 "나도 한마디 해도 됩니까"라고 했다. 장도영은 발언을 허용했다.

"군의 한 간부로서 두 가지 당부를 하겠습니다. 첫째, 지금 이 순간 대한민국은 우리 국군이 책임지고 있습니다. 총리도, 국회도, 내각도 존재하지 않습니다. 이런 때 군 통수 계통이 무너져선 안 됩니다. 장도영 참모총장을 모시고 혁명을 한다니 다행입니다. 통수 계통이 무너지면 김일성이만 좋아합니다. 둘째로는 절대로 국군끼리 총격전을 벌여서는 안됩니다. 총 쏘고 대포 쏘면 우린 자멸입니다."

강영훈 중장은 그때까지도 6군단 포병단이 대포를 끌고 들어왔다고 생각하고 있었기 때문에 절박한 심정으로 그런 호소를 했다. 姜 장군의 말이 끝나자 장내에서 박수가 터졌다. 꼭 혁명지지 발언을 한 것처럼 되었다.

장도영 총장은 일어나더니 "이거, 나 대통령 각하를 다시 만나고 와야겠어"란 말을 남기고 바깥으로 휑하니 나가 버렸다. 장도영은 다시 청와대로 올라가서 윤보선을 만났다. 윤보선의 기억에 따르면 장도영은 울먹이는 목소리로 말하더란 것이다.

"대통령 각하, 군사혁명위원회에서 참모총장인 제가 계엄사령관을 맡아야 한다고 그 자리를 수락하라는데 어떻게 하면 좋겠습니까."

"이 사태를 수습하는 데는 그래도 장 총장이 적격이라고 생각하오. 일단 계엄사령관 직책을 수락하고 봅시다. 군사혁명을 일으킨 장본인들이 바로 계엄사령관직을 맡게 되면 사후 수습이 원활하지 못할 것이니 우선 다급한 불길부터 잡자면 장 총장이 맡는 것이 무난하리라고 여겨지오."

장도영은 즉시 육본으로 돌아와서 혁명군 장교들 앞에서 자신이 군사혁명위원회 의장 겸 계엄사령관의 직책을 수락한다고 선언했다. 장교들은 박수로 환영했다. 강영훈 중장은 육사로 돌아가려다가 다시 박정희를 만난 김에 "사관 생도들은 정치에 개입시키지 말아주시오"라고 부탁했다고 한다. 육사로 돌아오니 김익권 준장이 건의했다.

"생도들에게는 실탄은 없지만 총과 대검이 있습니다. 생도들이 들고 일어나 소란을 피울지 모르니 무장을 해제하는 것이 어떻습니까."

김 준장은 강 교장의 허락을 받아 총검을 회수하여 무기고에 집어넣었다. 16일 오후 육본 정보참모부 북한과 소속 李相薰(이상훈·국방장관 역임) 대위는 亞洲課(아주과) 소속의 육사 11기 동기생 李東南(이동남) 대위와 함께 김종필을 찾아갔다. 이동남 대위는 육사 11기 동기회장이기도 했다. 김종필은 두 대위에게 말했다.

"자네들이 육사에 가서 교장을 설득하여 생도들을 데리고 나와 혁명 지지 시위를 해주었으면 좋겠어."

5월 17일 아침 육본의 이상훈·이동남 대위, 공수단의 11기 손운익 대위, 그리고 육사 12기 김광현 대위는 육본에서 만났다. 이들은 하루 전 김종필로부터 지시를 받은 대로 생도들을 설득하려고 육사를 향해 막

출발하려고 하는데 全斗煥(전두환) 대위가 나타났다. 서울대학교 학군단에 근무하던 全 대위는 이런 취지의 말을 했다고 한다.

"혁명이 났다는데 궁금해서 왔다. 우리가 뭘 해야 되는 것 아냐. 우리 뜻도 밝혀야 하고."

이렇게 해서 한 사람이 더 늘어 다섯 대위가 태릉 육사로 출발하게 된 것이다. 우연한 것 같은 전두환 대위의 등장과 육사行(행)은 그 19년 뒤 그가 박정희 대통령의 죽음으로 생긴 권력의 공백을 채우면서 집권하게 되는 인연의 출발점이 된다. 전두환 대위는 그때도 정치에 관심이 높고 친구도 많은데다가 활달하여 적성에 맞는 역할을 찾은 셈이었다. 이 다섯 대위는 육사에 도착하자 우선 교수부에서 교수 요원으로 근무하는 11기 동기생들을 찾아갔다. 11기 출신만 약 스무 명이 서울대학교에서 위탁 교육을 이수한 뒤에 교수 요원으로 있었다.

이한림 중장은 4 · 19 때까지 3년 3개월 동안 육사 교장으로 있으면서 이 학교의 발전에 지대한 공헌을 했다. 4년제 정규 육사 출신들은 이한림을 존경하고 있었다. 이상훈 대위가 보니 교수 요원들은 이미 이한림 1군 사령관에게 연락을 취하고 사람을 보내어 이 시기에 어떻게 행동하면 좋은지 지침을 받으려 하고 있었다.

이상훈, 전두환 일행은 이런 동기생들을 설득했다. 동기생들 중 "박정희 장군이 어떤 사람인지 알아야지" 하면서 혁명에 미온적인 자세를 취하는 사람들도 많았다. "이한림 장군으로부터 메시지가 올 때까지 기다리자"는 동기생들도 있었다. 입담이 좋은 전두환 대위는 이런 동기생들에게 혁명을 지지해야 한다고 설득했다.

장교들의 분위기를 어느 정도 돌려놓은 다음 이상훈, 전두환, 손운익,

이동남 대위 네 명은 강영훈 교장을 찾아갔다. 늦은 밤인데 姜 교장은 교장실에 머물고 있었다. 교장에게 깍듯이 예의를 차린 이들은 '생도들을 혁명 지지 시위에 내보내 주십시오' 라고 건의했다. 이들은 '혁명군'이란 완장을 차고 있었다. 강영훈 교장은 화를 냈다고 한다.

"내가 왜 박정희 장군과 혁명위원회 지시를 받아야 하는가. 나는 참모총장 지시가 없는 한 그렇게 못 해."

강영훈 중장은 그 자리에서 차를 부르더니 경호차를 붙여 가지고 육본으로 떠났다. 강영훈은 '박 장군과 장 총장에게 생도들을 정치에 이용하지 말아 달라고 부탁했는데 외부에서 장교들이 들어와서 이렇게 선동하고 다니니 다시 이야기를 해두어야겠다' 는 판단을 했다고 한다. 이상훈 대위는 육본으로 전화를 걸어 김종필에게 "강영훈 교장이 거기로 갔다"고 알렸다. 김종필은 "알았어. 너희들은 오늘밤 그곳에 머물고 내일은 어떤 일이 있어도 생도들을 데리고 나와야 돼"라고 지시했다.

강영훈 교장이 육본에 도착하여 총장실로 가니 장도영과 박정희가 앉아 있었다. 강영훈은 같은 말을 되풀이했다. 이때 한 장교가 들어오더니 박정희 소장을 데리고 나갔다. 잠시 후 돌아온 박정희의 표정이 험상궂게 변해 있었다. 자리에 앉지도 않고 선 채로 강영훈에게 쏘아붙였다.

"내가 강 장군한테 들은 이야기와 지금 다른 장교한테서 들은 이야기가 영 다릅니다."

그러더니 휙 나가 버렸다. 뒤이어 5개 대대병력으로 육본을 점령했던 문재준 6군단 포병단장이 들어왔다. 文 대령은 "지금 분위기가 이상하니 학교로 돌아가시지요"라면서 정중히 姜 장군을 모시고 나갔다. 두 사람이 계단을 따라 1층으로 내려가는데 무장한 세 공수단 대위가 달려오더니 문재준의 권총을 빼앗고 반항하는 그에게 사정없이 발길질을 가해 꿇어앉혔다. 어리둥절한 강영훈 교장 앞에 박창암 대령이 나타났다. 朴 대령은 "이리로 오십시오"라고 작은 방으로 안내했다. 방 안으로 들어서자 박창암은 "개인적으로는 강 장군을 존경하지만 공무수행상 어쩔 수 없습니다"라면서 문을 닫고 나가 버렸다. 강영훈은 연금된 것이다.

수녀원의 張勉

5월 16일 김종필은 미리 준비해 두었던 포고령 문안들을 하나씩 뽑아내 KBS를 통해서 잇달아 발표하고 있었다. 군사혁명위원회 겸 계엄사령관 장도영 중장 이름으로 된 것들이었다. 포고령 4호는 그 내용이 무시무시했다.

〈(1)군사혁명위원회는 5월 16일 상오 7시 장면 정부로부터 모든 정권을 인수했다. (2)민의원, 참의원 및 지방의회를 16일 하오 8시를 기하여 해산한다. 단, 사무처 직원은 존속한다. (3)일체의 정당 및 사회단체의 정치 활동을 엄금한다. (4)현 국무위원과 정무위원을 전원 체포한다. (5)국가기구의 일체 기능은 군사혁명위원회에 의해 이를 정상적으로 집행한다. (6)모든 기관과 시설의 운영은 정상화하고 여하한 폭력행위도 이를 엄금한다〉

16일 밤 윤보선 대통령은 장도영 총장의 권유를 받아들여 對民(대민) 방송을 녹음한다. 그 요지는 이러했다.

〈친애하는 국민 여러분. 우리나라는 지금 중대한 시국에 놓여 있습니다. 오늘의 사태를 우리가 어떻게 수습하느냐 하는 것에 우리나라의 운

명이 달려 있습니다. 우리는 이 사태를 무사히 수습해야 하고 공산주의
를 막는 힘에 약화를 초래해서는 안 되는 것입니다. (중략) 장 총리 이하
전 국무위원은 한시바삐 나와서 이 중대한 사태를 성의 있게, 합법적으
로 처리하여 주기를 바랍니다. 군사혁명위원회의 말에 의하면 국무회의
에 출석하는 국무위원의 신변은 보장된다고 말하고 있습니다〉

이 방송이 KBS를 통해서 나가자 은신 중이던 朱耀翰(주요한) 부흥부
장관이 윤보선 대통령에게 맨 먼저 전화를 걸어 왔다고 한다.

"사태 수습을 위하여 청와대로 오라면 가겠으나 신변의 안전을 무엇
으로 보장하시겠습니까."

"장도영 계엄사령관을 통해서 직접 확약을 받았으니 그리 알고 협력
해 주시오."

"우리는 그 정도로는 믿을 수 없습니다."

윤보선 대통령은 장도영에게 직접 신변의 안전을 보장한다는 방송을
해달라고 당부했다. 당시 야당인 신민당의 당수는 장면과 총리 경합을
벌였다가 떨어지자 分黨(분당)했던 민주당 구파 출신 金度演(김도연)이
었다. 그의 회고록 《나의 인생 백서》에는 이런 요지의 기록이 있다.

〈그날(5월 16일) 밤 10시 반경 윤보선 대통령의 방송을 듣고 나는 우리
신민당의 태도를 어떻게 할 것인가로 부심하다가 17일 오후 당의 주요
간부회의를 열고 이 문제를 熟議(숙의)하였다. 이 회의에서 내린 결론은
장면 정권은 하루바삐 사태 수습을 위하여 국민 앞에 나와서 사과하고
물러날 것이며 군사혁명위원회에 대하여 거국 내각을 조직하자고 제의
하자는 것이었다〉

그린 대리대사가 5월 16일 오전 윤보선과 요담한 내용을 미 국무부에

보고한 전문에도 '윤 대통령은 국회의 내외를 망라한 거국 내각을 조직함으로써 이 쿠데타를 수습할 수 있다고 믿고 있다' 고 했다. 尹 대통령은 자신의 회고록에는 그런 기록을 남기지 않았다. 김도연· 윤보선은 같은 구파 출신인데 이들이 박정희의 쿠데타에 대해서 묵인하는 태도를 취한 이면엔 거국내각에 대한 기대 심리도 작용하지 않았나 추리하는 사람들도 있다. 어쨌든 야당은 군사혁명을 반대하지 않고 사실상 인정하고 있었다는 얘기다.

장면 정부의 비극은 쿠데타를 허용했다는 무능성에 덧붙여 민주 합헌 정권이란 이 정부를 위하여 목숨을 바치려는 지지 세력이 없었다는 점이다. 대통령도, 야당도, 군인들도, 그리고 학생· 시민들도 이 '국민의 정부' 를 위해서 나서지 않았다. 법적인 정통성은 있었지만 도덕적인 정통성을 상실한 것이 장면 정부였던 것이다.

이때 청와대나 육본과는 지척의 거리에 있던 혜화동 로터리 부근 카르멜 수녀원 부속 건물 방에서 장면 총리 내외는 고통스러운 시간을 보내고 있었다. 가장 큰 수수께끼는 왜 장면 총리가 수도원에서 이한림 1군 사령관이나 매그루더 미 8군 사령관에게 전화를 걸어 진압을 명령하지 않았느냐 하는 것이다. 그때 장면 총리의 시중을 들었던 심마리아 수녀의 증언에 따르면 장면 총리가 바깥과 통화하는 데는 아무런 제약이 없었다고 한다.

"그 분은 쿠데타軍과 자신의 명령으로 출동한 부대가 충돌하면 유혈 사태는 물론이고 북한괴뢰의 남침까지 야기시킬지도 모른다고 우려하신 것 같았습니다. 곁에서 안타깝게 지켜보던 저희들이 좁은 소견으로 '어서 군 부대에 연락을 하시라' 고 말씀드렸지만 그분은 고개를 저으면서 괴로워하시더군요. 그분은 얼굴을 감싸며 여러 번 나직하게 천주님을 불러 보곤 했습니다. 곁에서 계속해서 연락을 취하는 게 어떠냐고 권유하면 결연한 표정으로 '안 돼. 그렇게 해서는 안 돼요. 절대로 서로 피를 흘리게 해서는 안 돼요' 하고 고개를 저었습니다."

장면 총리는 장도영 총장을 지칭하면서 "그 사람이 그럴 수가…"라고 중얼거리고는 벽에 걸린 십자가 앞에서 무릎을 꿇고 기도하기도 했다. 수도원으로는 여러 군데서 장 총리를 찾는 전화가 걸려왔다. 카르멜 수녀원에선 "여기는 아무도 들어올 수 없는 곳이다"면서 부인했다.

17일 아침 심마리아 수녀가 조반상을 받쳐 들고 방으로 들어갔더니 장면 총리는 부석부석한 얼굴로 팔짱을 낀 채 서 있더라고 한다. 장 총리는 "괜히 저희들 때문에 고생이 많으시군요"라고 인사를 했다. 식탁 위에는 전날 저녁 음식이 그대로 있었다. 물 주전자만이 비워져 있었다. 심마리아 수녀의 눈에는 하룻밤 사이에 총리가 10년은 늙은 것 같았다.

5월 17일은 박정희에게 혼돈과 불안의 날이었다. 미군이 이한림의 1군 병력을 동원하여 서울을 포위하는 작전을 곧 실시할 것이라는 첩보가 들어왔다. 미 1군단장 라이언 중장－강영훈 육사교장－그의 처남인 金雄洙(김웅수) 6군단장의 잦은 접촉, 8사단장 鄭剛(정강)의 출동 준비, 양평에 주둔하여 서울로 쉽게 들어올 수 있는 9사단장 朴榮俊(박영준) 준장에 대한 의심이 소수 병력으로 일대 모험을 감행하여 신경과민일 수밖에 없는 혁명군을 자극하였다.

박정희는 서울시경에 본부를 둔 서울지구 방어군사령부에 대하여 방어 진지를 구축할 것을 명령했다. 이와 함께 서울에 가장 가깝게 포진해 있던 1군 산하의 親(친)혁명군인 蔡命新(채명신)의 5사단을 포천에서 서울로 불러들이기로 하는 한편, 춘천 근교의 12사단장 朴春植(박춘식) 준장에게는 춘천을 점령할 것을 명령했다. 아울러 尹泰日(윤태일) 준장을 9사단장으로 임명하여 박영준을 교체하기로 했다.

李翰林의 고민

5월 17일 아침, 윤보선 대통령은 박정희 소장의 쿠데타가 성공하는 데 큰 도움이 되는 또 다른 조치를 취한다. 1군 사령관 이한림 중장과 5명의 군단장 앞으로 친서를 보낸 것이다. 이 친서는 장도영 총장이 윤 대통령에게, "국군끼리의 유혈 사태를 걱정하시는 각하의 충정을 일선 부대장들은 모르고 있으니 직접 편지를 써주십시오"란 부탁을 하여 기초하게 된 것이라고 한다(당시 비서관들의 증언).

17일 오후 윤 대통령의 친서를 휴대한 金楠(김남), 金準河(김준하), 尹承求(윤승구), 洪奎善(홍규선) 비서관은 여의도 비행장에서 육본비행대의 L−19 경비행기를 타고 일선으로 향했다. 김남, 김준하 비서관은 원주의 1군 비행장에 내렸다. 미리 연락을 받고 나온 이한림 중장에게 편지를 전했다.

윤보선의 회고록에 따르면 이한림 중장은 두 비서관에게 "혁명군 지휘자들의 정체를 알기나 하시오"라고 따지더라고 한다. 이 사령관은 또 "우리가 출동하면 유혈 사태 없이 일이 수습될 것이다"고 장담하더란 것이다. 이한림이 받아 읽은 윤 대통령의 친서 요지는 이러했다.

〈이번 사태를 수습하는 데 있어서 군의 不統一(불통일)로 對共(대공) 역량을 감소시켜서는 안 됩니다. 이 사태를 수습하는 데 불상사가 파생하거나 조금이라도 희생이 발생해서는 안 됩니다. 귀하는 무엇보다도 공산군의 남침 대비에 만전을 기해 주셔야 하겠습니다. 이 나라에 유리한 방향으로 귀하의 충성심과 노력이 발휘되기를 바랍니다〉

대통령이 명령만 내리면 20년 친구 박정희 소장의 쿠데타軍을 일거에 진압할 결심을 하고 있던 이한림 1군 사령관은 사실상의 진압 금지 명령이 담긴 대통령의 친서를 확인한 직후 매그루더 미 8군 사령관의 방문을 받았다. 매그루더는 경비행기를 타고 서울에서 날아온 것이었다. 매그루더는 "박정희 소장의 쿠데타를 용납할 수 없다. 민주당 정부를 회복시키기 위한 진압 행동에 찬동한다"고 말했다.

이한림은 그러나 '국무총리로부터 어떤 지시도 없는데다가 대통령의 친서 내용으로 보아 매그루더에게 확실한 내 의지를 표명할 수 없었다'고 한다. 다만 매그루더에게 '잘 알았다'는 정도의 말밖에 할 수 없었다. 매그루더 사령관이 돌아간 뒤 이한림은 심각한 고민에 빠져들었다. 그는 상황을 분석해 보았다.

〈이미 육본과 합참은 쿠데타軍과 공동 근무를 하고 있다. 崔慶祿(최경록) 2군 사령관도 李周一(이주일) 참모장과 박정희 부사령관이 혁명을 지휘하고 있는 마당에 내놓고 반대할 수는 없을 것이다. 내 휘하의 1군에서도 6군단 포병단—朴林恒(박임항)의 5군단—채명신의 5사단—박춘식의 12사단은 쿠데타軍 편으로 넘어갔다. 이런 상황에서 1군의 예비인 1군단을 동원하여 진압 작전을 벌이면 내전으로 확대될 가능성이 높다.

북한이 이 호기를 포착하여 남침한다면 내란을 수습한다는 명분이 있다. 유엔군도 내란 중의 대한민국을 도울 처지가 못 될 것이다. 설사 진압에 성공하여 정권을 되찾아 민주당 정부에 돌려준다고 한들 파벌 싸

움에 날이 새고 진 그들이 정권을 유지할 수 있을 것인가. 내가 진압에 성공한다면 또 다른 군정은 불가피할 것이다. 나를 중심으로 군사 정권을 수립한다는 얘기인데 이는 내 철학과 맞지 않는다. 작전 지휘권을 가진 미 8군 사령관에게는 미안하지만 나는 윤보선 대통령의 명령을 따르는 길밖에 없다〉

이한림은 이날 저녁 국기 하강식에서 사령부 장병들 앞에서 이런 요지의 연설을 했다.

〈장병 여러분, 군이 정치에 개입하는 비극의 시간이 왔습니다. 나는 근본적으로 군의 정치 개입을 반대합니다. 있어서도 안 되고 용서할 수도 없습니다. 그러나 현실은 내 생각이나 내 의지와는 관계없이 대세는 원하지 않는 방향으로 흘러가고 있습니다. 북한군이 호시탐탐 노리고 있는 이 시기에 내란으로 치달을 위기를 조성할 수 없다고 판단되어 부득이 나는 쿠데타 반대 입장에서 묵인하는 입장으로 전환하였음을 여러 장병들에게 알립니다〉

이한림이 훈시를 끝내고 집무실로 돌아오는데 쿠데타軍의 요원인 윤태일 준장이 본관 현관에서 기다리고 있었다.

"윤 장군 왜 왔소?"

"혁명위원회로부터 제9사단장으로 보임받아 신고하러 왔습니다."

"신고는 무슨 신고야, 돌아가시오. 돌아가거든 박정희에게 말하시오. 나는 박정희를 죽일 수 없다고. 대신에 내가 죽겠다고 전하시오."

이한림은 자신의 회고록에서 이렇게 말했다는 것인데, 윤태일이 〈5·16 혁명실기〉에 남긴 증언은 다소 다르다. 윤태일이 혁명에 협조해 달라는 박정희의 부탁을 전하자 이한림은 이런 말을 했다는 것이다.

〈장면 정부 타도는 시기적으로 너무 빨랐다. 가장 방대한 병력을 가진 1군 사령관과 사전에 혁명을 의논하지 않은 것은 잘못이다. 1군 병력은 군사 행동에 동원하지 않겠다. 그러나 매그루더 사령관의 반대도 있고 하니 9사단장 취임은 인정할 수 없다〉

비행기편으로 귀경한 윤태일이 박정희에게 사정을 보고하니 박정희는 "어떤 일이 있더라도 윤 장군은 오늘 중으로 9사단에 부임하여 병력을 장악해야 한다"고 못을 박았다. 윤태일은 밤 10시 다시 양평을 향해 떠났다. 자정을 넘겨 18일 새벽에야 9사단 본부에 들어갈 수 있었다. 그는 9사단이 혁명군을 진압하기 위해서 출동 준비 태세를 갖추고 있다는 이야기를 듣고 달려왔는데 도착해 보니 분위기가 영 달랐다. 박영준 사단장 이하 참모들이 혁명을 지지하고 있는 게 아닌가. 윤태일은 이 사실을 박정희에게 보고했고 18일 오후 그는 박정희로부터 소환을 당해 육본으로 돌아갔다.

윤태일을 문전박대하여 보낸 직후 이한림은 박정희를 전화로 불렀다고 한다. 이한림은 '지나간 생도 시절 다정하게 지냈던 감정이 마음 한편에서 솟아오르는 것을 느꼈'고 한다. 그래서 엉겁결에 "가족은 다 무사한가"라는 말이 나오더란 것이다.

"무사하다."

"가족들 조심하라고 그래."

"알았어."

이 순간엔 다시 '때려죽이고 싶도록 미운 감정'으로 변했다고 한다.

"네 쿠데타 나는 묵인한다."

"고맙다."

"나는 야전군의 일을 맡아 할 테니 그리 알아라. 너는 서울 쪽을 맡아하고 내가 하는 일에 간섭하지 말아라."

"그래 알았어."

박정희의 목소리는 썩 기분 좋은 게 아니었다.

美軍 방첩대의 여론 조사

박정희의 쿠데타가 성공하느냐, 아니면 매그루더의 미 8군과 이한림의 1군에 의해서 진압되느냐. 한국의 운명이 이처럼 기로에 서 있던 5월 17일 매그루더 사령관은 미 합참의장 렘니처 대장에게 전문을 보낸다.

〈군사 쿠데타 배후 세력은 아직 불분명하지만 그 세력은 증강되고 있는 듯하다. 미 8군의 방첩대(CIC)가 거리에 나온 구경꾼들을 상대로 조사해 본 바 열 명에 네 명꼴로 쿠데타를 지지하고 있었고, 두 명꼴로 지지는 하지만 시기가 빨랐다고 했으며, 네 명꼴로 반대하고 있었다. 장도영 총장은 이 거사를 미리 알고 있었다. 그는 의기소침한 상태라 행동을 분석하기가 쉽지 않다. 윤보선 대통령과 白樂濬(백낙준) 참의원 의장은 진압군을 끌어들이는 것을 반대하고 있다.

한국 정부의 주요 인사들은 쿠데타 계획을 사전에 알고 있었던 것 같은데 저지하려고 하지 않았다. 쿠데타의 기본 목적은 장면 정부의 제거 또는 내각제를 없애 버리자는 것으로 보인다. 반미 또는 친공 성향은 아직 발견되지 않고 있다. 이번 쿠데타의 실질적인 지도자는 박정희 장군인데 그는 이승만 정부하에서 공산주의자라는 혐의로 기소되어 유죄를 선고받았다. 그 후에 그는 공산주의자들을 색출하여 제거하는 데 협력했다. 그 이후로는 반공주의자란 평판을 얻었다. 쿠데타 세력 안에서 반미주의자나 공산주의자로 알려진 장교들은 없는 것 같다.

이한림 사령관의 충고에 따라서, 또 1군을 내 지휘권 안에 묶어둠으로써 모든 중립적인 부대들이 반란군 편으로 넘어가 버리는 것을 막기 위해서 나는 합헌적으로 선출된 정부를 지지한다고 방송해 왔다. 나는 반란군의 지휘부에 대해서 본대로 돌아가라고 압력을 넣고 있다. 이는 반란 행위를 저지하기 위해서이다. 해병대는 돌아갈 가능성이 있으나 6군단 포병단은 원위치시키는 것이 불가능할 것 같다. 장도영은 계엄사령관의 직책을 이용하여 반란군을 서울에서 철수하도록 명령하겠다고 약속했다.

이한림 1군 사령관은 4개 사단을 출동 준비 태세로 대기시켜 놓고 있다. 이 부대들을 서울로 끌고 들어오면 반란군을 진압할 수 있을 것이다. 이한림은 장면 총리가 명령하면 반란군을 진압할 것이라고 나는 믿는다. 그는 아마도 내 명령에도 복종할 것이다. 나는 장면 총리가 간밤에 나타나기를 기다렸으나 오늘 아침까지도 보이지 않는다. 그의 측근들과도 접촉해 보았는데 그들도 어디에 있는지 모르고 있다고 말하고 있다. 제발 우리한테 연락을 달라고 부탁했지만 아무 응답도 없다.

만약 장면 총리가 1군을 동원하여 반란군을 진압하라고 지시한다면 나는 그의 지시를 지지할 것이다. 그가 그런 지시를 내릴 때까지는 1군을 진압 목적을 위하여 내 편으로 묶어둘 작정이다. 나는 언제까지 1군을 우리 편으로 묶어둘 수 있을지 알지 못한다. 장면이 숨어 있는 시간이 길어지는 만큼 그가 정권을 회복할 확률은 낮아진다.

하나의 가능한 방법은 대통령, 참의원 의장, 국방장관, 육군 참모총장의 반대를 무릅쓰고서라도 내가 이한림에게 명령하여 1군으로써 반란을 진압하는 것이다. 내가 그런 방식으로 성공한다 해도, 그리하여 정권이 회복된다 하더라도 그 정부를 이끌 지도자가 없는 상태, 그리고 이미 국민들의 지지가 없어진 상황에 직면할 것이다.

내 임무는 공산주의자들의 침략으로부터 한국을 방어하는 것이다. 아울러 한국 내부의 공산 세력으로부터 한국을 방어하는 것도 나의 한 임무이다. 그런데 쿠데타 세력은 前(전) 공산주의자에 의하여 지도되고 있으나 공산당이 조종하고 있지는 않다. 따라서 나는 내 권한만을 이용하여 1군을 동원, 쿠데타軍을 진압한다는 것은 무리라는 판단을 제기하는 바이다〉

매그루더의 이 전문은 많은 진실을 전해 주고 있다. 서울 시민 다수, 즉 약 60%가 쿠데타를 지지하고 있다는 사실, 1군을 붙들어 두는 것은 있을지도 모를 장면의 출현과 진압 명령에 대비하기 위한 것이란 사실, 장면의 진압 지시만 떨어지면 매그루더도 1군에 작전을 명령할 태세가 되어 있다는 사실, 그리고 작전 지휘권을 갖고 있는 그 자신의 권한만으로 진압을 시작하기엔 너무 무리가 따른다는 판단 등이다. 장면 총리의 은신이 쿠데타의 성공에 결정적인 기여를 했다는 것이 이 전문에서도 입증되고 있다.

한편 혁명군의 두뇌 역할을 맡은 金鍾泌은 미리 준비했던 포고령을 차례로 발표하여 군사 정권의 힘을 전국으로 확산시키고 있었다. 포고령 제5호는 '금융 기관의 인출은 1회에 10만 환 이하, 월간 50만 환까지로 제한한다' 는 것이었다. 6호는 '물가를 16일 현재선으로 동결하고 매점매석 행위자는 극형에 처한다' 고 했다. 7호는 '외국인의 재산 및 생명을 보호한다'는 것이었고, 8호는 '금융 동결령 가운데 군사비는 제외한다'는 것, 9호는 '통행금지 시간을 완화하여 17일부터는 밤 10시부터 다음날 5시까지로 한다'는 것, 10호는 '혁명완수상 필요하면 법원의 영장 없이 체포, 구금, 수색하고 군사재판소를 설치한다'는 것이었다. 11호는 검찰과 법원에 대한 지시였다.

〈법원과 검찰에 재직하는 공무원은 구태를 일소하고 혁명 정신에 입각하여 새롭고 正氣(정기)찬 사법 운영의 태세를 갖추도록 하라. 모든 민형사 사건은 지체 없이 정상적인 법체제 아래에서 신속 공정히 처리하라. 대법원장과 법무부 장관은 위의 사항에 관한 實情(실정) 기강을 본관에게 제시하라〉

혁명군 본부가 된 육본 상황실에서 司法(사법) 기능을 통제하고 있던 이는 장교 시절 고시준비를 하여 법률에 밝은 이석제 중령이었다. 그는 미국 정보기관이 박정희와 김종필의 사상적 배경을 뒷조사하고 있다는 소식을 듣게 되었다. 이석제는 '골치 아픈 일이 벌어지고 있다'는 판단을 했다. 박정희의 좌익 전력이 이런 상황에서 폭로되고 이용당하면 쿠데타는 실패할 가능성도 있다는 생각까지 하게 되었다.

이석제는 이 미묘한 문제로 누구하고 상의도 할 수 없었다. 박정희와 김종필은 여기저기로 뛰어다닌다고 정신이 없었다. 이석제는 자신의 결심으로 해결책을 찾는 수밖에 없다고 판단했다. 그는 의심 많은 미국 측에 보여줄 결백 증명을 생각하다가 '전국에 있는 좌익 사상범들을 체포하자'는 발상에 도달했다.

그는 전국의 군 수사기관 헌병, 그리고 경찰, 검찰에 비상을 걸었다. '좌익 사상범들을 체포하라'는 명령이 전달되었다. 전국에 검거선풍이 불었다. 장면 정부 시절에 표면에 등장했던 좌익 세력뿐 아니라 혁신 정당 관련자들, 교원노조 관련자들, 전 보도 연맹원들(전향한 공산주의자 모임), 노조 지도자들 등 약 4,000명이 영장 없이 체포되었다. 진짜 좌익과 억울한 사람들이 뒤섞였다. 역사가 크게 굽이치는 상황에서는 개인은 힘없이 격류에 휘말려드는 법이다.

李翰林 압송

5월 18일 현재 박정희의 쿠데타를 무효화할 수 있는 유일한 武力(무력)은 이한림 사령관이 지휘하는 야전군(1군)이었다. 서울로 진입한 3,600명의 쿠데타軍을 진압하는 데는 야전군 1개 사단만 동원하면 충분했다. 20개 전투사단을 보유한 1군 사령관으로서는 적법한 진압 명령만 내려오면 작전은 문제가 아니었다. 문제는 그런 진압 명령을 내릴 수 있는 세 사람, 즉 장면 총리─윤보선 대통령─매그루더 미 8군 사령관의 주저와 포기였다.

17일 오후 이한림은 박정희에게 '나는 쿠데타를 묵인한다. 그러니 너도 1군에 간섭하지 말라'고 전달했지만 새로운 권력을 만들어가는 측의 입장에서는 권력의 공유와 分占(분점)을 허용할 수 없었다. 1군이 독립된 권력으로서 존재하는 한 쿠데타軍은 미군의 눈치를 보아야 하고 항상 진압의 위협을 느껴야 할 처지였다.

1군 사령부 안에서 숨을 죽이고 사태를 관찰하고 있던 혁명 주체 세력의 입장에서는 상황이 더 다급했다. 작전처 曹昌大(조창대) 중령을 비롯한 李鐘根(이종근·국회의원 역임), 沈怡燮(심이섭), 朴容琪(박용기) 중령은 육사 8기 동기생으로서 다른 다섯 명의 장교들을 포섭해둔 상태였다. 실병력을 지휘하지 않는 참모 장교들이라 결정적 병력 동원을 할 수 없었다. 이들은 처음부터 이한림 사령관을 무력화하는 것을 목표로 하고 있었다.

5·16 혁명 방송이 나가자 1군 사령부의 장교들 분위기는 대체로 '혁명 지지' 쪽이었다. 정보처 소속 박용기 중령은 16일 오전 嚴秉吉(엄병길·감사위원 역임) 중령을 데리고 헌병부장 朴泰元(박태원·치안국장, 삼성건설 사장 역임) 대령을 찾아갔다. 박 대령은 "혁명에 협조하겠다"고 즉석에서 승락했다. 1군 사령부와 사령관의 안전을 책임진 지휘관의 포섭에 성공함으로써 이한림 체포 작전은 반쯤 성공한 셈이었다.

조창대, 박용기 중령 등은 이한림의 전화를 감청한 요지를 계속해서 보고받고 있었다. 이한림의 회고록 기록과는 달리 박용기의 기록에 따르면 박정희는 16일 오전 10시쯤 처음으로 이한림에게 전화를 걸었다. 이때 이한림은 박정희에게 "넌 빨갱이가 아닌가. 즉시 동원한 부대를 원대 복귀시켜라"고 소리쳤다는 것이었다.

이날 오후 3시쯤 박정희는 다시 이한림에게 전화를 걸었다는 보고가 들어왔다. 이때도 이한림은 박정희의 협조 요청을 단호하게 거부하고는 "나의 승인 없이는 절대로 혁명이 성공할 수 없으니 부대를 원대 복귀시켜라"고 말하더란 것이다.

1군 부사령관 尹春根(윤춘근) 소장, 정보처장 李召東(이소동) 준장은 쿠데타를 진압해야 한다는 쪽이었다. 17일에 들어서니 이한림 사령관이 육사 교장일 때 배출시킨 정규 육사 출신 대위들을 중심으로 하여 1개 중대 병력을 편성, 사령부 경비에 투입할 것이라는 첩보가 주체 장교들에게 들어왔다. 조창대, 박용기 중령은 사령관 주변의 방어가 굳혀지기 전에 행동해야 한다는 강박감을 갖게 되었다.

오후 6시 이들 혁명파 장교들은 육본으로 전화를 걸어 1군과의 연락책 역할을 하고 있던 오치성 대령에게 '이한림 체포 작전'에 동의해줄 것을 요청한다. 오치성은 박정희 소장과 협의한 뒤 '좋다'는 통보를 했다. 조창대, 박용기 중령 등은 18일 새벽에 덮치기로 했다. 그 전에 손을 써야 할 부분이 있었다. 이들은 우선 사령관의 관사를 경비하고 있는 헌병들을 철수시켜 줄 것을 박태원 헌병부장에게 요청하여 승락을 받았다. 혁명파에 합류한 심리전 참모 許順五(허순오·전기안전공사 사장 역임) 대령으로부터는 1개 중대를 지원받아 관사의 외곽을 포위하기로 했다. 이한림을 체포한 뒤 서울로 데리고 갈 지프도 준비하고 운전은 혁명파인 엄병길 중령이 맡기로 했다.

18일 새벽 6시 조창대·박용기 중령과 안찬희·김수만 대위는 사령관 관사로 갔다. 경비헌병들이 연락을 받지 못했는지 통과시켜 주지 않는 것이었다. 박태원 헌병부장에게 연락을 하니 박 대령이 달려왔다. 무사히 통과한 혁명파 장교들은 사령관실에 붙은 부속실로 들어갔다. 전속부관은 朴俊炳(박준병·자민련 사무총장 역임) 대위였다. 박 대위에게 사령관실로 안내하게 했다. 그때 이한림은 참모장 黃憲親(황헌친) 소장, 군수참모 朴元根(박원근) 준장과 함께 회의를 하고 있었다. 박 대위가 나가고 문을 닫자 박용기 일행은 허리춤 속에 찔러 넣은 권총을 빼들었다.

"사령관님, 서울로 모시겠습니다."

"박정희가 나를 데려오라고 했어?"

잠시 생각에 잠긴 이한림은 박 대위를 부르더니 "서울 가야겠다. 차를 준비시켜"라고 명령했다. 박용기 중령은 이때 헌병 중위로 위장하고 있었다. 이한림 사령관을 호송하는 차는 두 대였다. 차 앞에서 박용기 중령이 이한림의 무장을 해제하려 하자 이한림은 화를 내며 '降將(항장)도 무기는 빼앗지 않는다. 너희들은 내 부하가 아니냐'고 소리쳤다. 분위기가 살벌해지자 중재에 나선 박원근 준장이 "제게 주십시오"라며 끼어들어 권총의 실탄을 제거한 뒤 사령관에게 빈 총을 돌려주었다.

선두의 스리쿼터엔 완전 무장한 1개 분대의 헌병이 타고 이한림은 자신의 지프에 탔다. 운전은 엄병길 중령, 이한림은 운전석 옆자리, 뒤에는 감시역으로 안찬희 대위가 탔다. 이때 박준병 전속 부관도 동승했다. 두 대가 공관 문을 나설 때 1군 사령관 수석고문관인 자부란스키 준장이 탄 차가 도착하고 있었다. 스리쿼터에 타고 있던 호송책임자 박용기가 차를 세우게 하고 고문관과 사령관이 작별인사를 할 기회를 주었다.

원래 호송 루트는 원주—횡성—양평—양수리 쪽이었으나 양평에 주둔한 9사단이 이한림 중장 편이란 첩보가 있어 원주—여주—이천—천호동—육본으로 변경했다. 이천을 지날 때 L—19 경비행기가 상공에 나타나 호송차를 따랐다. 이원엽 육군 항공대장으로부터 '이한림 장군을 호송하니 경호하라'는 명령을 받고 출동한 육본 비행대장 金元浩(김원호) 중령이 조종하는 비행기였다.

이한림 중장을 태운 지프와 호송차는 오전 11시 30분쯤 덕수궁으로 들어갔다. 입구에서 전속 부관 박 대위는 내리도록 했다. 박용기가 보니 덕수궁에는 공수부대원들이 많이 집합해 있는데 박정희 소장도 눈에 띄었다. 박 소장은 박용기에게 고개를 끄덕거리면서 '수고했다'는 뜻을 보냈다. 덕수궁 중화전 앞뜰에 지프가 섰다. 박용기는 이한림을 공수부대원에게 인계했다.

이한림은 "전속 부관을 좀 만나게 해다오"라고 부탁했다. 이한림은 박준병 부관에게 "가족에게 걱정 말라고 전하라"고 지시했다. 공수부대원들은 이한림 중장을 인수받자 아주 살벌하게 대했다. 젊은 대위가 다짜고짜 이한림의 볼에다가 권총을 찔러 대놓고는 이한림의 빈 권총과 혁대를 빼앗았다. 대위는 "저 계단으로 올라가라!"고 반말로 명령했다. 이한림은 중화전의 계단을 밟고 올라갔다.

"지금부터 사형을 집행하겠으니 똑바로 자세를 취하시오."

대위는 소리치더니 권총에 실탄을 장전하고는 사격 자세를 취하는 것이었다. 이한림은 자신을 향한 총구를 바라보면서 당당하게 죽겠다고 결심했다고 한다.

張勉, 수녀원서 나오다

이한림 1군 사령관은 덕수궁 중화전 계단에 자신을 세워 놓고 권총을 겨누고 있는 공수단 대위를 향해서 덕수궁이 쩡쩡 울릴 정도로 고함을 쳤다.

"야— 이 개자식들아. 역사의 무서움을 모르는 무식한 놈들아— 쏴라!"

사격 자세를 취하고 있던 대위는 노리쇠를 당겼다가 놓으면서 실탄을 장전하더니 다시 조준을 했다. 이한림은 기다리는 총탄이 안 날아오자 다시 고함을 질렀다고 한다.

"야— 이 새끼들아—, 탐욕의 개자식들아— 빨리 쏴라!"

대위는 동요하는 빛을 보이더니 계단을 올라왔다.

"왜 안 쏘는 거야, 이 시시한 놈들아!"

대위는 풀이 꺾인 표정을 짓더니 이한림의 귀에다 대고 "이렇게 하라고 시켜서 하는 것입니다. 용서해 주십시오"라고 말하더니 중화전의 문을 열고는 "들어가십시오"라고 공손하게 대했다. 천주교 신자인 이한림은 안으로 들어가 나무의자에 앉자마자 묵주를 꺼내 기도를 드렸다. 그는 속으로 '박정희, 김종필 집단은 야만인 중에서도 야만인들의 집단이구나' 하는 증오심을 억누르려고 애썼다(회고록).

5월 18일 오전 이한림이 덕수궁에서 수모를 당하고 있던 그 시간대에 육사 생도들이 청량리에서 종로를 따라 행진하고 있었다. 그 전에 생도대장 김익권 준장은 육본으로 전화를 걸어 연금된 강영훈 교장과 통화를 했던 것이다. 김 준장이 "빨리 결심해 주십시오"라고 말하자 강 교장은 "알아서 하시오"라고 했다. 마음속으로는 혁명을 지지하고 있던 김 준장은 "알겠습니다. 집행하겠습니다"라고 했다.

18일 아침 김익권 준장은 예복 차림의 생도들을 트럭에 태워 청량리로 데리고 나왔다. 그곳에서 하차한 생도들이 시청을 향해서 행진에 들어가자 연도의 시민들은 박수를 쳤다. 정규 육사 1기인 이상훈(국방장관 역임), 전두환 대위도 이 대열을 따라갔다. 이상훈은 걸어가면서 시민들의 반응을 유심히 관찰했다. 한 사람이 박수를 치면 다른 사람들에게로 확산되었다. 혁명을 지지해서 박수를 보내는 사람도 있었겠지만 화려한 예복을 입은 생도들의 씩씩한 행진이 멋지게 보여서 박수를 보내는 사람들도 많았다. 어쨌든 육사 생도들의 시내 행진은 민심에 상당한 영향을 끼쳤다. 텔레비전 방송이 없던 시절이라 이 시가 행진의 시청각적 효과는 더욱 극적이었다.

박정희는 장도영 군사혁명위원회 의장 겸 계엄사령관을 찾아가 "지금 육사 생도들이 행진하여 오고 있으니 각하께서 격려 훈시를 해주셔야겠습니다"라고 했다. 장도영은 "나는 전혀 모르는 행진이고 혁명은 당신이 주도했으니 당신의 생각대로 훈시하시오"라고 말했다는 것이다. 박정희는 "이미 각하께서 중책을 맡으셨으니 꼭 훈시를 해주셔야겠습니다"라고 간청했다. 장도영은 그래서 '아무 준비도 없이 갑자기 사관 생도들에게 훈시를 해야 했다' 는 것이다. 시청 앞 광장에 마련된 단상에 오른 장도영은 이런 요지의 연설을 했다.

〈이번 우리 군의 행동은 애국애족의 일념에서 취한 것이다. 이 혁명은 저 1919년의 삼일운동 때로부터 거족적으로 끊임없이 우리 민족이 투쟁해 온 민족민주주의 혁명 과정의 일환이다〉

이런 연설을 하고 나니 장도영은 저절로 '이 군사 행동이 진정으로 그런 결실을 가져와야 한다는 생각이 들었다' 고 한다. 장도영의 연설에 이어 4학년(18기)인 鄭在文(정재문) 연대장 생도가 선언문을 낭독했다.

〈4 ·19 이후에 등장한 정치 브로커들은 무엇으로 어떻게 이 땅을 도색해 놓았는가. 저 길가에 뛰노는 삼척동자에게 물어보라. 자유당과 무슨 차이가 있었더냐고. 권력에 굶주린 민주당은… 한없이 무기력한 민주당은… 치안에 한없이 무력한 저들은 붉은 간첩들을 마구 수입해 놓았다. 국민의 군대는 이런 식의 민주주의 그 자체를 더 이상 연명시킬 수 없다는 엄숙한 결의로써 고개를 들고야 말았다〉

훈시를 마친 뒤 지프를 타고 육본으로 돌아오는 장도영 의장에게 덕수궁 앞의 시민들이 박수를 보냈다. 장도영은 비로소 '군사혁명을 지지하는 국민들도 있구나' 하는 생각을 하게 되었다는 것이다. 육본에 돌아온 장도영이 집무실로 들어서니 낯이 익은 도널드 위터커가 기다리고 있었다. 위터커는 미군 정보장교 출신인데 장면 총리의 정치고문으로 있었다. 위터커는 마침내 장면 총리의 거처를 알려 주는 것이었다. 장도영은 혜화동 카르멜 수녀원으로 갔다.

　장면은 자신의 수기에서 18일의 사임을 결심한 것은 '17일경 미국 대사관으로부터 윤 대통령이 쿠데타를 지지한다는 연락을 받았기 때문' 이라고 썼다. 미국 대사관에선 '윤 대통령이 그렇게 나오는 한 자기들은 별 도리가 없다' 는 태도였다는 것이다. 카르멜 수녀원 심마리아 수녀의 증언에 따르면 17일 오후 경향신문 사장 韓昌愚(한창우)가 카르멜 수녀원을 찾아왔다고 한다. 심 수녀는 "박사님이 안 계신다"고 잡아뗐으나 韓 사장은 "운전기사한테서 다 들었으니 꼭 만나 뵙도록 해 주십시오"라고 애원하다시피 했다고 한다. 심 수녀는 장면 총리의 허락을 받아 한창우를 안내했다.

　장도영은 자신의 회고록에서 수녀원에서 만난 장면 총리가 '극히 냉랭하게 나를 대하기는 했으나 언성을 높여 질책이나 욕설은 한마디도 하지 않았다' 고 기록했다. 장도영은 상황을 보고하고 "이제는 나오셔서 잘 수습을 해주셔야겠습니다"라고 말했다고 한다. 장면은 침통한 얼굴로 한참 동안 말없이 있다가 드디어 고개를 끄덕이면서 작은 목소리로 "알았어"라고 하더란 것이다. 그러나 그 자리에 있었던 심 수녀의 증언은 다르다.

　"저는 장 박사님이 그토록 大怒(대로)하신 것을 전에는 본 적이 없습니다. 장도영 씨를 보자마자 큰 소리로 꾸짖으시는데 곁에 서 있기가 민

망할 정도였습니다. 왜 쿠데타를 알고 있었으면서도 허위 보고를 했느냐고 꾸지람을 하시며 도대체 이 나라와 겨레를 어떤 지경에 빠뜨리고 싶어서 그런 무모한 짓을 저질렀느냐는 말씀을 하셨습니다."

심 수녀는 수도원을 나서던 장면의 뒷모습을 영원히 잊을 수 없을 것이라고 말했다.

"외람된 표현이 될지도 모르겠지만 그분은 聖人(성인)의 대열에 끼여도 결코 모자람이 없을 그런 분이라는 느낌을 받았습니다."

장도영은 장면 총리를 데리고 중앙청으로 갔다. 이곳에서 장면 총리는 이미 존재하지도 않은 제2공화국의 마지막 閣議(각의)를 주재했다. 선포된 비상계엄령의 추인과 내각 총사퇴를 의결한 장면 총리는 의결서를 가지고 대통령의 재가를 받기 위해서 청와대로 올라갔다.

장도영은 육본으로 돌아와서는 집무실 부속실로 들어가 문을 잠그고 소파에 몸을 던졌다고 한다. 그는 '내가 어쩌다가 이다지도 난처한 입장에 놓이게 되었단 말인가' 하고 괴로워했다.

美軍의 대화 제의

5월 18일은 박정희의 쿠데타가 성공의 문턱을 확실하게 넘은 날이었다. 1군 사령관 이한림 중장의 체포 압송, 육사 생도들의 혁명지지 가두행진, 그리고 장면의 출현과 내각 총사퇴 의결이 이날 하루 동안에 이루어졌다.

한 줌도 안 되는 쿠데타군을 진압할 기회만 보고 있던 미 8군 사령관 매그루더는 상황을 바꿀 수 있는 칼자루를 빼앗겨 버린 것이다. 박정희와 매그루더의 대화는 이날부터 탐색 단계로 접어든다. 대화나 협상은 어차피 힘의 관계를 반영하는 것이다. 이날부터는 미군 측이 오히려 초조한 모습을 보인다. 이날 아침 金貞烈(김정렬) 전 국방장관은 '미군이 쿠데타軍을 진압하려고 한다' 는 뒤늦은 정보를 듣고는 매그루더와 사이가 좋은 자신이 한미 간의 難題(난제)를 풀어보려고 나선다.

그는 박정희의 비서실장 역할을 하고 있던 朴泰俊(박태준·자민련 총재 역임) 대령에게 전화를 걸어 미리 매그루더를 만나러 간다고 알린 다음 용산 8군 사령부로 들어갔다. 사령관 매그루더와 부사령관 멜로이 장군이 이례적으로 현관까지 나와서 그를 기다리고 있었다. 미군 측이 상당히 다급한 사정이란 것을 알 수 있었다. 세 사람은 사령관 집무실로 들어가 앉았다.

매그루더는 "박정희는 지금은 내색을 않고 있지만 언젠가는 공산주의자로서의 본색을 드러낼지 모른다"고 걱정하는 말부터 꺼냈다. 김정렬은, 일본 육사 후배인 박정희 소장이 군내 남로당 조직원으로 지목되어 조사를 받고 있을 때 자신이 나서서 구명 운동을 벌인 과정을 설명해 주면서 안심시키려고 했다.

김정렬은 매그루더에게 박정희를 만나 보라고 했다. 매그루더는 이미 김정렬에게 "우리는 장도영을 신뢰하지 않는다"고 공언했다. 그래서 직접 군사혁명위원회 부의장인 실력자를 만나보라고 권한 것이다. 김정렬은 자신이 그 요담을 주선하겠다고 약속했다. 매그루더는 "박정희 장군을 만나면 잡아간 이한림 장군을 석방해줄 것을 부탁해 주시오"라고 했다.

김정렬은 박정희를 만나서 매그루더의 뜻을 전했다. 박정희는 매그루더와의 요담에 대해서는 적극적이었다. 그러나 이한림 문제에 대해서는 단호했다.

"형님, 이한림과 나는 滿軍 동기생이 아닙니까. 그러나 현재로서는 석방을 고려할 수 없습니다."

당시 매그루더의 정치 담당 보좌관은 짐 하우스먼 중령이었다. 국군 창설에 주요한 역할을 하여 한국군 상층부와 친했던 그는 5월 18일 귀한 손님을 맞았다. 박정희 소장이 姜文奉(강문봉) 예비역 중장을 데리고 용산 8군 사령부 안에 있는 그의 집에 나타난 것이다. 강문봉은 만주군관학교에서는 박정희의 후배였으나 광복 후 군사영어학교에 먼저 들어온 덕택에 자유당 시절에 벌써 2군 사령관을 지낼 정도로 빨리 승진했다. 육군 특무부대장 김창룡 암살사건의 배후 인물로 지목되어 무기징역을 선고받고 복역하다가 4·19 직후에 출감했었다.

세 사람이 소파에 앉자 박정희는 담배를 피우려고 라이터를 켰으나 기름이 떨어져 불이 붙지 않았다. 하우스먼의 아들 지미가 재빨리 라이터 기름을 갖고 와서 라이터에 부었다. 그러는 사이 박정희는 한때의 상관 강문봉의 무릎을 만지면서 "강 장군 같은 사람이 육군 참모총장이 되어야 하는 건데…"라고 했다. 박정희는 "혁명위원회에는 하우스먼 당신의 친구들이 많아요. 그러니 이 혁명은 당신의 혁명이오"라고 말했다. 물론 강문봉이 통역했다. 이때 전화가 걸려왔다. 하우스먼이 전화기를 들었다. 혁명위원회의 어느 장교가 이런 말을 하는 것이었다.

"박 장군께서 당신네 집에 가 있는 걸로 알고 있다. 귀하의 댁에 머물 동안 박 장군의 신변 안전을 부탁한다."

하우스먼은 버럭 화를 냈다. 전화기를 놓고 돌아서니 박정희가 "무슨 일인가" 하고 물었다. 그러면서 라이터를 켰는데 불길이 확 치솟았다. 지미가 라이터 기름을 너무 많이 부어 라이터 외부로 흘러나온 기름에까지 불이 붙은 것이다. 세 사람은 함께 웃었다. 박정희는 어렵게 입을 뗐다.

"나는 여순반란사건 토벌작전에 참여하고 서울로 돌아온 직후 체포되었는데 사실은 공산주의자도 아니고…."

하우스먼은 여기서 박정희의 말을 막았다고 한다. '한국의 실질적 지도자가 되어 있는 분으로 하여금 스스로 되돌아보고 싶지 않은 과거에 대하여 말하도록 한다는 것, 더구나 그런 말을 무릎을 맞대고 듣는다는 것은 예의에 어긋난다고 생각했다' 는 것이다. 박정희는 하우스먼의 딸이 내어온 얼음 조각이 담긴 콜라에 입도 갖다 대지 않고 잠자코 있었다. 얼음이 녹아 콜라가 멀겋게 되도록 내버려두고 있던 박정희는 "하우스먼 씨, 나를 위해 워싱턴에 좀 갔다 오지 않겠소"라고 했다. 하우스먼은 방으로 들어가 미국행 비행기표를 갖고 오더니 박정희에게 보여 주었다.

바로 다음날 하우스먼은 아내와 함께 휴가 겸 출장을 가기로 되어 있었다. 박정희는 덤덤하게 "고맙소"라고 했다. 워싱턴에 도착한 하우스먼은 미 합참의장 렘니처를 獨對하여 박정희 장군에 대한 설명, 그리고 군사 정권의 성격에 대한 분석과 예견을 털어놓았다.

5월 18일 미국 중앙정보국(CIA)은 케네디 대통령에게 한국 사태에 대한 요약 보고서를 올렸다. 이 보고서에서 CIA는 '박정희의 사상적 배경' 에 대해서 언급했다. '박정희가 공산주의자라는 혐의로 기소되어 징역 10년형을 선고받았으나 한국전쟁 때 복직되었고 그 뒤로는 공산주자들과의 관계를 재개하지 않은 것으로 보인다'는 것이다. CIA는 쿠데타가 성공한 요인으로서 '어떤 저항도 존재하지 않았고, 국민들은 무관심했으며 장면 총리의 저항 포기, 장도영의 이중 행동, 윤보선 대통령의 타협적 태도와 이에 기인한 합헌적인 정권이양, 이에 따른 군사정권의 정통성 강화'를 꼽았다.

이 보고서는 또 '만약 군사 정부가 일찍 민간 정부에 정권을 이양하면 이승만 정부에 참여했던 극우 세력이 복귀하는 결과를 빚을 가능성이 있다'고 지적하면서 '군사 정부는 경제 문제에 대한 계획이 없고 경제 전문가도 없기 때문에 前(전) 정권의 관료들을 계속 등용할 것으로 보인다'고 분석했다.

18일 미 국무부 보울즈 차관은 "한국의 정변은 反美(반미) 정권의 등장을 의미하지 않는다. 미국은 신정권을 승인할 것이다"는 요지의 성명을 발표했다. 다음날(5월 19일) 매그루더 사령관은 정보장교 몰 대위를 김종필 중령에게 보내 '한번 만나자'는 통보를 해왔다. 미군 대장이 한국군 중령을 대화상대로 지명한 것은 5·16에 의하여 근본적으로 달라진 한미 간의 역학관계를 암시하는 것이었다.

大將과 中領의 담판

5·16 군사혁명 이후 최초의 의미 있는 한미 간 대화는 5월 19일 오전에 미 8군 사령관실에서 있었다. 5월 16일자로 중령에 복귀한 김종필은 사복 차림으로 간다는 조건을 붙여 이 요담에 동의했다. 매그루더는 멜로이 부사령관을 배석시켰다. 통역을 두고 진행된 이날의 요담은 군인

들의 대화답게 직설적으로 진행되었다고 한다. 김종필 전 총리의 기억에 따르면 매그루더와의 대화는 대강 이러했다고 한다.

매그루더는 손님을 앉혀 놓고는 방안을 왔다 갔다 하면서 怒氣(노기)를 띠고 말했다.

매그루더: "귀하들은 우리가 도저히 묵과할 수 없는 마이어 협정 (1950년 7월에 한국군의 작전 지휘권을 미군에게 넘긴 대전협정)을 위반했다. 귀하는 지금 돌아가서 보스에게 전하라. 16일 이전 상태로 부대를 돌리면 불문에 부치겠지만 불응하면 그대로 둘 수 없다."

김종필: "사령관이 대전협정을 고집한다면 좋다, 우리 요구도 들어주어야 한다. 혁명을 인정하라."

매그루더: "그것은 둘째 문제다. 귀하들은 나의 권한을 무시했고 작전 지휘권을 문란케 했다."

김종필: "그러니까 혁명 아닌가. 혁명할 때 미리 찾아가서 '지금부터 부대를 출동시키겠습니다' 하고 신고하고 하는 데도 있나."

매그루더: "마이어 협정을 위반하고 나의 군 지휘권을 침해한 사실은 절대로 용인할 수 없다. 쿠데타軍은 즉시 원대 복귀하라."

김종필: "그러면 우리더러 혁명을 포기하란 말인가. 영원히 반란군 상태로 있으란 말인가."

매그루더: "여러 말 말고 원대 복귀시켜!"

김종필(일어서면서): "이런 분위기에서는 대화가 되지 않는다. 회담을 더 계속할 이유가 없다."

김종필이 방을 나가려고 하니까 멜로이 부사령관이 말렸다. 그는 "미스터 킴, 우리는 아직 본론에 들어가지 않았소"라고 하더란 것이다. 김종필은 자리에 다시 앉으면서 말했다고 한다.

"그런데 매그루더 사령관께서 저렇게 화가 나 계시니 내가 이야기를 할 수 없습니다. 나는 일개 중령에 불과하지만 우리나라에는 '80 노인도 열 살짜리 손자한테서 배울 것이 있다'는 속담이 있습니다. 자리에 앉아서 말씀하시라고 해주시오."

매그루더는 김종필과 비로소 대좌했다. 그는 "왜 혁명이 필요했소"라고 물었다. 이렇게 해서 대장과 중령 사이의 대화가 풀리기 시작했다. 첫날 대화는 상대방의 입장을 서로 확인하는 것으로 끝났다. 김종필은 돌아와서 박정희에게 보고했다. 다음날인 5월 20일 매그루더는 다시 김종필과 만나자는 연락을 해왔다. 이날 회담에서 한미 간의 타협점이 모색되었다. 김종필은 혁명군을 원대 복귀시키는 조건으로 서울을 反혁명 세력으로부터 방어할 수도방위사령부를 신설하고 이를 혁명위원회 직속으로 둘 것을 제안했다.

김정렬 전 국방장관의 회고록에 따르면 자신의 주선에 의한 매그루더 ─박정희 회담도 5월 23일에 열렸다고 한다. 박정희는 李壽榮(이수영) 외무차관을 통역으로 데리고 매그루더를 찾아가 세 시간 이상 회담했다고 한다. 돌아온 박정희는 아주 밝은 표정이었고 "우리는 식사도 하지 않은 채 이야기를 길게 했다"고 말하더란 것이다.

5월 25일 세 번째 매그루더─김종필 회담에서 한미 간의 갈등을 마무리할 구체적인 방안에 대한 합의가 이루어졌다. 이날의 회담기록은 남아 있다. 매그루더 대장의 집무실에서 있었던 이 요담엔 미군 측에선 매그루더, 멜로이 부사령관, 미 8군 정보참모 콘 대령, 통역관 韓相國(한상국) 중령, 레이놀즈 소령, 존 애치(통역관), 정보장교 몰 대위가 참석한 것으로 되어 있다.

이 대화록이 중요한 것은 5·16 전후의 사정을 보여 주는 당시의 유일한 공식 기록이기 때문이다. 그 뒤에 만들어진 기록이 미화, 왜곡, 축소의 혐의를 받고 있는 것과는 달리, 이 자료는 한미 간의 공동 기록에 의하여 보존되었기 때문에 정확성이 보증되고 있다. 이 회담에서 5·16 혁명의 기획자 김종필 중령이 길게 설명하는 혁명의 과정과 동기도 그런 점에서 가치가 있을 것이다.

김종필: "혁명이 일어났을 때 진정한 목적을 매그루더 장군에게 충분히 설명드리지 못하여 오해가 있었습니다. 본인은 현직에서 강제 전역당할 때도 매그루더 사령관에게 이야기를 하고 싶었으나 거사계획이 탄로날 것이란 판단에 도달하였습니다.

먼저 우리가 벌인 정군운동의 배경에 대해서 말씀드리겠습니다. 첫째, 귀하는 한국군의 고급 장성들과 매우 친밀하였습니다만 이들은 하급 장교들의 생각이나 감정에 대하여서는 무관심한 분들이었습니다. 둘째, 4월 혁명 이후 육군에서는 군부를 숙정해야 한다는 계획이 있었는데 우리는 이것이 공산화와 쿠데타를 막는 최선의 방책이라고 생각했습니다. 육군 내부에는 상호 반목하는 많은 파벌들이 있었습니다. 우리 하급 장교들은 고급 장성들의 부패상을 도저히 용납할 수 없었습니다. 예컨대 어느 중장은 280만 환을 축재했고 부하 장교의 부인과 관계하고 있었습니다. 이런 상태에서 어떻게 우리 하급 장교들이 상관들을 존경할 수 있었겠습니까.

1960년 3월 15일 선거에서 고급 장교들은 부정선거를 위해서 2억 환의 자금을 받아 선거에 쓰지도 않고 착복했습니다. 우리 군은 표면적으로는 臨戰(임전) 태세를 갖추고 있었으나 그 이면은 부패 그 자체였습니다. 우리는 북한군 하급 장교들은 사병들과 침식을 같이 하면서 그들의 사기를 높이고 정신 교육을 하고 있다는 것을 잘 알고 있습니다. 하급 장교들의 이런 솔선수범은 하사관들의 생활 태도에도 결정적인 영향을 끼칩니다. 아무리 장비가 좋다고 하더라도 정신적으로 단결되어 있지 않으면 그런 군대는 싸울 수 없습니다. 우리는 고급 장성들의 집과 사무실을 찾아가서 그들의 양심에 호소하였습니다. 이들은 우리를 불평분자로 몰았습니다.

매그루더 사령관이 박정희 소장에 대해서 오해를 갖게 된 것이 이 무렵이었습니다. 박정희 장군을 배후 조종자로 지목했으니까요. 이것은 사실이 아닙니다. 하급 장교들이 박정희 소장을 좋아한 이유는 그의 정직, 청렴성, 그리고 이해심 때문이었습니다. 이번 혁명에는 250명의 장교와 3,500명의 사병들이 참여했습니다. 이들의 일념은 나라를 구하고 부패를 청산해야 한다는 것입니다. 책임을 져야 할 사람들은 부정축재를 하면서 기울어져 가는 나라를 방관해온 정치인들입니다.

우리는 혁명 이후 정부를 민간인들에게 이양할 것이며 본연의 임무로 돌아갈 것입니다. 우리는 우리의 계획과 목적이 매그루더 사령관에게 제대로 전달되지 않았다고 믿습니다. 우리와 매그루더 사령관 사이에는 깊은 오해가 있습니다. 이런 오해를 불식하고자 합니다."

韓美 공동 성명

김종필 중령의 설명에 대하여 매그루더 미 8군 사령관은 이런 입장을 밝혔다.

매그루더: "신정부가 공포한 목표에 대하여 본인이 반대하는 것은 아닙니다. 우리는 모두 같은 목적을 위해서 노력하고 있지만 방법이 다릅니다. 이는 한국 사람과 미국 사람의 차이가 아니라 젊은이와 늙은이의 차이일 것입니다. 우리들의 의견 차이는 속도에 있습니다. 귀하의 방법은 좀 성급하다는 뜻입니다. 이런 식으로 하면 한국전쟁 당시 훌륭한 통솔력을 발휘했던 선배 장교들을 잃게 됩니다. 새로 등장한 장교들은 깨끗하기는 하겠지만 전투 지휘경험이 적습니다. 본인은 군인입니다. 북으로부터의 침략이나 국내 공산 세력의 전복 활동으로부터 한국을 방어하는 것이 본인의 임무입니다. 이것을 알면 본인이 취한 모든 행동을 이해할 것입니다.

혁명군이 본인의 이런 방어 임무를 위태롭게 한 예를 들겠습니다. 첫째, 그들은 본인의 동의 없이 나의 작전 통제권하에 있는 부대들을 출동시켰습니다. 둘째, 그들은 지휘관에게 불복하고 혁명군에게 충성하는 장교단을 포섭하였습니다. 셋째, 그들은 본인의 동의 없이 고급 장성들을 해임했습니다.

그러면 앞으로 어떻게 할 것인가. 혁명군이 본인의 한국 방어 능력을 회복시켜 준다면 그 범위 안에서 혁명군에 반대하지 않고 신정부와 기꺼이 협조하겠습니다. 출동 부대의 원대 복귀는 그렇게 큰 문제가 되지 않습니다. 문제는 한국군 고위층의 人事(인사)에 대한 본인의 동의권입니다. 이 권한을 박탈당한 상태에서는 어떤 한국군 장교도 본인의 명령에 복종하지 않을 것이기 때문입니다. 이한림 장군처럼 체포될지도 모른다고 두려워하는 (한국군) 지휘관들에게는 본인이 명령을 내릴 수 없습니다.

귀하도 한국 방어를 담당하고 있는 본인의 입장에서 생각해 보시기 바랍니다. 잘 알다시피 강력한 경제력 없이는 강력한 군대를 가질 수 없습니다. 미국의 원조, 특히 軍援(군원)에 대해서 언급하자면 미국이 원하는 목적을 귀국이 얼마나 잘 수행하느냐에 따라서 원조액이 책정될 것입니다.

이틀 전 본인이 박정희 소장을 만났을 때 우리는 공동 성명을 내기로 합의했습니다. 박 장군이 마음대로 일선 부대를 동원할 수 있다면 본인에게는 약간의 작전 통제권밖에 없다는 뜻이 됩니다. 군 인사에 대해서 본인과 협의해 준다면 본인은 약 50~60%의 통제권을 가진 셈이 됩니다. 해임된 고급 장교들이 원직에 복귀한다면 본인은 100%의 통제권을 가진 셈이 됩니다."

김종필: "만사는 귀하가 혁명과 신정부를 승인하느냐 마느냐에 따라 크게 달라집니다. 본인은 이번 혁명으로 미국 사람들의 체면이 손상되었다고 생각하지 않습니다. 미국은 한국의 독립을 도왔고 물질과 생명을 바쳤습니다. 혁명파 장교들은 미국의 각종 학교에 유학하여 민주주의가 어떻게 운영되는 것인지를 확인했기 때문에 이번 혁명을 일으킨 것입니다. 따라서 우리의 혁명은 미국에 대한 신뢰도를 높여 주면 주었지 손상시킨 것은 절대로 아닙니다. 우리나라의 모범이 되고 있는 미국이 이번 혁명을 자랑스럽게 여길 날이 있을 것입니다."

이 회담 직후 매그루더 사령관이 美 합참의장 렘니처에게 올린 전문에 김종필 중령을 평하는 대목이 있다.

〈김종필은 4월 혁명 직후 선배 장교들의 퇴진을 요구했던 청년 장교들의 지도자였다. 그는 16명의 장교들을 조종하여 최영희 육군 참모총장의 사퇴를 요구한 장본인이었다. 나는 김종필을 군에서 추방하려고 지난 한 해 줄곧 애써왔는데 그가 선동의 1인자이기 때문이었다. 그는 오늘 사복을 입고 왔지만 중령으로 복직했다는 것을 알고 있다. 김종필은 어제 만약 내가 혁명을 진압하는 데 작전지휘권을 이용하지 않는다면 나와 박정희가 합의한 성명서 초안이 최고회의에서 통과될 것이라고 간접적으로 알려 왔다〉

매그루더와 김종필의 세 번째 회담 바로 다음날 한·미군은 공동 성명서를 발표했다.

〈1)국가재건최고회의는 유엔군 사령관에게 모든 작전지휘권을 복귀시켰음을 茲(자)에 성명하며 유엔군 총사령관은 공산 침략으로부터 한국을 방위함에 있어서만 작전지휘권을 행사한다.

2)유엔군 총사령관은 현재 서울 시내에서 근무 중인 제1해병여단 및 제6군단 포병단의 원대 복귀를 지시하였다. 이는 전에 수행하던 전선방어 군사력을 복귀시키기 위함이다.

3)유엔군 총사령관은 제30사단, 제33사단, 제1공수전투단 및 전방부대로부터 추가적인 5개 헌병 중대를 국가재건최고회의 통제하에 둔다.

1961년 5월 26일

국가재건최고회의 의장 장도영

유엔군 총사령관 매그루더〉

이 성명서는 유엔군 사령관의 작전 지휘권 범위 중에서 '국내 공산주의 세력으로부터의 한국 방어' 란 대목을 삭제하여 오로지 북한으로부터의 위협에 대한 방어로 한정시켰다. 유엔군 사령관이 국내 문제에 개입하여 한국군을 동원하는 길을 차단한 것이다.

미군이 이런 식으로 5·16 혁명을 추인할 수밖에 없는 여러 이유가 있 겠지만 결정적인 요인은 軍心이었다. 5·16 주체 세력뿐 아니라 한국군 전체의 여론이 '장면 정부 반대, 혁명 지지'로 가버렸기 때문이다. 이런 상황에서는 진압 명령이 내려가더라도 제대로 시행될 수 없었을 것이 다. 박정희의 쿠데타를 지지한 것은 정치 성향이 강한 장교들뿐이 아니 었다. 정치엔 무관심하고 전투에만 관심이 있는 채명신 5사단장 같은 장 군도 적극적인 혁명파가 되었다.

미군이 혁명군에 대한 진압을 포기할 수밖에 없었던 중요한 이유도 포 천에 주둔하던 5사단의 2개 전투연대가 18일 오전에 혁명 지지를 선언 하면서 서울로 들어온 때문이었다. 5월 16일 이한림 1군 사령관은 채명 신 준장에게 전화를 걸어 '부대 출동 금지'를 지시했는데 채명신은 이렇 게 외쳤다고 한다.

"군 사령관 각하, 야전군은 당신 개인의 군대가 아닙니다. 우리끼리 싸우면 좋아할 사람은 김일성뿐입니다."

다음날 매그루더 사령관이 또 채명신 준장을 설득하려고 사단본부를 찾아왔더란 것이다. 채명신은 한 시간 반 동안 이런 논리로 매그루더를 설득하려고 했다고 한다.

"우리 군은 내부의 親(친)공산 세력으로부터 국가를 보호하기 위해서 라도 일어서야 했다. 미군 사령관은 한국이 내부로부터 공산화하는 것 을 막을 임무도 있는 게 아닌가. 나처럼 공산당을 피해 남하한 사람들이 600만이나 된다. 이들은 공산화하면 죽는 수밖에 없다."

채명신 사단장은 출동 직전에 중대장급 이상 전 지휘관들을 불러놓고 "혁명 지지 여부는 자네들 자유의사에 맡긴다"고 했다. 그들은 이렇게 소리 지르더란 것이다.

"우리는 사단장님과 죽어도 같이 죽고 살아도 같이 살겠습니다!"

혁명 內閣

5월 19일 군사혁명위원회는 국가재건최고회의로 명칭을 바꾸고 사무실을 태평로 옛 국회의사당(민의원) 건물로 옮겼다. 최고회의 의장은 장도영 육군참모총장 겸 계엄사령관, 부의장은 박정희 소장.

이날 오전 윤보선 대통령은 하야를 결심한다. 그는 최고회의 측에 이 결심을 통보했다. 그런데 웬일인지 날이 저물도록 아무도 청와대에 찾아오지 않았다. 이날 밤 8시 尹(윤) 대통령은 하야 성명서를 등사하여 언론사에 돌림으로써 성명서를 대신했다. 그 요지는 이러했다.

〈금번 군사혁명이 발생하면서 나는 무엇보다도 귀중한 인명 희생이 없기를 바랐으며 순조롭게 수습되기를 희망하였습니다. 다행히 하늘은 우리를 도와서 이 나라의 일을 군사혁명위원회의 사람들이 맡아 보게 하였으며 국민 여러분이 또한 커다란 기대를 가지고 있다는 것을 알게 된 나는 안심하고 이 자리를 물러나겠습니다. 아무쪼록 군사혁명위원회 사람들은 이 국민을 하루속히 궁핍에서 건져내 주기를 바라며 국민 여러분도 적극 협조해 주실 것을 간곡히 부탁하는 바입니다〉

장도영은 이 하야 성명이 방송으로 보도된 이후에야 이 중대 사실을 알았다. 5·16 이후 장교들은 제대로 잠도 자지 못하고 긴장된 가운데 정신없이 이리 저리로 쫓아다니고 있을 때였다. 대통령의 하야하겠다는 연락도 이런 가운데 장도영에게 닿지 않고 실종되어 버릴 정도였다. 장도영은 하야 성명을 알게 되자 청와대로 올라가려고 맞은 편 박정희 방에 들어갔다.

"이 시기에 대통령이 사임하면 대내외적으로 큰 충격을 주게 되니 지금 청와대로 같이 올라가서 만류합시다."

"그만둔다면 할 수 없지 않습니까."

박정희는 무뚝뚝하게 말했다. 장도영은 어이가 없어 말없이 박정희의 얼굴만 쳐다보았다.

"그만둔다는 것을 저희들이 어떻게 합니까."

장도영은 언성을 높였다는 것이다.

"여보, 당신 지금 혁명을 바로 하려는 것이오? 이 시기에 계엄을 선포한 대통령이 없어지면 어떻게 이 사태를 수습하려는 것이오?"

"지금 대통령이 있으나 없으나 그렇게 큰 문제가 될 것은 없다고 생각합니다."

박정희가 이 말을 할 때 표정은 '냉소적'이었다는 것이다.

"시간이 없소. 빨리 나하고 올라갑시다."

박정희는 말없이 장도영을 따라나섰다. 박정희는 이왕 혁명을 하는 마당인데 실권 없는 대통령을 장식물 정도로밖에 생각하지 않았다. 장도영은 사태 수습에 대통령의 권위를 빌리려 했으니 두 사람의 혁명관은 하늘과 땅 사이만큼 컸다. 청와대를 방문한 장도영은 윤 대통령에게 飜意(번의)를 간청했다.

"각하께서 떠나시면 당장 대외 관계에서 문제가 생깁니다. 혁명이 아직 국제적으로 인정받지 못하고 있는데 유일한 헌법 기관인 대통령께서 물러나시면 수교국과는 물론이고 유엔과의 관계에서도 문제가 발생한다는 것이 외교관들의 견해입니다."

장도영은 밤늦도록 설득을 계속했다. 그러는 사이 박정희는 혼자서 돌아가고 말았다. 장도영의 그런 설득이 영 마음에 들지 않았던 것이다. 윤보선은 장도영에게 물었다.

"민정 이양은 언제 할 거요."

"아직 완전한 합의는 못 보았지만 석 달 내지 반 년 정도 잡고 있습니다. 각하께서 마음에 드시지 않더라도 민정 이양 때까지는 대통령으로 계시면서 도와주셔야 한다고 믿습니다."

윤보선은 장도영의 성의 있는 설득에 마음이 움직였다. 자신이 물러나면 대통령 권한을 대행할 사람은 장도영인데 그가 그 책임을 모면하려고 하야를 만류하고 있는 것은 아니란 생각을 했다. 다음날 오후 2시쯤에는 金溶植(김용식) 외무차관이 대통령을 찾아와서 국제법상의 문제점을 지적하면서 하야를 말렸다.

"각하께서 사임하시고 난 후 당장 북괴군이 남침해 와도 우리는 속수무책입니다. 국가로 승인을 못 받은 상태이기 때문에 유엔이나 자유 우방 국가에 호소하려고 해도 소용이 없습니다."

김용식은 대통령이 하야하면 우리 정부가 54개국과 수립해 놓은 국교가 무효화될 가능성이 있다고 말했다. 윤보선은 이날 오후 장도영과 박정희가 배석한 가운데 하야를 번복하는 기자회견을 했다. 이날 국가재건최고회의는 혁명 내각을 구성했다.

내각수반 겸 국방부 장관은 장도영(39), 외무부 장관은 金弘壹(김홍일·57) 예비역 육군 중장, 내무장관 韓信(한신·40) 육군소장(국방연구원), 재무장관 白善鎭(백선진·40) 육군 소장(육본 군수참모부장), 법무장관 高元增(고원증·41) 육군 준장(국방부 법제위원장), 문교부 장관 文熙奭(문희석·40) 해병 대령(해병대 작전교육국장), 부흥부를 대체한 건설부 장관 朴基錫(박기석·34) 육군 대령(2군 공병부장), 농림부 장관 張坰淳(장경순·40) 육군 준장(육본 교육처장), 상공부 장관 丁來赫(정래혁·38) 육군 소장(국방연구원), 보사부 장관 張德昇(장덕승·44) 공군 준장(공군의무감), 교통부 장관 金光玉(김광옥·36) 해군대령(해군대학 총장), 체신부 장관 裵德鎭(배덕진·38) 육군 준장(1군 통신부장), 국무원 사무처장 金炳三(김병삼·40) 육군 준장(육본 일반참모비서실장), 공보부장 沈興善(심흥선·36) 육군 소장(육본 인사참모부 차장).

이들 14명 중 50대는 한 사람뿐이었다. 40대가 7명, 30대가 6명이었다. 장면 내각 장관들보다도 20세 가량이 젊어진 것이다. 거의 한 세대의 연령 차였다. 이 세대교체는 5·16 쿠데타가 혁명으로 진행하기 시작했음을 상징하는 것이었다. 목표 달성과 효율성, 그리고 책임감과 추진력으로 무장한 30, 40대가 60대의 민간 정치인들을 대체하고 국가 지도부를 차지한 것이다.

젊어진 국가 지도부는 그 젊음 그대로 전광석화 같은 개혁 조치들을 연일 터뜨리기 시작한다. 패기만만한 장교단에 의한 대한민국의 전면적인 접수와 개조 작업이 발진한 것이다. 중앙정부부처, 국영기업체, 경찰, 지방행정기관의 장과 간부로 나간 장교들은 현대적 조직 경영을 경험한 당시 대한민국의 가장 선진된 세력이었다. 당시 한국군 장교단 약 6만 명 가운데 약 10%가 渡美(도미) 유학 경험을 가지고 있었다. 이 비율은 당시 외무부 공무원보다도 높은 수치였다.

깡패—춤바람 소탕

5월 19일 오전 장도영 국가재건최고회의 의장은 기자회견을 가졌다. 그는 '國體(국체)는 민주공화국으로서 변함이 없으나 政體(정체)에 대해선 좀더 생각해 보아야 할 것이다'고 했다. 장도영은 군정 기간에 대해선 '최대로 가능한 한 단축하도록 하겠다'고 했다. 박정희 소장은 이 말에 냉소적이었다. 장도영은 또 구정권의 요인들은 자택에 연금시켰다고 했다.

20일 서울시경국장으로 부임한 李光善(이광선) 헌병차감은 전 경찰서장들의 사표를 받았다. 계엄사는 이날 '節米(절미)운동'을 호소하면서 密酒(밀주) 양조는 엄단하겠다고 경고하고 혼식과 가루음식을 권장했다. 총구로써 혁명은 성공했으나 민생고 해결은 총구로써는 되지 않는다는 것을 군인들도 깨닫기 시작한다. 다행히 혁명 이후 서울 쌀값은 농촌으로부터의 입하량이 늘어 떨어졌다. 계엄 당국은 매점매석한 쌀 600가마를 압수, 영세민들에게 나누어 주었다.

5월 21일은 일요일인데도 각급 학교를 제외한 전국의 공무원들과 은행원들은 출근했다. 혁명 정부의 엄명 때문이었다. 많은 부서에서는 책임자로 부임하는 젊은 장교들을 맞는 행사를 했다. 군사 작전처럼 무섭게 일하고 밀어붙이는 개발 연대에 시동이 걸린 것이었다. 깐깐한 군인 한신 내무장관은 취임사를 통해서 '용공분자 숙청, 부패 근절과 공정한 인사 행정 실시, 직업 관료제 도입으로 공무원 신분 보장'을 약속했다.

이날 경찰은 깡패, 통금 위반자들을 일제히 단속하고 대낮에 댄스홀에서 춤추던 남녀들을 무허가 옥내 집회 혐의로 구속했다. 계엄군법회의에 넘어간, 댄스한 사람들은 '국가 재건에 총력을 기울여야 할 사람들이 대낮에 춤을 춘 것은 용서할 수 없다'는 꾸중을 들은 뒤 징역형을 선고받았다.

21일 오후 국가재건최고회의는 '부정 선거자, 부정 축재자, 反민주 행위자들에 대한 처단을 국민으로부터 위임받은 특별검찰부가 막대한 예산을 낭비해 가면서 그 처리에 장기간을 소비하였으며 수뢰 의혹까지 받고 있으므로 특검 간부 17명과 고법 부장판사 한 명을 구속했다'고 발표했다. 능률을 중시하는 군사 정권다운 조치였다. 육군 헌병감 출신 조흥만 치안국장은 이날 밤 11시 현재 전국에서 용공분자 2,014명이 검거되었다고 발표했다. 21일 오후에는 자유당 시절의 정치 깡패 두목 李丁載(이정재)를 비롯한 약 200명의 깡패들이 군경의 엄호 아래 덕수궁을 출발, 시내 중심가를 행진했다.

이들이 든 플래카드엔 '나는 깡패입니다. 국민의 심판을 받겠습니다', '깡패 생활 청산하고 바른 생활을 하겠습니다', '우리는 젊은 몸과 마음을 국가에 헌신하겠습니다'란 글이 씌어 있었다. '용갈파', '개고기', '까게', '돼지'란 이름표도 보였다.

다음날 한신 내무장관은 '깡패 두목급들이 지하로 숨었는데 그들이 국내에 있는 한 반드시 잡아넣을 것이다'고 선언했다. 한 장관은 '형을 다 살고 나온 깡패들 가운데 개전의 정이 있는 사람들은 탄광이나 도로 공사장으로 보내 근로정신을 터득하도록 하겠다'고 다짐했다. 민주당 시절 군인들이 외출을 나왔다가 깡패들한테 맞고 들어오는 일이 있었다. 이 때문에 박정희는 깡패 소탕을 맨 먼저 지시했다. 이 조치는 깡패들로부터 시달리던 서민들의 지지를 받았다.

5월 22일 국가재건최고회의는 23일을 기해 모든 정당사회단체를 해체한다고 포고했다. 비정치적인 단체는 5월 31일까지 재등록하라고 명령했다. 22일 신임 재무장관 백선진 육군 소장은 '자립경제'를 강조했다. 박정희 근대화 전략의 핵심인 자조정신·자립경제·자주국방의 3自(자) 개념이 벌써 나타나고 있었다. 상공부 장관 정래혁 소장은 '무역 허가 사무 지침'을 하달했는데, '모든 무역 허가 서류는 창구에 접수된 지 두 시간 내에 처리해야 하며 단 신규 품목이나 불표시 품목에 한해서는 세 시간 내에 완결해야 한다'고 지시했다. 박정희식 근대화의 핵심 개념인 '시간 단축'이 시작된 것이다.

22일 국가재건최고회의는 국가 개조에 대한 기획 업무를 담당할 기획위원회를 발족시키고 위원장에 咸炳善(함병선) 육군 중장을 임명했다. 기획위원회에는 5개 분과위원회가 있었고 여기에는 많은 교수들이 위원으로 발탁되었다. 정치분과위원회에 고려대 교수 尹天柱(윤천주·뒤에 서울대 총장과 문교부 장관 역임), 吳炳憲(오병헌), 동국대 교수 金雲泰(김운태), 경제분과위원회에 고려대 교수 趙璣濬(조기준), 중앙대 교수 崔虎鎭(최호진), 卓熙俊(탁희준), 사회·문화분과위원에 서울대 교수 李海英(이해영), 朴鍾鴻(박종홍), 재건·기획분과위원회에 서울대 교수 李萬甲(이만갑), 玄信圭(현신규), 禹炳奎(우병규), 법률분과위원회에 서울대 법대 교수 金曾漢(김증한), 국민대 교수 朴一慶(박일경)의 이름들이 보인다. 이들은 그 뒤 개발연대에 중요한 역할을 하게 된다.

22일 혁명 정부는 또 대한석공 사장엔 金相福(김상복) 육군 소장, 심계원장은 이원엽 육군 대령, 조선전업 사장에 黃寅性(황인성) 육군 대령을 임명했다. 혁명 1주일이 지난 5월 22일 현재 전국 경찰이 단속한 범

법자는 벌써 2만 2,700명에 달했다. 그 가운데 4,200명은 깡패. 창녀 및 포주도 475명이 포함되어 있었다. 이날 장도영 의장은 이색적인 담화를 발표한다. 전국적으로 번지고 있는 혁명 지지 시위를 자제해 달라는 내용이었다.

'지지 시위에 무한히 감사하나 지금은 밤낮을 가리지 않고 국가 재건에 총진군할 시기인 만큼 모든 시위 행동을 중지하고 각자 직장에 돌아가 자기 직무에 최선을 다해 주기를 바란다.'

22일 장도영 국가재건최고회의 의장은 최고위원들과 각료들을 이끌고 동작동 국군묘지를 참배한 뒤 범국민운동大綱(대강)을 발표했다. 그 내용은 '용공·중립주의를 배격한다. 내핍 생활을 강행한다. 근로 정신을 발휘한다. 생산을 증진하자. 도의심을 앙양하자'는 것이었다. 이날 정래혁 상공부 장관은 경성전기주식회사 사장에 趙仁福(조인복) 해병 대령을 임명하는 등 직할 8개 기업체의 사장들을 모두 장교들로 교체했다.

23일 광주에서는 자신들을 퇴학시킨 교사를 폭행한 두 고등학생이 군사재판에 넘어가 징역 4년과 3년형을 선고받았다.

5월 29일자 〈조선일보〉 사회면에는 이런 기사가 실렸다.

〈29일 아침부터 서울 시내 다방마다 당국의 지시라고 커피를 일절 팔지 않고 있어 아침에 한 잔으로 습관이 되어 있는 공무원들과 샐러리맨들의 구강을 텁텁하게 하고 있다.

조흥만 치안국장은 "어제 다방업자들을 불러 '양담배를 팔지 않고 피우는 것도 삼가고 있는 이때 막대한 외화를 소비하고 있는 커피를 팔지 말고 생강차나 기타로 대체하는 것이 어떻겠는가' 하고 권장한 적이 있

다"고 밝혔다〉

언론통폐합

5월 16일의 군대 행동은 쿠데타였으나 그 이후 진행된 사태는 우리 민족이 일찍이 경험해보지 못했던 일대 개혁, 즉 혁명 그 자체였다.

5월 27일 혁명 정부는 약 3,000명의 병역 기피 공무원을 적발하여 전원 해임하기로 결정했다. 이런 감원으로 남는 예산 7억 환은 국민 복리사업에 쓰기로 했다. 5월 28일 국가재건최고회의는 부정 축재자 처리 기본 요강을 발표했다. 최고회의는 부패 공무원, 기업인, 재산 해외 도피자들을 대상으로 한 이 요강에 따라 25명을 이미 체포했다고 발표했다.

발표된 명단에 들어간 사람들 가운데는 그 뒤 혐의가 증명되지 않은 사람들도 많고 아예 기소되지 않은 사람들도 있어 신빙성엔 문제가 있다. 白斗鎭(백두진·전 국무총리), 金永善(김영선·전 재무장관), 柳泰夏(유태하·전 주일대사) 같은 공무원들 이외에 다섯 명의 장성들도 포함되어 있었다. 楊國鎭(양국진) 전 3군단장, 白仁燁(백인엽) 전 6군단장, 嚴鴻燮(엄홍섭) 전 육군 공병감, 白南權(백남권) 전 논산훈련소장, 李龍雲(이용운) 전 해군 참모총장.

기업인들 가운데는 대한양회 李庭林(이정림), 삼호방직 鄭載護(정재호), 대한산업 薛卿東(설경동), 극동해운 南宮錬(남궁련), 극동연료 李龍範(이용범), 화신산업 朴興植(박흥식) 등 우리나라 대표 기업들의 社主(사주)들이 포함되어 있었다. 일본에 있던 제일제당의 李秉喆(이병철)은 '미체포자' 명단으로 발표되었다.

수사 대상자는 '금융기관으로부터 융자를 받아 1억 환 이상의 정치자금을 제공한 행위', '외자 구매 외환, 또는 그 구매 외자의 배정을 독점함으로써 2억 환 이상의 이득을 취한 자', '2만 달러 이상의 재산을 해외에 도피시킨 자' 등으로 규정되었다.

5·16 당시의 사회 상황을 이해하는 데는 이때가 '텔레비전 前史(전사) 시대'란 점이 중요하다. 생활이 요란하지도 번잡하지도 않고 간편하던 시대였다. 당시 서울 시민들의 3대 매체는 신문, 라디오, 영화였다.

시민 가구의 55%가 신문을 보고 있었고, 51%가 라디오를 갖고 있었다. 시민의 45%가 한 달에 한 번 이상 영화를 보고 있었다.

5월 28일 공보부는 '계속 발행할 수 있는 신문, 잡지, 통신사'의 명단을 발표했다. 이 강제정비 조치에 따라 64개 중앙지 가운데 15개가 살아남았다. 지방에서는 51개 가운데 24개, 중앙통신사는 252개 중에서 11개가 살았다. 지방통신사 64개는 전부 폐쇄되고 355개의 주간지 가운데선 31개가 남고, 130개 지방 주간지 가운데선 한 개가 살았다. 공보부는 '이 명단에 포함되지 않은 언론사는 등록증을 반납하는 동시에 기자증을 회수하고 금후 일체의 취재 활동을 금지한다'고 발표했다.

316개의 통신사가 활동한 민주당 정권 시절, 대부분의 통신사들은 기자증을 팔았고 많은 기자들은 공갈배가 되어 먹고 살았다. 혁명 주체 박종규 소령도 혁명 모의를 하고 다닐 때 한 통신사로부터 가짜 사진기자증을 받아 활용했다. 장면 정부의 실패 원인을 논할 때 언론도 면책될 수 없는 것이다. 혁명 정부는 28일 張榮淳(장영순) 육군 대령을 검찰총장에 임명했다. 한신 내무장관은 이날 공무원들의 집무 태도에 대한 지침을 전국에 내려 보냈는데 이는 전형적인 군사문화의 확산을 예고한 것이었다.

〈모든 공무원은 출근 시간 30분 전에 출근하여 실내 청소와 환경 정리를 마치고 깨끗한 기분으로 집무에 임할 것. 근무 시간을 엄수하되 지각, 무단결근, 집무 중의 무단 離席(이석), 외래객 접견 잡담을 엄금할 것. 직무상의 명령에는 절대 복종하고 下命(하명)받은 사항은 지정된 시간 내에 완수할 것. 지시 또는 명령한 사항은 반드시 그 결과를 확인하고 검토할 것.

매일의 사무 처리 계획을 작성하고 매일의 실적을 확인하여 근무 시간을 단 일분이라도 낭비하는 일이 없도록 할 것. 민원서류 처리에 있어서는 무료 代書(대서) 및 시간제 처리를 엄수하고 친절과 봉사를 베풀고 민폐를 끼치는 일이 없도록 할 것. 허례의 악습을 바로잡고 간소한 복장과 검소한 생활을 솔선하여 勵行(여행)할 것. 유흥장 출입을 엄금하고 외제 담배를 피우지 말 것〉

한신 장관은 이런 지시를 내려놓은 뒤 기자들에게 부탁을 하나 했다.

"요사이 내 이름으로 나가는 발표문 안에 엄단이니 엄중 처벌이란 말이 너무 많이 들어 있는 것 같습니다. 이런 말은 국민들 앞에 쓰기엔 좋지 않으니 앞으로 삼가겠습니다. 기자 여러분들은 혹시 담화문 속에 그런 말들이 나오더라도 부드러운 말로 바꾸어 주십시오."

5월 28일자 〈조선일보〉 사회면에는 이런 요지의 가십 기사가 실렸다.

〈서울에서는 군사혁명 이래 계엄고등군법회의가 두 번 있었다. 하나는 춤바람, 다른 하나는 주먹 재판이었다. 두 재판마다 기자가 끼어 있어 취재 갔던 기자들이 얼굴을 붉혔다. 자칭 사회일보 기자라는 오 모는 "이달 말께 취재차 미국 가서 사교하기 위하여 춤을 배우려고 했다"고 말하는가 하면, 군경통신 기자라는 김 모는 경찰서 지서에 들어가서 "너희들 비행을 조사하러 왔다. 너희들 모가지를 모조리 자르겠다"는 공갈 협박을 하고 기물을 파괴했다는 것. 이 친구는 "6,000환을 내고 입사했으며 견습직으로 다니다가 그만 잘못을 저질렀다"고 진술했다〉

5월 28일자 〈조선일보〉 1면 하단의 '萬物相(만물상)'은 '국가재건최고회의가 기획위원들 명단을 발표했는데 성명이 모두 한글로 되어 있다'고 지적했다. '만물상'은 '군에서는 공문서를 순 한글로만 써온 지가 오래고 이것으로 타자기의 이용도 많이 되어 있는지라 이제 이것이 일반 행정 기관에도 파급될 성싶다' 면서 '同名異人(동명이인)이 많은데 이런 식의 표기로는 혼동이 많아지지 않을까' 하고 걱정했다.

혁명 정부가 취한 혁명적 조치 중에는 '농어촌 고리채 정리'도 포함되어 있다. 5월 25일 낮 12시 현재로 농어민이 진 年利(연리) 2할 이상의 일체의 고리채에 대해서는 채권 행사를 일시 정지시키기로 한 것이다. 채권, 채무자들은 당국에 신고하고 확정된 채무는 정부가 나서서 '정부 보증 융자'로써 빚을 대신 갚도록 한다는 아주 과격한 조치였다. 이 고리채 정리는 여러 가지 문제를 일으키게 된다.

5월 29일 서울시 교육감은 과외 수업과 교내외의 특별 학습을 금한다고 발표했다.

군정 경찰은 5월 30일부터 3일간 전국에 걸쳐 보행자 지도 훈련을 실시했다. '좌측통행, 차도 보행금지, 횡단보도 이용, 신호를 지킬 것.' 계엄사령부는 이렇게 국가 기강을 잡아 가는 가운데서도 장면 정부가 추진하고 있던 '국토 건설 사업만은 종전대로 추진하니 국민들의 협조를 당부한다'고 발표했다.

중앙정보부

5·16 당시 崔英澤(최영택·전 주일 공사) 중령은 서울 남산 하얏트 호텔 자리에 있던 육군 첩보부대(HID)의 첩보과장이었다. 그날 새벽 4시쯤 총 소리를 들은 최 중령은 육본 관사에서 허겁지겁 옷을 입고 부대로 나왔다. 부대로 달려가면서 최 중령은 박정희 소장과 육사 8기 동기생 김종필이 일을 벌였을 것이란 생각을 했다.

김종필은 약 한 달 전인 4월 초순에 최영택 중령과 통신참모 金泰珍(김태진·중앙정보부 초대 통신실장) 중령을 찾아왔다. 김종필은 심각한 얼굴로 김태진에게 "혁명이 나면 전화 라인 좀 차단시켜 줘"라고 부탁했고, 김태진 중령은 "알았다"고 대답한 적이 있었다.

출근해 보니 부대에는 이미 비상 소집령이 내려져 부대장, 부부대장, 공작처장, 과장, 통신참모 등 간부들이 다 나와 있었다. 그들은 사태가 어떻게 진행되는지 아무것도 알 수 없어 몹시 불안해했다.

최영택 중령은 간부들 앞에서 "이건 틀림없이 박정희 소장과 김종필이 주동이 되어 한 것이니 내가 육본에 찾아가 봐야겠소"라고 했다. 이 말에 모두가 반색을 했다. 사복 차림의 최 중령이 오전 6시 30분쯤 육군 본부 정보국에 도착하니 비상 소집되어 출근한 장교들이 일은 하지 않고 창가로 모여들어 연병장에 주둔한 혁명군들의 동태를 살피는 데 관심 쓰고 있었다.

육본 상황실(기밀실)로 올라가니 혁명파 吉在號(길재호) 중령이 보였다.

"종필이 어딨나?"

"어, 지금 방송국에 가 있을 거다."

지프로 남산 KBS에 가 보니 경비가 삼엄했다. 사복 차림의 최 중령이 길 건너편에 서서 방송국 마당을 살펴보는데 점퍼 차림의 김종필이 심각한 표정으로 생각에 잠긴 채 마당을 왔다 갔다 하고 있었다. 그가 몸을 돌려 고개를 드는 순간 최 중령이 손을 들어 흔들었다. 김종필은 최 중령을 단번에 알아보더니 "오! 너 왔구나. 이리 와"라며 손짓을 했다.

웃으며 다가선 최 중령에게 김종필은 "봤지? 드디어 해냈다"면서 살짝 박치기를 했다. 그러면서 첫 마디가 "야, 이제부터 우리 할 일이 있다. 너는 이 시간부터 일 좀 해라"였다.

김종필은 즉시 점퍼 지퍼를 열고 오른손을 품안으로 넣더니 잠시 후 수십 장의 문건이 가지런히 접힌 뭉치를 꺼냈다. 그걸 최 중령 앞에서 부지런히 넘겨 가더니 한 페이지를 찾아 쭉 펼쳐 보였다.

거기에는 혁명 정부 기구표가 그려져 있었다. 대통령 직속으로는 '중앙정보부'가 실선으로 연결되어 있었다. 김종필은 최영택 중령에게 이렇게 말했다.

"우리가 정보국에 있을 때 평소 생각했던 미국의 CIA 같은 기구를 창설해야겠어. 넌 이제부터 이 작업 좀 해야겠다. 지금부터 착수하자. 일단 육본으로 가자. 그런데 차 가져왔니."

"그래."

두 사람이 육본 상황실에 도착했을 때가 오전 7시경. 동기생인 육사 8기생들이 많이 보였다. 최영택 중령은 김종필에게 "일단 자동차도 좋은 걸로 바꿔야겠고, 권총도 네 것까지 두 정을 갖고 와야 되니 부대에 잠깐 다녀올게"라고 말하고 남산의 첩보부대로 돌아왔다.

첩보부대 간부들은 최영택 중령이 돌아오자 마른 침을 삼키며 이야기를 듣기 위해 다 모여들었다.

"이제부터 종필이와 일을 해야겠는데, 여러분들이 협조 좀 해줘야 겠소."

"뭘 도와주면 되지?"

"우선 차부터…."

첩보부대에서 가장 좋은 차는 공작처장이 타고 다닐 때였다. 金永玟(김영민) 공작처장은 즉시 자기 차를 쓰도록 했다. 권총도 두 정을 구했다. 게다가 첩보부대장에게서 "운전병, 휘발유 등 첩보부대가 보유하고 있는 것은 마음대로 써도 좋다"는 허락까지 받았다. 모의 과정에서 제외되었던 첩보부대가 자진해서 혁명에 참여한 데는 김종필이 이 부대에 오래 근무하여 능력이나 인품에서 신뢰를 얻었기 때문이다.

최영택 중령이 다시 육본 상황실로 돌아와 보니 넓은 방이 장교들로 꽉 차 있었다.

모든 장교들이 군복을 입고 있었지만 김종필과 최영택 중령만 사복이었다. 회의에 불만이 있는 혁명파 장교들 중 중·대령급들은 틈만 나면 상황실 뒤편으로 걸어와 김종필에게 귓속말을 하고 있었다.

"… 이렇게 하면 안 되는 거란 말이다."

김종필은 그럴 때마다 고개를 끄덕이며 "알았다"고 답한 뒤 돌려보내곤 했다.

장도영 총장이 출동 부대의 철수론을 펴 실내가 소란스러워졌을 때 한 대령이 "함부로 철수 못 합니다"라고 끼어들자 길재호 중령이 말했다.

"저 새끼 저거 배신할 때는 언제고 혁명군 들어오니 저런 말을 해? 며칠 뒤에 저놈도 다 잡아넣어야 해."

　군사혁명위원회 명단을 발표할 때 김종필은 최 중령을 데리고 갔다. 해병대 헌병 지프가 선두에서 사이렌을 울리며 에스코트를 했다. 姜昌善(강창선) 아나운서가 이들을 맞았다.

　"계엄 사령부 인적 사항을 발표할 테니 읽으시오."

　"알겠습니다."

　강창선 아나운서는 스튜디오로 들어갔다. 김종필은 "나는 여기 있을 테니 네가 들어가 봐"라고 했다. 최영택은 강창선 아나운서 뒤로 들어가 명단을 제대로 읽는지 꼼꼼하게 살펴보기 시작했다.

　"중앙계엄사령관 장도영, 중앙계엄부사령관 박정기… ."

　그는 박정희를 '박정기'로 읽고 있었다. 최영택은 강창선 아나운서의 어깨를 소리나지 않게 치면서 "기가 아니라 희"라고 말했다. 아나운서는 다시 읽기 시작했다.

　"아, 실례했습니다. 박정기가 아니라 박정희입니다."

　이날 방송을 마친 뒤 김종필은 종로 한일은행 본점으로 최영택을 데리고 갔다. 친형 金鍾珞(김종락)이 두 사람을 보고 밖으로 나왔다.

　"형님 돈이 좀 필요해요."

　"알았다."

　잠시 뒤 김종락은 한 다발의 돈을 가지고 나왔다. 그런데 은행 문 앞에서 작가라면서 자신을 소개한 사람이 김종필에게 말했다.

　"아, 수고하십니다. 군사혁명 참 잘하셨습니다. 국민들이 절대 지지하고 있으니 꼭 성공하시기 바랍니다. 그런데 제 소견이 있습니다. 과도기에는 반드시 쌀값이 뜁니다. 혼란기가 닥치면 장사꾼들이 매점매석을 하기 때문이지요. 이것을 우선 막아야 합니다."

"알겠습니다."

김종필은 좋은 훈수 하나 들은 듯 기분 좋아했다고 한다.

육사 8期 주축 中情 창설

5월 16일 밤 김종필은 중앙정보부를 조직하는 데 협조해 달라고 불러낸 육사 8기 동기생 최영택(전 주일 공사) 중령과 함께 혁명군 완장을 만들고 있었다. 두 사람은 서울 명동 입구의 상패 만드는 집으로 갔다.

가게 주인은 낚시와 등산용 지도를 만들어 팔기도 하는 사람인데 김종필한테 신세를 진 적이 있었다. 김종필이 육본 정보국 기획과장으로 있을 때, 이 주인이 5만분의 1 군사 지도를 등산용으로 팔려는데 허락해달라고 부탁해 왔다. 김종필이 상부에 이야기해서 좌표를 지우고 판매하도록 해주는 바람에 돈을 많이 번 사람이었다. 이 주인은 그날 밤을 새워 4,500장의 완장을 만들어 주었다.

17일부터 하얀 천에 혁명군이라 쓴 완장을 나누어 주니 군인들의 사기가 충천하는 것이었다. 혁명군이 아닌 군인들은 완장을 찬 동료들을 보고 부러워했다. 최영택은 완장의 심리적 효과에 놀랐고 이를 적절하게 이용한 김종필의 두뇌에 다시 한 번 감탄했다.

17일 오후 김종필은 최영택에게 "우리 동기들을 불러오자. 우선 徐廷淳(서정순), 李永根(이영근), 그리고 제대한 뒤 대구에 내려가 있는 高濟勳(고제훈)을 불러 와"라고 했다. 이들이 정동 舊(구)러시아 공사관 근처의 하남호텔에 모인 것은 5월 18일이었다. 김종필이 대강 정해준 지침에 따라 이들은 중앙정보부의 조직案(안)을 만들기 시작했다. 이들은 6·25 전부터 육본 정보국에서 근무한 장교들로서 당시 전투정보과 비공식 문관이던 박정희와 親面(친면)이 있었다.

이들은 작업을 하다가 石正善(석정선)을 생각했다. 동기생 석정선은 4·19 직후 김종필과 함께 군내 정화운동을 주동한 인물이었다. 김, 석 두 중령은 둘도 없는 친구로서 5·16 석 달 전에 헌병대에 같이 구속되었다가 강제 예편당할 때까지는 행동을 함께 했다. 그 뒤 석정선은 "나는 처자식도 있고 하니 혁명은 그만두겠다"고 하여 손을 뗐다. 김종필은 "좋다. 네 갈 길을 가라. 그러나 혁명이 누설되면 네가 한 걸로 알겠다"고 엄포를 놓았다.

동기생들은 뛰어난 정보장교인 석정선의 머리가 필요하니 그를 불러야겠다고 김종필에게 건의했고 김종필도 양해했다. 석정선이 참여하자 하남호텔의 모임은 활기를 더해갔다. 이들은 중앙정보부뿐 아니라 군사혁명위원회를 이을 국가재건최고회의의 조직안도 만들었다. 이들은 혁명 정부 권력 구조의 산파이기도 했다.

19일 김종필은 최영택 중령에게 장면 총리 직속으로 되어 있던 중앙정보위원회의 李厚洛(이후락) 실장으로부터 업무 일체를 인수하라는 지시를 했다. 이후락은 자유당 시절에 김정렬 국방장관으로부터 발탁되어 장관 직속의 중앙정보부를 창설하고, 이 부대의 이름을 자신의 군번을 따서 79부대로 붙였었다. 79부대의 주 임무는 미국 CIA와 정보 교류를 하는 것이었다. 이후락은 장면 정부 시절에도 육군 소장으로 전역한 뒤 같은 일을 보고 있었다. 정보위원회는 그러나 경찰, 군의 여러 정보기관을 통합 조정하는 국가 정보기관으로서는 기능하지 못하고 있었다.

최영택 중령은 이후락 실장 집으로 전화를 걸었다. 부인이 전화를 받는데 "안 계신다"는 것이었다. 최영택은 이후락과 함께 연합참모본부에서 근무한 적이 있었다. 최영택은 "사실 저는 최영택입니다"라고 하니 부인은 "어머나 그러세요. 잠깐 기다리세요"라고 하더니 이후락을 바꾸어 주더란 것이다.

"최영택 중령입니다. 이젠 군사혁명이 성공 단계로 들어가고 있습니다. 저희들이 중앙정보부를 창립하려고 하는데 도와주십시오."

"아, 협조하지요."

"인수인계를 해주시면 좋겠습니다."

"언제든지 좋습니다."

"일단 내일 한번 뵈면 어떨까요."

"좋지요. 내일 오후 1시에 명동 사보이호텔 지하 다방에서 만납시다."

5월 20일 최영택은 김종필을 따라가서 군사혁명위원회 위원들에게 '국가재건최고회의'의 조직과 기능 등 혁명 정부의 통치 기구 조직에 대해서 보고했다. 최영택은 차트를 넘기고 김종필이 설명했다. 장도영 총장은 '최고'란 말이 거슬린다고 지적했다. 최연장자인 김홍일 외무장관이 말했다.

"지금 우리는 군사혁명을 한 것입니다. 이런 시기엔 권위 있는 이름이 필요합니다. 비록 공산 국가에서 쓰고 있다고 해도 '최고'란 단어를 못 쓸 이유가 없습니다."

김동하 해병 소장도 찬동하는 바람에 원안대로 통과되었다. 최고위원 중 한 명인 김포 해병여단장 김윤근 준장은 이날 김종필의 구상이 스케일이 크고 원대한 비전을 담고 있어 큰 감명을 받았다. 그의 능란한 화술 때문에 브리핑 내용뿐만 아니라 이 조직안을 만든 사람들을 돋보이게 만들었다는 것이다. 김종필은 이 자리에서 국가재건최고회의 직속으로 중앙정보부와 재건국민운동본부를 둔다는 것도 보고했다.

김윤근은 5월 17일 저녁 육본 상황실에서 있었던 일이 생각났다. 군사혁명위원회 위원 30명 가운데 육사 8기생들에게 다섯 명이 배정되었다. 8기생들은 한 구석에 모여 승강이를 벌이는데 김종필이 나타나 무슨 말을 하니 조용해지는 것이었다. '아, 이 사람이 8기생들 중 리더구나' 하고 생각했다는 것이다.

최영택은 보고회를 마치고 이후락과의 약속 장소인 사보이호텔로 갔다. 30분이 늦었는데도 이후락은 기다리고 있었다. 이후락은 선선히 말했다.

"우리는 사실 그동안 본격적으로 활동하지 못했어요. 현재까지는 미국 CIA와 정보를 교환하는 일만 했습니다. 다 인계해 드리겠습니다. 내일 오후 3시에 우리 사무실에서 만납시다."

최 중령은 다음날(5월 21일) 남산에 있는 중앙정보위원회 사무실로 갔다. 이후락은 보이지 않고 육군 소장인 차장과 해군 대령인 국장이 업무 인계를 해주려고 했다. 이때 미국 대사관에서 왔다는 두 미국인이 나타났다. CIA 요원이라고 자신들을 소개했다. 자신들과 정보 교류를 하는 한국 측 창구가 바뀌고 있는 상황에서 궁금해서 나와 본 것 같았다. 두 미국인이 지켜보는 가운데 인수인계 서류에 도장을 찍은 최영택은 현황에 대한 보고를 받았다.

중앙정보부 창설 준비 작업반은 5월 22일 하남호텔에서 화신백화점 뒤편에 있는 여관으로 옮겼다. 다음날 김종필이 오더니 돈뭉치를 주고는 말했다.

"그런데 오늘 다른 데로 옮겨야겠어. 민주당 계통 사람들이 이 여관에 많이 들락거려. 도저히 보안 유지가 안 되겠어."

작업반은 서울 퇴계로 입구에 있던 중앙여관으로 다시 이동했다. 국회의사당으로 최고회의가 입주한 뒤에는 서울신문 옆 국회 별관이 중앙정보부 창설 준비 사무실로 쓰였다.

갈등

5월 25일쯤 중앙정보부 조직안이 거의 완성되었을 때 서정순 중령이 김종필에게 건의했다.

"정보 전문가들이 만든 안인데 아무래도 법률 전문가의 검토가 필요할 것 같아."

김종필은 "하극상 사건 때 나를 도와준 분이 계셔. 최 동지가 모셔 와"라고 했다.

최영택은 서대문 근처에 있던 申稙秀(신직수) 변호사 사무실로 가서 중앙여관으로 모시고 왔다. 신직수는 군 법무관 시절에는 박정희 사단장 아래서 법무참모로 일한 적이 있었다. 신직수는 김종필이 '중앙정보부법의 법률적인 검토를 해달라' 고 하자 그 자리에서 일별하더니 말했다.

"잘 하셨는데 이대로는 부족합니다. 손을 많이 대야겠습니다."

신직수 변호사는 김종필로부터 중앙정보부법 초안을 넘겨받아 집으로 가져갔다. 다음날 그는 말끔하게 고친 법률안을 들고 왔다. 이것이 계기가 되어 신직수는 中情(중정) 법률고문으로 임명되고 1970년대엔 정보부장이 된다. 정보부 요원들은 방첩대, 정보국, 첩보부대, 헌병대, 경찰 등 수사기관에서 뽑아왔다. 최영택 중령은 육본정보국 차장 崔澤元(최택원) 준장과 첩보부대장을 찾아가 정보요원들을 뽑아 왔다. 방첩대에서 오래 근무했던 이영근, 서정순은 방첩부대에서 수사 요원들을 많이 데려왔다.

김종필은 5월 28일쯤 중앙정보부 창설안을 정리하여 국가재건최고회의 박정희 부의장에게 가져갔다. 박정희는 내용을 일별한 뒤 만족해하면서 "두고 가면 의장 결재를 받아주겠다"고 했다. 그날 오후 김종필이 다시 찾아갔더니 박정희는 "장도영 장군이 결재를 보류시켰다"고 말하더란 것이다. 최영택 중령은 이때 육사 8기 동기생인 김종필이 골똘히 생각에 잠기더니 이런 말을 하고 나가더란 것이다.

"아무래도 안 되겠어. 장도영이가 정보부에 자기 사람들을 심으려는 것 같아 우리끼리 해치워야겠어."

그때 김종필은, 장도영 의장이 동향인 인천지구 첩보대장 출신인 金日煥(김일환) 예비역 대령을 정보부장으로 밀려는 생각을 하고 있다는 판단을 했다고 한다. 며칠 뒤, 즉 5월 말 김종필은 박정희 부의장에게 장도영의 의도를 설명하면서 "빨리 결재를 받아야 한다"고 재촉했고, 자신이 직접 장 의장을 찾아가 설명하기도 했다.

박정희가 받아온 결재 서류를 들고 온 김종필은 최영택 등 창설 요원들과 앉아 주요 인사를 결정했다. 부장 자리엔 자신의 이름을 써넣었고 행정관리차장에 이영근, 기획운영차장에 서정순, 총무국장에 강창진, 해외 담당 제2국장에 석정선, 수사 담당 제3국장에 고제훈, 교육 담당

제5국장에 최영택, 통신실장에 김태진, 비서실장에 金奉成(김봉성), 고문에 신직수(법률담당)-장태화(정치담당)-김용태(경제담당)이었다. 완전히 김종필 인맥으로 구성된 중앙정보부는 군정 기간에 박정희 의장의 전폭적인 지원과 신뢰를 받으면서 권력의 핵심을 장악하여 정권을 안정시키고 군정 이후를 내다본 새로운 정부와 정당을 연구하고 조직하는 산파가 된다.

6월 10일에 공포된 중앙정보부법은 全文(전문)이 9조로 된 아주 짧은 법안이었으나 엄청난 권한을 담고 있었다.

정보부의 기능은 '국가 안전 보장과 관계되는 국내외 정보 사항 및 범죄 수사와 군을 포함한 정부 각부의 정보 수사 활동을 조정 감독한다.' 부장과 차장은 최고회의의 동의를 얻어 의장이 임명한다. 전국에 지부를 두며 직원은 부장이 임명한다. 정보부는 소관 업무에 관한 수사를 할 때는 '검사의 지휘를 받지 않는다'고 했다. 더구나 '중앙정보부의 직원은 그 업무수행에 있어서 필요한 협조와 지원을 전 국가 기관으로부터 받을 수 있다'고 규정했다.

이 법안이 공포되기 전에 중앙정보부는 이미 기능을 시작한 상태였다. 최영택의 기억으로는 정보부에 최초로 보고해 온 곳은 치안국이었다고 한다. 치안국장은 육군 헌병감으로서 정군 운동을 주동한 김종필, 석정선을 강제 예편시킨 조흥만 준장이었다.

최영택이 김종필에게 말했다고 한다.

"조흥만이는 자네 옷을 벗긴 사람이잖아. 왜 그런 사람을 그 자리에 앉혔어?"

"이봐, 과도기에는 일 잘하는 것도 중요하지만 충성이 더 중요해. 이런 사람이 충성은 더 잘하지."

치안국이 올린 보고의 요지는 이러했다.

〈일본에서 온 여객기에 불법으로 입국한 재일동포 錢世鎬(전세호)란 자가 경찰에 검거됨. 이 자는 박정희 장군이 문경보통학교 교사로 있을 때 제자였다고 주장하고 있음. 거류민단에서 학생동맹위원장으로 활동해 왔는데 박 장군이 혁명을 일으켰다는 소식을 듣고 혁명 대열에 동참하기 위해서 귀국을 강행했다고 함〉

해외담당 국장이 된 최영택은 사보이호텔에 붙들려 있는 전세호를 만나러 갔다. 전세호는 민단과 조총련에 대해서 깊은 정보를 말하는 과정에서 이런 이야기를 털어놓았다고 한다.

"유태하 전 주일대사를 꼭 데리고 오십시오. 일본에서도 귀국을 거부하고 있는 그분의 존재를 골칫덩어리로 생각하고 있습니다. 그분은 많은 자금을 써가면서 그동안 정계, 재계, 야쿠자 조직에까지 아주 넓은 인맥을 구축해 놓았습니다. 그분을 데리고 와서 이 인맥을 활용할 수 있다면 한일회담에도 큰 도움이 될 것입니다."

이날 밤 김종필은 박정희에게 물어 전세호가 제자임을 확인했다. 유태하 전 대사는 이승만 정부가 무너진 뒤에 귀국을 거부하고 있었고, 혁명정부도 그를 부정 축재자로 지목하여 수배해 놓고 있었다. 다음날 정보부에선 '유태하 대사 귀국 공작' 회의가 열렸다. 박정희와 김종필은 혁명 구상 단계 때부터 혁명 이후엔 미국과의 관계가 나빠질 것을 예상하고 이때 일본으로부터 돈을 꾸어 오는 방법을 생각하고 있었다.

김종필 부장은 최영택에게 "전세호와 함께 일본에 가서 유태하를 데리고 오라"고 지시했다. 그때 한일 두 나라 사이엔 국교가 없어 일본에 입국하는 데 편법을 써야 했다. 최영택은 주한 영국 대사관에서 홍콩 비자를 얻었다. 홍콩으로 가는 길에 일본에서 이틀간 체류할 수 있었다. 일본에서 홍콩에 들어간 뒤 홍콩의 일본 총영사관에서 일본 입국 비자를 얻었다. 전세호의 협조를 얻어 최영택은 한 20일 뒤 유태하 대사를 데리고 귀국할 수 있었다.

以南 대 以北

혁명 정권의 칼자루 역할을 하게 되는 중앙정보부를 만드는 과정에서 김종필은 장도영을 거세하지 않고는 혁명 과업을 순탄하게 추진할 수 없다는 판단을 했다. 장도영 거세에 있어서는 김종필을 필두로 한 8기 영관급 주체 장교들이 훨씬 적극적이었다. 육사 8기생들과 장도영 사이는 나이로는 2~3세, 군 경력도 2년 차이밖에 없었으나 계급은 중령과 중장 차이였다.

중령 계급장을 6~8년간 단 8기생들은 선배 장성들에 대한 불만이 많았다. 김종필은 5월 15일 혁명 방송문을 작성할 때도 박정희가 '군사혁명위원회 의장 장도영'이라고 써넣는 데 반대했었다. 장도영을 혁명 지도자로 추대하려고 했으나 확답을 하지 않고 애를 먹인다고 생각한 일부 주체 장교들은 혁명 후에도 태도를 분명하게 하지 않는 장도영을 처단해야 한다면서 날뛰었다. 그때마다 박정희는 "혁명에도 의리가 있다"면서 달랬다.

여러 번 장도영한테 신세를 진 박정희의 입장은 의리와 인정 면에서도 30대 영관급과는 같을 수 없었다. 그런 장도영이 혁명에 무임승차한 뒤 자신의 분수도 모르고 권한을 행사하려 한다고 본 김종필은 5월 말부터 장도영 거세 준비에 들어간다.

장도영을 거세하지 않으면 혁명 정부가 분열할지도 모른다고 판단한 김종필의 생각이 잘 나타나 있는 자료로는 그가 6월 2일 매그루더 미 8군 사령관과 만나 나눈 대화록이 있다. 김종필은 서두에서 "오늘은 우리 혁명군의 당면한 문제점들을 아주 솔직하게 말씀드리겠다"고 한 뒤 이렇게 설명해가기 시작한다.

"우리나라 전 역사를 통해서 두 차례 대혁명이 있었습니다. 600년 전에 일어난 첫 번째 혁명도 부정부패가 원인이었다는 점에서 지금과 비슷합니다. 저는 4·19에 대해서는 혁명으로 생각하지 않습니다. 두 번째 대혁명이 5·16입니다. 조선조 500년 동안 많은 차별 정책으로 나라가 이리저리 분열되어 있었습니다. 이번 혁명의 主목적은 이런 분열 상태를 종식시키는 일입니다. 장도영 장군은 이북 출신이고 박정희 장군은 이남 출신입니다. 지금의 분열과 갈등은 이 점이 主원인입니다.

장도영 장군의 태도는 혁명 전, 혁명 중, 혁명 후에 모두 달랐습니다. 장 장군이 혁명을 비호했음을 증명하는 사례들이 있습니다. 모의 정보가 새나갔을 때도 그는 뜬소문에 불과하다면서 그런 사실을 부인해 주었습니다. 박 장군은 거사 전에 최고회의의 조직 구성과 의장 문제까지 그와 상의했습니다. 장 장군은 최고회의를 이끌어갈 만한 적격자가 없다고 걱정까지 했다고 합니다. 혁명 당일 장 장군은 밤 9시 40분에 30사단의 반란을 보고받고도 장면 총리에게는 다음날 새벽 2시에 보고했습니다. 왜 그토록 지각 보고를 했는지 그 이유를 알 수 없습니다."

김종필은 이런 식으로 장도영 장군의 기회주의적 행동 사례를 한 20

분간 자세히 설명해갔다.

"박 장군은 18일 이후 장 장군에게 복종했습니다. 朴 장군은, 張 장군이 최고위원들과 내각을 임명했을 때 어떤 반대도 표명하지 않았습니다. 주로 이북 출신들이 많이 기용되었는데 이에 반발하는 소장파들을 박 장군이 무마시켜야 했습니다. 24, 25일경까지 장 장군은 박 장군과 의논해서 일을 처리하는 듯했습니다. 그후부터는 걸핏하면 충돌했고 박 장군과의 상의를 기피하기 시작했습니다.

은행장들을 임명했을 때도 朴 장군은 신문을 보고 나서야 알 정도였습니다. 신문에서 보셨겠지만 장 장군은 오는 8월 15일까지 정권을 민간 정부에 이양하겠다고 했습니다. 이는 그 누구와도 상의 없이 독단적으로 이뤄진 것입니다. 현재 모 신문은 신민당(야당)을 지지하고 있습니다. 장 장군이 간접적으로 이 움직임을 지원하고 있는 것으로 알고 있습니다. 들리는 바에 의하면 모 신문의 편집국장도 장 장군을 지지하도록 돈을 받았다고 합니다.

한미군 사이에 연락이 원활하게 되지 않는 이유 중의 하나는 張 장군의 직책이 네 개나 되기 때문입니다. 그는 현재 육군참모총장, 국방부 장관, 최고회의 의장, 내각수반을 겸임하고 있습니다. 한 사람이 그런 중대한 직책을 네 개나 갖고 있는 탓에 우리 兩軍(양군) 사이에 연락이 제대로 되지 않는다면 부하들이 어떻게 해야겠습니까.

본인은 오늘 최고회의에 법안을 상정시켰습니다. 최고회의 의장, 부의장, 위원들은 겸직을 금한다는 조항이 들어 있습니다. 이 안건은 투표 결과 19대 12로 가결되었습니다. 우리는 신임육군 참모총장을 뽑아야 하는 문제에 봉착해 있습니다. 귀하와도 관계가 있기 때문에 잘 생각해

두시기 바랍니다. 〈뉴스위크〉지에 '지금 한국의 권력이 누구에게 있나'
라는 기사가 실렸다고 합니다. 우리는 계속해서 장도영 장군을 중심으
로 단합할 것입니다."

　장도영에 대한 많은 비판을 쏟아놓은 뒤에 김종필이 말한 '장도영 중
심의 단합'을 매그루더는 하나의 修辭(수사)로 받아들였을 것이다. 매그
루더는 "그러면 장 장군의 직책은 앞으로 어떻게 됩니까. 최고회의 의장
만 맡습니까"라고 물었다.

　"그렇습니다. 우리가 장도영 장군과 맺은 신사협정을 지켜야 한다고
생각합니다. (한강을 건널 때) 헌병대로부터 발포를 당한 박정희 장군은
'장도영이가 나를 죽이려 하는군'이라고 말했고 젊은 장교들은 장 장군
을 쏴 죽이려고 했습니다. 그러나 박 장군은 '아니야, 우리는 장 장군을
지도자로 모시기로 했으니 약속을 지켜야 돼'라고 말했습니다. 이남에
서라도 남북은 단결하지 않으면 안 되는데 지금 이 순간에도 장 장군의
이북 출신 추종자들은 세력을 확대하는 데 여념이 없습니다.

　우리 5,000년 역사에 있어서 이런 일들은 비일비재했습니다. 장 장군
이 지난번에 訪美 의사를 표명했을 때도 그것은 동료들과 합의한 사항
이 아니었습니다. 나라꼴이 정비되지도 않았는데 貴國(귀국) 대통령과
만나서 무슨 할 말이 있겠습니까. 현지 사령관인 귀하와도 만나지 못하
는데 그의 방미가 도대체 무슨 소용이 있겠습니까. 그가 방미한다면 이
곳 정세가 불투명하다는 이야기를 할 수 있을 뿐일 것입니다."

　매그루더는 김종필에게 "각 군 참모총장과 합참의장은 최고위원으로
계속해서 남는가", "박정희 장군은 상임최고위원이 되는가"라고 꼬치꼬
치 물었다. 김종필은 백지에다가 혁명 정부의 조직 체계도를 대충 그려

나가면서 각 부서의 기능과 상하 관계를 설명했다. 옆에서 듣고 있던 멜로이 8군 부사령관이 "사본을 한 장 갖고 싶은데 가질 수 있겠습니까"라고 했다.

"물론입니다. 이 정부 조직 초안은 혁명 두 달 전에 작성한 것입니다."

매그루더가 "(조직안을 만드는 데) 고심을 많이 했겠군요"라고 하니까 김종필은 이렇게 받았다.

"귀측으로부터 배운 것이 많습니다."

미국 측이 한국군 장교들에게 가르쳐 준 조직 운영의 기술을 혁명에 써먹었다는 뜻이다.

張都暎의 울분

매그루더는 6월 2일 金鍾泌과의 요담에서 후임 육군참모총장 문제에 관심을 보였다.

"본인의 추천을 받겠다는 것입니까, 아니면 귀측에서 지명한 사람에 대해 본인의 동의를 받겠다는 것입니까."

"우리가 하는 일은 최고회의에 두세 명의 적임자를 추천하는 것입니다. 이 문제는 후에 박정희 장군이나 장도영 장군께서 귀하와 상의할 것입니다. 본인의 생각도 최고회의에 반영될 수 있으니까 귀하가 누구를 추천한다면 그를 지지하도록 하겠습니다."

"배려해 주어서 고맙습니다. 이 문제는 귀측 사람들을 잘 알고 있는 하우스 고문단장과 상의한 뒤 추천하도록 하겠습니다. 구금 중인 장성들에 대해서는 귀하가 좀더 애쓸 수는 없습니까."

"그들에 대해서 귀하보다도 더 걱정하시는 분이 바로 박정희 장군입니다. 이한림 장군과는 동기생이기 때문입니다. 귀하가 이렇게까지 우리 장성들을 배려해 주시니 감사합니다."

국가재건최고회의의 실세인 14명의 분과위원에는 육사 8기 출신이 다섯 명이었다. 행정 분과위원에 오치성 대령, 내무에 박원빈 중령, 법무에 이석제 중령(8특기), 보건사회 길재호 중령, 체신 옥창호 중령. 이석제 중령은 기능이 정지된 헌법을 대체할 국가재건비상조치법을 만들고 있었다. 여기서 문제의 핵심은 최고회의 의장, 내각수반, 국방장관, 육군참모총장을 겸직하고 있는 장도영의 처리였다. 성격이 깔끔하면서도 단호한 면이 있는 이석제 중령은 장도영을 찾아가서 '계급을 초월한 담판'을 벌였다고 한다. 그는 이렇게 말했다고 한다.

"저의 고향도 신의주입니다. 각하도 고향을 버리고 월남했듯이 저도 부모를 고향에 놔둔 채 혼자만 빠져나왔습니다. 목숨 걸고 월남해 군인의 길로 들어섰다가 공산화를 막고 부강한 국가를 만들어 보자고 혁명을 일으켰습니다. 혁명은 어차피 힘으로 하는 것입니다.

박정희 장군이 총칼을 들고 나와 정권을 빼앗은 것이 아닙니까. 이 혁명은 각하가 주인공이 아니라 박정희 장군이 계획하고 실행한 겁니다. 저희들에게 협조하시면 각하의 위상에 어울리는 대접이 꼭 있을 것입니다. 각하 혼자서 네 가지 직책을 다 수행할 수는 없습니다."

장도영은 "일개 육군 중령이 참모총장을 협박하는 건가" 하고 화를 냈다고 한다. 이석제는 이렇게 말하고 나왔다고 한다.

"혁명이 아이들 장난입니까. 우리가 계급 가지고 혁명한 줄 아십니까. 한강 다리를 넘어올 때 우리는 이미 계급의 위계질서를 벗어났습니다."

이석제는 비상조치법안에 '최고회의 의장은 겸직할 수 없다'고 못을 박은 뒤 국가재건최고회의 법안에는 상임위원회의 의장은 부의장, 즉 박정희가 맡는다고 써넣었다. 분과위원장으로 구성된 이 상임위원회가 사실상 최고회의 실권을 장악하도록 되어 있으므로 이 법안이 통과되면 장도영은 실권을 놓치는 것이나 다름없었다.

이 당시 박정희와 김종필이 무슨 생각을 하고 있었는지는 두 사람의 법정 증언이 참고가 될 것이다. 장도영 일파에 대한 反혁명 사건 재판에서 증인으로 나선 박정희는 이런 진술을 했다.

"장 총장의 태도가 애매하다고 하여 젊은 장교들이 처치하자고 하는 것을 무마한다고 생땀을 뺐다. 젊은 장교들이 과격한 이야기를 하길래 '혁명에도 의리가 있다. 처음부터 장 장군을 내세우자고 한 이상 그대로 해야 한다. 우리들이 장 장군을 잡아넣는다는 것은 있을 수 없다'고 하였더니 일부 장교들은 始終(시종) 반대했다."

김종필도 이런 요지의 증언을 했다.

"문재준 대령이 장도영 장군을 가까운 시일 내에 제거하는 것이 좋겠다고 하기에 본인은 박 장군의 뜻이 그것이 아니란 것을 누누이 설명했다. 본인은 문 대령에게 그런 소리를 함부로 하면 혁명 주체 세력이 분열될 우려가 있다고 지적했다. 똑같은 이야기를 채명신 장군한테도 했다. 박 장군은 자신의 권한을 장 장군에게 다 드리고 장 장군 중심으로 혁명 과업을 수행하자고 주장해왔다.

어느 때인가 최고회의를 열고 있을 때, 최고위원들이 '장 장군이 너무 많은 직책과 권한을 갖고 있으므로 좀 덜어야 한다'는 제의를 하자 박 장군은 노발대발했다. '내가 그분에게 그런 권한을 드리겠다고 했는데 반대하는 놈이 누구냐 해가지고 혼을 낸 적이 있다."

1961년 6월 3일 아침 국가재건최고회의는 비상조치법을 통과시켰는데 '최고회의 의장은 他職(타직)을 겸할 수 없다' 는 조항이 들어 있었다. 장도영은 흥분했다. 오전 10시쯤 최고회의 의장실을 찾아온 이주일 소장, 김윤근 준장, 金振暐(김진위) 준장, 유원식 대령 앞에서 신경질을 냈다.

"당신들은 나를 로봇으로 만들 생각인가. 최고위원들 총회를 소집하여 박 장군과 나를 놓고 신임 투표를 해볼까. 만약 박 장군이 지지를 받으면 내가 물러나면 될 것 아닌가."

장도영은 이날 밤에는 육군참모총장 공관으로 유원식, 송찬호 준장, 문재준 육군헌병감, 박치옥 공수단장을 불렀다. 장도영은 이들에게 하소연 비슷한 불평을 털어놓았다.

"당신들은 혁명을 무엇 때문에 한 것인가. 정말 우리 1 대 1로 해볼까. 나도 대비책이 있어. 서울 시내가 피바다가 된다. 불바다가 된단 말이야."

유원식의 증언에 따르면 이날 장도영은 책상을 치고 유리잔을 던지기도 하는 등 극도의 흥분 상태였다는 것이다. 박정희는 장도영 의장의 격렬한 반대에 부딪치자 일단 통과된 의장의 겸직 금지 조항을 완화하자고 최고위원들을 설득했다고 한다. 많은 위원들은 반대했으나 박정희는 최고회의 의장이 내각수반만은 겸직할 수 있도록 비상조치법안을 수정하도록 했다.

6월 8일 밤 김형욱 중령과 홍종철 대령은 겸직 금지 완화 내용을 설명하고 달래기 위해서 장도영 총장의 공관을 찾았다. 장도영은 눈이 퉁퉁 부어 있었고 괴로운 표정이었다고 한다. 장도영은 이런 말을 하더란 것이다.

"이번 혁명에서 중대한 일은 모두 이북 사람들이 다 하고 가담자도 많은데 당신들은 속고 있는 것 같아."

"속고 있다니 무슨 말씀입니까."

"혁명 주체 세력 안에는 불순분자들이 들어 있다는 뜻이야."

최초의 인터뷰

혁명주체인 김형욱(중앙정보부장 역임) 중령과 홍종철(문공부 장관 역임) 대령은 장도영 최고회의 의장과 같은 이북파였으나 장도영에 동조하지 않았다. 두 사람은 장도영을 찾아간 자리에서 "의장과 내각수반을 겸직할 수 있으면 되었지 참모총장과 국방장관까지 겸직하려는 것은 무리다"고 거듭 설득했다. 장도영은 단념하지 않고 최고위원들을 한 명씩 불러 육군참모총장직을 계속 겸하고 싶다고 하소연했다. 이런 행동이 박정희·김종필을 중심으로 한 혁명파에게는 자기 세력 구축 작업으로 비쳐지고 있었다. 다시 박정희의 증언을 듣는다(〈장도영 일파 反혁명 사건〉 재판 때의 증언).

"장도영 의장은 자신이 참모총장을 꼭 겸직해야겠다고 주장하면서 이주일 장군을 불러 놓고 울기도 하여 과거의 장 장군 모습은 찾아볼 수 없었다. 나는 장 장군을 만나서 '내각수반이 참모총장까지 겸해 가지고서는 군을 바로잡기가 곤란하니 군의 안정을 위해서라도 적당한 사람에게 시키자'고 했더니 장 장군은 '박 장군 당신이 내각수반을 하시오. 나는 참모총장으로 돌아가겠소'라고 말했다. 심지어 장 장군은 최고위원들을 관

사로 한 사람씩 불러 별별 소리를 다하고 발악하면서 나와 1 대 1로 해보
자고 선전포고를 했다고 들었다."

장도영은 설사 최고회의 의장 자리를 내놓더라도 육군참모총장 자리
는 고수하고 싶어했다. 혁명 주체의 핵심인 문재준 대령이 보기엔 '군사
정권의 민정 이양 시기를 금년 11월로 구상하고 있는 모양으로 그렇게
되면 민정 이양 후에도 자기가 계속해서 참모총장을 할 생각이었던 모
양이었다.'

김종필은 이미 활동을 시작한 중앙정보부를 동원하여 6월 1일에 장도
영의 측근인 김일환 전 대령 등 3명을 구속했다. 김씨는 육사 5기 출신
으로서 신의주 동중학교를 졸업한 장도영의 후배였다. 육사 5기인 그는
인천지구 첩보부대장으로 있을 때인 1960년 4월 모종의 사건으로 해서
파면되었다. 그는 민간인 신분으로 있으면서 민주당 쪽과 접촉, 장도영
이 육군참모총장으로 임명되도록 하는 데 힘을 썼다고 한다.

학교 선배인 장도영이 최고회의 의장이 되자 김일환은 〈타임〉지에 실
린 박정희의 좌익 전력에 대해 발설하고 다니면서 장도영을 밀어줄 인
맥을 구축하다가 6월 초 김종필의 지시로 구속되었다. 혐의는 反혁명 음
모. 김종필은 중앙정보부 조직안에 대해서 장도영이 결재를 미룰 때 장
도영이 김일환 같은 사람들을 정보부에 심으려고 한다는 판단을 하여
일종의 선제공격을 한 것이다. 장도영은 박정희를 불러 "그 사람들을 구
속하는 것은 나를 구속하는 것과 같으니 내 얼굴을 봐서 풀어 달라"고
하여 김일환 등은 3일 뒤 석방되었다.

김종필은 김일환과 정보국에서 함께 근무해서 그를 잘 알고 있었다.
그에 대해서 '대단한 추진력을 가진 인물'이라고 평했다. 그만큼 큰 위

협을 느끼고 있었을지도 모른다. 김일환 구속 사건은 박정희와 장도영을 더욱 멀리 갈라놓는 단초가 된다. 김일환 등은 석방된 뒤에도 박정희 세력이 장도영 장군을 거세하려고 한다는 불평을 하고 다닌 혐의로 또 구속되어 재판에 넘겨졌다. 박정희의 법정 증언.

"(그들은) 장도영이 참모총장직을 놓으면 허수아비가 될 염려가 있다, 다른 것은 다 제쳐놓고라도 군의 실권만은 자기들이 쥐겠다 등등 별별 말을 다하고 돌아다니면서 육군의 실권만 쥐고 있으면 자기들 마음대로 된다는 생각으로 움직이고 있었다. 만일 장도영 측이 군을 장악하였더라면 머지 않은 장래에 유혈사태가 생길 뻔하였다."

군 상층부에서 권력 투쟁의 양상이 보이기 시작할 때인 6월 3일 오후 4시부터 1시간 30분 동안 박정희 부의장은 대구 〈매일신문〉 서울분실 鄭景元(정경원) 기자와 단독 회견을 가졌다. 5월 23일에 외신기자들과 회견한 이후 처음이었다. 최초의 단독 인터뷰를 대구에서 발행되는 신문과 한 것은 고향에 대한 배려인 것처럼 느껴진다. 박정희의 인간성이 솔직하게 드러나는 인터뷰 기사의 전문은 이러했다.

〈기자=오늘은 同鄕(동향) 선배를 대하는 마음에서 좀 터놓고 이야기하고 싶습니다. 대구 淸水園(청수원) 아주머니의 안부도 전해드리고요.

박정희=좋습니다. 청수원 아주머니한테는 신세도 많이 졌는데 편지라도 한 장 해주어야겠는데…. 또 취재하러 왔소? 나는 고향 친구라기에 이야기나 좀 하고 싶었는데.

기자=박 장군이 군사혁명을 결심한 동기는?

박정희=과거 25년간의 군인 생활을 통해서 나는 누구보담도 군이 정치에 관여해서는 안 된다고 주장해 왔습니다. 그런데 기성 정치인들에게 정치를 맡겨 놓으니까 꼭 망할 것만 같았어요. 아, 그래 국가 민족이 망해가는 판에 군이라고 정치에 불관여한다는 원칙만을 고집할 수 있겠소? 그래서 최후 수단을 쓴 것뿐입니다.

기자=李(이) 정권하에서도 군사혁명의 기운이 있었다는데 이번 5·16 혁명의 직접적 동기를 좀….

박정희=하기야 이승만 정권 때도 3·15 부정선거를 계기로 흥분한 일부 영관급 장교단이 들고 나서려고 했는데 아시다시피 4·19 혁명이 일어나 학생들에게 맡긴 셈이지요. 그건 그렇다 하고 이번 군사혁명의 직접적인 동기야 여러분이 다 아시다시피 장 정권이 국민의 뜨거운 염원을 팽개치고 무능과 부패로 일관해서 도저히 그들로서는 긴박한 위기를 타개할 힘이 없다고 단정했기 때문입니다.

첫째, 국민을 기아로 몰아넣은 그들의 무능도 무능이려니와 장면 씨의 리더십이란 게 말이 아니었거든요. 사실 혁명 구호에도 있지만 이북 공산당의 간접 침략은 눈에 보일 정도였고 부패와 무능으로 인한 경제 파탄은 결국 국민을 극도의 불안과 *浮黃症*(부황증)으로까지 몰아넣지 않았소. 이래 가지고야 군대인들 안심하고 국토방위에만 전념할 수 있었겠소? 아닌 게 아니라 이러다간 1년 후에는 공산주의가 시골 농촌까지 침투할 것이라고 나는 분명히 판단했소.

기자=간접 침략을 분쇄하자는 혁명 구호를 내걸 만큼 張 정권은 반공에 무력했던가요.

박정희=무력 정도가 아닙니다. 놀라지 마시오, 망할 놈들. 허, 이번에 조사해 보았더니 붉은 마수는 이미 張 정권의 장관급까지 뻗치지 않았겠소(흥분한 박 소장의 두 눈에는 순간 불꽃이 인다).

기자=아니 그게 정말입니까?(어안이 막힌 기자는 숨을 죽이고 박 장군의 입만 지켜본다)

박정희=그 鮮于宗源(선우종원·전 조폐공사 사장)이란 놈하고 김영선(전 재무장관), 金善太(김선태·전 무임소 장관) 같은 자가 일본의 조총련을 통해서 공산당의 지령과 공작금을 받은 사실이 드러났으니 더 말해서 뭘 하겠소. 더구나 선우란 놈은 간첩임을 자백하고 '목숨만 살려 달라' 고 애원했어. 이 따위 놈들이 정권을 맡았으니 백성이 살 게 뭐요? 2, 3일 후에는 사건 전모를 공표하겠지만 그밖에도 나는 감투와 돈과 이권에 눈알이 뒤집힌 그들의 흑막을 낱낱이 천하에 공개할 방침이오〉

박정희가 말한 반공 검사 출신 선우종원 씨 관련 간첩 사건은 조작된 것으로 판명된다.

고향으로 띄운 편지

1961년 6월 3일의 최고회의 박정희 부의장에 대한 〈매일신문(대구)〉 정경원 기자의 인터뷰 기사는 이렇게 이어진다.

〈기자=그런 어마어마한 간첩 사건을 장 정권이 몰랐단 말입니까.

박정희=천만에, 경찰은 이미 사건을 인지했지만 압력에 눌려 흐지부지해 버렸다니 기가 막힌 일이 아니오? 여북하면 미국에 가 있는 최경록 장군 같은 분은 재미 유학생들이 그곳에서 영주하려 한다고 전해 왔겠소?

기자=박 장군의 가정환경을 좀….

박정희=신당동에 집 한 칸 있는데 처하고 열 살, 일곱 살 나는 기집애

둘, 네 살짜리 머슴애 하나뿐입니다. 재혼해서 모다 어리지요, 허(박 장
군은 처음으로 웃었다).

　기자=군사혁명 전후의 사정을 이야기해 줄 수 없습니까?

　박정희=다 지나간 얘기인데 참가 부대는 다 알 거요. 알려 달라고? 30
사단, 33사단, 공수전투대, 해병제1여단, 6군단 포병…. 서울서 행동한
주류 부대는 이 정도고 이밖에 대구, 부산, 광주, 논산훈련소, 청주(37사
단) 등 후방부대와 일부 야전군 사단에서도 호응을 약속했습니다. 최초
의 계획은 작년 12월부터지요. 그땐 영관급 장교들이 열렬했고 2군 참모
장이던 이주일 장군의 협력도 많이 받았지요.

　기자=도중에 정보가 새었다는 말도 있었는데….

　박정희=일부 정보가 새어서 초조할 때도 있었지만 나 자신은 군사혁
명을 결심했을 때 이미 죽을 각오가 되어 있었소. 물론 우리 동지들은
이번 거사에서 만일 배신한 자가 있으면 극형에 처하도록 서약했었소.
사실 까놓고 말하자면 내가 실패했더라도 후회는 안 했을 거요. 내 뒤를
이어 제2, 제3의 혁명은 당연히 豫期(예기)할 수 있었으니까요.

　기자=정보는 왜 새었습니까?

　박정희=글쎄 한 놈이 배신했기 때문에 약간 당황했지만 미군 계통은
장도영 중장이 잘 커버했지요.

　기자=아슬아슬한 에피소드가 있으면?

　박정희=12일의 거사 계획이 정보 누설로 실패하고 13일 숯(전) 혁명군
에 16일 오전 3시에 행동하도록 지시를 완료했소. 사실은 정보가 새었기
때문에 예정보다 1시간 늦었고 한강에서는 헌병들과 본의 아닌 교전까
지 있었지요. 예정대로 됐다면 장면이도 장관들도 모조리 내 손으로 잡

아넣는 건데…그때 지휘 위치가 어디냐고요? 6관구 사령부였소.

기자=박 장군이 가진 신조는?

박정희=나는 군인이니까 국가에 충실하게 봉사하겠다는 일념뿐이지요. 아무리 썩고 혼탁한 세상이지만 올바르게 살아보겠다는 신념은 굽히지 않았지요.

기자=실례가 되면 양해해 주십시오. 항간에선 박 장군을 아주 냉혹한 군인으로 알고 있는데….

박정희=허, 그건 너무한데요. 사귀어 보이소. 그렇게 냉정한 사람은 아닐 겁니다. 하기야 나는 5·16 전에 많은 사회단체와 사회인들과 접촉해 보았지만 다 그렇다는 건 아니지만 그들은 거의 도둑질, 협박 같은 얘기에만 열심이었어요. 그래서 나는 되도록 그들과 絕緣(절연)하게 되었지요. 청탁, 부탁 같은 것을 이 사회에서 없애자는 게 내 신념이고, 인간 혁명이란 말도 있는데 요새도 나한테 부탁 오는 사람이 있으니 곤란합니다. 아직도 정신이 덜 난 모양이지요?

기자=박 장군의 취미는?

박정희=영화는 그다지 좋아하지 않습니다. 사색하거나 史書(사서) 읽는 걸 좋아합니다. 어떤 책을 좋아하냐고요? 각국의 혁명사를 좀 읽었는데 그것도 역사 서적에 들어가나요? 요즘은 경제 공부도 좀 합니다. 〈나의 투쟁〉이란 영화(히틀러의 일대기를 다룬 기록영화)를 봤냐고요? 대구서 영화도 보고 책도 읽었지요.

기자=양담배를 피워 본 적은?

박정희=5·16 전에는 나도 양담배를 피웠지요. 혁명 후에는 딱 끊었소(이렇게 말하고는 피우다 남은 아리랑 담배꽁초에 불을 붙이면서 "담배는 하루에 이놈을 두 갑 피운다"고 픽 웃는다).

기자=舊(구)정권 때의 국회의원에 대해서 옥석을 구분할 용의는?

박정희=부패 부정한 정권과 이에 동조한 자는 다시는 출마를 못 하도록 법령으로 만들어놓고 군도 물러나야겠소. 이 문제는 더 연구해 봐야겠지만 옥석은 가려야겠지요.

기자=참신하고 양심적인 정치인은 어디다 기준을 두고 있나요?

박정희=어쨌든 앞으로 보다 깨끗하고 애국하는 젊은 세대가 나와야 할 것입니다.

기자=항간에는 국가재건최고회의 인사가 어쩌면 너무 이북계에 치우친다는 오해도 있는 모양인데.

박정희=우리에겐 그런 편협한 지역 관념은 없소. 사실 이번 혁명에는 以北 출신 동지들이 보다 많이 참가했으니까요.

기자=박 부의장이 부정의 온상이란 국회의사당에 들어온 첫 느낌은?

박정희=이 방이 누구 방인지는 몰라도 처음 왔을 땐 확 불을 지르고 싶은 분노가 앞섰지만 국가 재산이 아까워서 참았소. 어쨌든 언론인 여러분 잘 부탁합니다〉

이 인터뷰 이틀 뒤 박정희 부의장이 구미면장 張月相(장월상) 앞으로 친필 私信(사신)을 전한다. 장월상은 박정희와 함께 구미보통학교를 다닌 동기생이기도 했다.

〈조국과 민족의 이 절박한 현실을 눈으로만 보고 있을 수 없어서 一死奉公(일사봉공) 愛國至誠(애국지성)에 불타는 젊은 청년 장교들과 국군 장병들의 구국 정신이 발화점에 도달하여 궐기한 것이 5·16 군사혁명이었습니다. 5월 12일 최후의 결심을 하고 상경하는 도중 금오산 상공을 통과하면서 그리운 고향산하와도 작별하고 지나갔으나 天佑(천우)와 神助(신조)가 우리를 버리지 않았고 삼천만 동포들의 염원이 무심치 않아서 금번 혁명대업이 성공된 것으로 알고 있습니다. 4000년 역사를 통해서 누적된 積弊(적폐)와 舊惡(구악)들을 완전히 拔本(발본)하고 자손만대 행복과 복지를 누릴 수 있는 조국 대한민국의 굳건한 토대를 닦아야 되겠다는 것이 우리들 혁명군 장병들의 일념입니다.

이 민족적인 대과업은 한두 사람의 노력으로는 안 될 것이며 군인들의 힘만으로써도 성취할 수 없을 것입니다. 全국민이 일치단결하여 이 거대한 민족적인 사명 완수에 총진군하는 길만이 성공의 유일한 첩경일 것입니다. 우리들은 생사를 초월하고 목숨을 걸고서 기어코 이 과업을 완수하고자 합니다. 고향에 계신 여러분, 우리들도 남과 같이 잘 살 수 있고 행복할 수 있습니다. 우리들의 정신과 노력으로써 이것은 가능한 것입니다. 앞날의 영광스럽고 찬란한 조국 건설을 위해서 우리들은 분발합시다. 우리들 후손들이 행복하게 살 수 있게 하기 위해서 우리들 당대는 희생을 하고 노력을 해야 하겠습니다〉

鮮于宗源

박정희 부의장이 대구 매일신문과 인터뷰에서 장면 전 총리의 측근이던 반공 검사 출신 鮮于宗源 조폐공사 사장이 북한 간첩이었다고 말한 것은 다른 언론에도 보도되었다. 혁명 정부에선 곧 전모를 발표하겠다고 하면서 시간을 끌다가 鮮于 씨를 反혁명 혐의로 구속기소했다. 박정희는 수사기관으로부터 잘못 보고받은 것을 인용한 것으로 추측된다.

조선조 당쟁 때는 상대 당파를 쓸어버리는 죄목으로서 주로 역모죄를 이용했다. 대한민국 시대의 정권 교체기엔 용공, 反혁명 같은 어마어마한 혐의가 많이 등장했다. 권력 기관이 親與(친여) 언론을 이용, 콩알만 한 사실을 집채만 한 것으로 선전함으로써 정치적인 목적을 달성하려고 하는 잔재주는 지금까지 이어지고 있는 우리 정치 풍토의 유구한 전통이기도 하다.

鮮于宗源은 1952년 장면이 이승만 대통령 밑에서 국무총리로 있을 때 그의 비서실장이었다. 이승만이 이해 여름 부산 정치 파동을 일으켜 직선제로의 개헌을 감행하자 일본으로 밀항하여 8년간 망명 생활을 하다가 4·19혁명 뒤 돌아왔다. 그는 조폐공사 사장으로 있으면서 장면 총리의 가까운 정치 참모 역할을 했다.

박정희 일파가 쿠데타를 모의하고 있다는 정확한 정보를 입수하여 총리에게 보고한 적도 있었다. 장 총리는 이 정보를 장도영 육군 참모총장에게 넘겨 조사를 지시했다. 張都暎은 선우 씨에게 전화를 걸어 "그런 정보가 있으면 나한테 먼저 알려 주어야지"라고 항의한 뒤 "도대체 누가 제보자입니까. 나도 모르는 그런 정보를 알다니"라고 불평했다. 장도영은 5·16 쿠데타가 터지기 며칠 전에도 선우종원과 만나 식사를 같이 했다.

5월 16일 아침 혁명 방송을 들었을 때 선우종원은 장도영이란 이름이 혁명 지도자로 발표되는 것에 기가 막혔다.

"난 장도영 총장을 믿소. 그는 내게 생명을 바쳐 충성하겠다고 다짐까지 했소."(장면)

"도대체 그럴 수가 있습니까. 제가 쿠데타 음모를 꾸미다니요? 선우 형, 섭섭합니다."(장도영)

선우종원의 귀에는 張 총리의 확신에 찬 목소리와 張 총장의 항의하는 목소리가 겹쳐서 들려 왔다는 것이다. 5월 17일 오후 선우종원은 장도영 총장의 공관을 찾아갔다. 부관의 연락을 받고 달려온 장도영은 선우종원을 보자마자 지휘봉과 모자를 집어던지고는 돌아앉아 큰 소리로 울더란 것이다(회고록《격랑 80년》에서 인용). 울고 난 장도영은 이런 말을 하더란 것이다.

"이건 민주당 정권이 정치를 잘못하여 나라를 걱정하는 젊은 장교들이 박정희 장군을 내세워 구국일념으로 일어선 것입니다."

鮮于宗源은 끓어오르는 분노를 꾹 참으면서 가장 궁금한 점에 대해서 물어보았다.

"그런데 박정희 장군은 빨갱이라고 하는데 그게 사실입니까? 그렇다면 우린 그의 손에 죽어야 합니까?"

"그건 잘못 알려진 사실입니다. 그는 나이도 젊고 청렴해 부하들의 신망이 두터운 양심적인 군인입니다. 물론 사상도 건실하지요."

선우종원은 장도영의 견장을 툭 치면서 "장 장군은 세 가지를 잘못 한 것 같소"라고 한 뒤 욕을 퍼붓고는 "조심하시오"라고 충고한 뒤 나왔다. 그 며칠 뒤 동향 선배인 李龍雲 전 해군 참모총장이 선우종원에게 전화를 걸었다.

"지금 장면 총리 측근들을 反혁명으로 몰아 잡아들이려는 모의가 진행 중이오. 빨리 피하시오."

5월 24일 선우 씨는 헌병들에 의해서 연행되었다. "누구 명령인가"하고 물으니 헌병들은 "장도영 장군의 명령입니다"라고 하더란 것이다. 선우종원은 反혁명 사건으로 사형 구형에 징역 5년형을 선고받은 뒤 서대문 교도소에 수감되었다. 여기서 그는 또 다른 反혁명 사건에 연루되어 구속된 장도영을 만났다.

2년 3개월간의 옥살이를 하고 나온 鮮于宗源은 박정희와 친해졌고 국회 사무총장이 되어 여의도 의사당의 신축을 지휘했다. 反轉(반전)과 逆轉(역전)이 일상화한 한국 현대사의 정치 무대. 反共(반공) 검사가 정치적으로 몰려 親共(친공)으로 둔갑한 선우종원의 사례는 그 모양을 달리하여 요사이도 되풀이되고 있는 권력 투쟁의 한 표본이 아닐까.

5·16 혁명이 성공한 뒤에도 좌익 혐의로 시달리고 있었던 박정희는 反共 검사의 대표격인 선우종원을 간첩으로 몰아 좌익 수사에 대한 국민들의 인식을 혼란시킴으로써 자신에게 씌워진 의심을 벗어던지고 싶었던 것이 아닐까. 권력이 인간적 의리와 이념적 소신, 법치의 원칙을 파괴해 가는 현상은 민주화 시대에도 해결해야 할 문제로 남아 있기 때문이다.

선우종원에게 피신할 것을 권했던 李龍雲(이용운)은 박정희가 존경해 마지 않았던 李龍文(이용문) 장군의 친형이었다. 이용운도 며칠 뒤 혁명정부에 의해서 군부 숙청의 일환으로 구속되었다. 이용문 장군의 미망인 김 여사는 큰아들 李健介(이건개·당시 서울법대 재학 중)를 데리고 박정희 부의장을 찾아갔다. 두 사람이 부의장 방에 들어섰을 때 박정희는 전투복을 입은 채 창밖을 바라보고 있었다. 박정희는 몸을 돌렸다. 이때 이건개는 깜짝 놀랐다. 그는 당시를 이렇게 묘사한다.

"그분의 얼굴에서부터 무릎까지 掌風(장풍)과 같은 殺氣(살기)가 일종의 막처럼 덮여 있었어요. 나는 그때 중국 무협소설을 읽고 있었어요. 문득 '사람이 독한 마음을 먹고 정신을 집중하면 장풍이 생기는 모양이다'는 생각이 들었습니다. 어머니와 저에게 의자에 앉도록 권한 박 장군은 아주 심각한 표정이었습니다. 말씀하시는 도중에도 살기의 막이 없어지지 않고 들락날락하더군요."

김 여사는 구속된 이용운 장군의 선처를 부탁했고 박정희는 혁명에 대한 여론과 학생들에 대한 반응을 물어보았다. 박정희는 이렇게 이야기했다.

"우리 군인들이 정치를 뭐 깊이 압니까. 단지 애국충정에서 나라의 기강을 바로잡아야겠다는 일념으로 이용문 장군과 논의하던 대로 목숨을 걸고 혁명한 것입니다."

김 여사가 "건개 아버지 생존 시에 누차 강조하시던 말씀을 잘 알고 있습니다"라고 받았다. 박정희는 갑자기 옛날 생각이 났는지 무서운 표정을 풀면서 웃었다. 그 순간 얼굴을 아지랑이처럼 가리고 있던 살기가 사라지더란 것이다.

박정희는 "이번에 혁명을 주도한 장교들은 모두 이용문 장군을 존경하고 있습니다. 이 장군 생존 시에는 여러 번 구국의 방법에 대해서 의논한 적이 있습니다"라고 말하면서 잠시 추억에 젖었다. 박정희가 이때 살기를 느끼게 할 만큼 독한 결심을 하고 있었던 것은, 자신이 여러 번 신세를 졌고 은혜를 입었으나 지금은 경쟁자가 되고 있는 장도영의 처리 문제 때문이었을 것이다.

早期 민정 이양론의 대두

AP통신은 6월 1일 혁명정부가 '오는 8월 15일을 전후하여 정권을 민간 과도정부에 이양하는 것을 검토 중이다'고 보도하여 박정희·김종필을 중심으로 한 혁명 주체들을 흥분시켰다. 다음날 최고회의 대변인인 元忠淵(원충연) 보도국장은 이 외신 보도를 부인하는 성명을 발표했다.

〈정권이양은 사회 각 분야의 개혁이 성공적으로 단행되어 북괴의 경제력을 압도할 수 있는 기반이 마련된 후가 될 것이다〉

沈興善(심흥선) 공보부장도 기자들에게 "현 내각이 바로 과도정부"라면서 "민간인으로 구성되는 또 다른 과도정부를 구성할 필요가 없다"고 말했다. 이날 오후 윤보선 대통령은 월례 기자회견에서 정권 이양이란 상당히 민감한 분야에 대해서 언급했다. 그는 우선 "조속한 기간 내에 정권을 민간 정부에 이양할 것을 희망한다"고 했다. "정부형태는 대통령 중심제가 적절하지 않을까 생각한다"면서 "프랑스 드골 헌법을 참고로 해볼 만하며 양당제로 나가는 것이 좋겠다"는 견해를 피력했다. 윤 대통령은 또 "질서를 회복하고 사회악을 電光石火(전광석화)와 같이 제거하는 것을 국민들이 쌍수를 들어 지지하는 줄 믿는다"면서 "군정 기간에 공산당을 깨끗이 청소해 주어야겠다"고 주문했다.

윤 대통령은 군사혁명에 대해서 "올 것이 온 것이다"라고 말하고 이렇게 덧붙였다.

"다른 사람들이면 10년 걸릴 일들을 10일 동안에 해놓으니 찬양하지 않을 수 없습니다."

혁명 정부는 윤 대통령의 기자 회견에 대한 불만을, 이를 보도한 기자들을 잡아넣는 식으로 표현했다. 회견 다음날 수사당국은 '조속한 정권 이양 필요'란 제목으로 보도한 〈동아일보〉의 金永上(김영상) 편집국장, 정경부 李萬燮(이만섭·뒤에 국회의장 역임) 기자가 연행되어 갔다. 6일엔 직접 취재를 했던 李振義(이진희·문공부 장관 역임) 기자가, 7일엔 趙庸中(조용중·〈연합통신〉 사장 역임) 차장이 연행되었다. 이는 정권을 장기간 장악하여 국가 개조를 하겠다고 나선 혁명파 장교들이 早期(조기) 정부 이양을 요구하는 윤 대통령과 이에 동조하는 장도영 최고회의 의장에 경고하려는 뜻을 내비친 것이다.

서른일곱 살의 김종필 중령(그는 혁명 성공 직후 현역으로 복귀했다)이 중앙정보부장으로서 언론 앞에 공식적으로 등장한 것은 6월 5일 오후였다. 최고회의 본회의실에서 그는 내외신 기자들을 모아놓고 5·16 혁명 비화를 털어놓고 혁명 정책의 기조를 밝히는 등 실력자로서의 면모를 과시했다. 그는 혁명 비화를 설명하면서 4·19 혁명 직후의 8기생 중심 정군 운동을 뿌리로 하여 이야기를 전개해 나갔다. 그는 "박정희, 장도영 장군은 올해 3월에 가담했다"고 하는가 하면 "특히 장도영 총장은 정보가 누설될 때마다 잘 커버해 주었다"고 했다. 듣기에 따라서는 자신이 혁명의 총기획자이고 박정희는 추대되었을 뿐이란 느낌을 줄 정도였다.

金 부장은 또 "혁명 공약, 초기의 포고령, 국가재건최고회의란 명칭은 내가 기초하여 박정희 장군의 수정을 받은 것이다"고 말하고, "혁명을 구상함에 있어서는 (장준하가 발행하던 월간잡지) 〈思想界〉를 많이 참고했다"고 했다. 그는 이어서 "원래는 내각을 구성할 때 45세 이하로 하려고 했었다"고 말하고 경제 정책에 대해서도 언급했다.

"궁극적인 목표는 자유시장경제 체제이지만 거기에 이르기까지, 또 혁명 직후의 혼란을 수습하기 위해서 일정 기간은 계획 경제의 단계를 거쳐야 할 것으로 생각한다."

국정의 전반에 대한 30대 젊은 장교의 소신 피력은 많은 기자들에게 깊은 인상을 주었다. 김 부장은 "이번 혁명을 성공시키는 데 든 자금의 총액은 860만 환에 불과하다"고 털어놓아 기자들을 웃겼다. 그는 박정희 장군이 자신의 처삼촌임을 공개하기도 했다.

임시 헌법인 국가재건비상조치법이 공포되고 장도영 의장이 국방장관과 육군참모총장직을 내놓고 박정희 부의장이 최고회의 상임위원장을 겸직한 것이 6월 초, 이는 장도영의 무력화를 의미했다. 새로 육군 참모총장에 임명된 金鐘五(김종오) 장군과 宋堯讚(송요찬) 국방장관은 박정희·김종필 세력에게 도전할 사람들이 아니었다. 두 사람 모두 혁명 주체 젊은 장교들에게는 한때 정군 대상으로 여겨졌던 인물이었다.

혁명 주체 세력 안에 장도영의 처지를 동정하는 장교들은 몇 있었으나 그를 지지하거나 충성을 맹세할 장교는 한 사람도 없었다. 장도영 자신도 박정희와 김종필의 독주에 불평을 할 정도였지 지지 세력을 규합할 권력 의지가 없었다. 실권 없는 최고회의 의장 장도영은 조기 계엄 해제, 조기 민정 이양, 과격한 농어촌 고리채 정리의 완화, 무리한 부정 축재 처리의 완화 등을 주장하는 등 온건한 조치를 강조했으나 그때마다 청년 장교들에 의하여 무시당했다. 6월 8일 그는 박정희 부의장을 불러 "나는 의장직에서 물러나겠다"고 선언했다.

"최고회의 의장은 계엄사령관인 육군참모총장이 맡아야 합니다."

장도영은 그러고는 중앙청 총리실에서 기거하면서 내각수반직만 수행하기 시작했다.

총구로써 정권을 탈취한 군인들은 차츰 사회가 안정을 되찾으면서 새로운 논리가 적용되는 시대가 전개되고 있음을 느끼기 시작한다. 대강 그 기점은 5월 18일이었다. 이석제 중령은 정권 탈취가 일단락된 날의 감회를 이렇게 적었다.

〈5월 18일 아침, 나는 참으로 오랜만에 여유 있는 마음으로 육군본부 뜨락을 산책했다. 나뭇가지에서 파란 새싹이 돋아나는 모습, 풀 한 포기의 생명력에 가슴 벅찬 희열을 느꼈다. 산천초목이 그토록 아름답고 신비로울 수 없었다〉

새로운 정권도 새로운 생명체처럼 새로운 생리와 조건을 가진다. 18일까지가 정권을 물리적으로 뒤엎는 혁명의 시간대였다면, 그 뒤로는 국가 관리의 시간대였다. 혁명의 시간대엔 돌파력과 결단력을 가진 사람들이 필요했지만 관리의 시간대에선 관리 경영 능력이 필요했다. 김종필, 이석제, 오치성, 장경순 같은 장교들이 그런 관리 능력의 소유자로서 달라진 무대에서도 계속해서 영향력을 유지해간 사람들에 속한다. 머리는 없고 용기만 있었던 장교들은 새로운 시대에 적응하지 못하고 밀려나고 도태되었다. 대한민국을 접수하여 장관직에서 경찰서장 자리까지 주요 직책을 거의 몽땅 차지한 군인들에겐 또 다른 경쟁 시대가 열린 것이었다.

무식한 사람과 무능한 사람

육본 작전교육처장 장경순 준장은 전북 김제 출신인데 별명이 '농림부 장관'이었다. 평소에도 농촌 이야기를 많이 했기 때문에 그런 별명이 붙은 것이었다. 이 별명 때문에 그는 혁명정부의 초대 농림부 장관이 된다. 혁명 내각의 장관들을 뽑는 인사 중심 역할을 한 사람은 오치성 대령이었다. 오 대령은 '농림부 장관' 장경순을 진짜 농림부 장관으로 천거했던 것이다. 장경순은 박정희에게 인사차 가서 이렇게 물었다.

"각하, 제가 농림부 장관이지요?"

"그럼 당신이 농림부 장관이 아니면 누가 장관이오."

"그러면 하루라도 소신껏 하겠습니다."

"그렇게 하시오."

장 장관은 농림부 전 직원들을 집합시킨 뒤 이렇게 말했다고 한다.

"나는 이 시각 이전의 문제는 일체 불문에 부치기로 하였습니다. 내 전임자는 여러분들을 지금 그 자리가 최적의 자리라고 생각하고 임명했을 것입니다. 처음 부임한 내가 아무것도 모르고 인사이동을 시키지는 않을 것입니다. 아무쪼록 소신대로 일해 주십시오. 나하고 근무할 수 없는 사람은 딱 두 종류뿐입니다.

첫째는 무식한 사람입니다. 자기 할 일도 제대로 처리하지 못하면서 남의 일에 간섭하는 사람이 바로 무식한 사람입니다. 앞으로 자기가 맡은 일 이외에 대해서는 나에게 이야기하지 마시오. 남의 이야기를 나에게 하는 사람은 내가 즉각 해임시키겠습니다.

둘째는 무능한 사람입니다. 자기 맡은 일도 못 하는 사람을 말합니다. 무식하고 무능한 사람은 나와 함께 일할 수 없습니다. 농림부는 너무나 할 일이 많습니다. 오늘부터는 토요일도, 일요일도 없습니다."

과거를 불문에 부치겠다고 하니 약점이 많은 공무원들은 안심하고 '죽자사자 일을 했다'는 것이다. 장경순은 박정희 부의장에게 이런 보고를 올렸다.

"우선 농어촌 고리채를 정리해 주어야겠습니다. 또 하나는 묘지 문제입니다. 논이고 밭이고 간에 묘지 천지입니다. 이래 갖고는 농사가 안 됩니다. 묘지도 이 기회에 정리해야겠습니다."

"고리채 정리는 옳은 일이지만 묘지 이야기는 잘못 꺼냈다가는 혁명 정부가 견딜 수 없을 거요. 나도 생각해 보지 않은 것은 아니지만 그 문제는 차후에 의논합시다."

장경순은 8기 특별기 출신이자 한때 전북중학교에서 함께 교편을 잡았던 적이 있는 金起鳳(김기봉) 중령을 장관 특별보좌관으로 임명했다. 김기봉은 군인의 눈으로 본 당시 공무원 사회의 실상을 이렇게 회고했다.

"당시 공직 사회에는 대학 졸업자도 많았지만 그들이 배운 지식은 잘 실천되지 않고 있었습니다. 저는 귀납법과 연역법을 군대에서 배웠습니다. 정보 수집을 하여 적정 판단을 내리는 과정은 귀납적입니다. 몇 가지 상황을 상정하고 그중 하나를 고르는 과정입니다. 이것이 행정 실무에도 그대로 적용되고 있었습니다. 그와 반대로 하나의 정책을 세워 놓고 그 목표를 달성해가는 과정은 연역적입니다. 군의 작전 계획 등 모든 계획이 연역법의 논리에서 파생된 행정 기법입니다. 민간 분야의 낙후성은 놀랄 일도 아니었습니다. 장교들은 미국 유학을 다녀와서 선진화되어 있었던 반면에 민간 분야는 그런 행정 경영 교육을 받을 기회가 없었습니다.

한국군은 미국의 우수한 행정학자들이 모여 만든 군사 행정 기법을 전수해 이를 토대로 전쟁을 치르고 養兵(양병)을 해가던 시절입니다. 보고서를 작성해도 일목요연하게 강조할 부분을 제목으로 뽑곤 했지만 농림부에 와 보니 온통 미사여구로 장식된 문장 속에서 무엇이 강조되고 있는지 알기 힘들었습니다. 타자기를 활용하지 못하고 먹지를 밑에 받치고 쓴 복사 문건들은 바래져 무슨 글자인지도 모를 지경이었습니다. 우선 타자기를 보급하고 배우도록 권장하기 시작했습니다."

장관들은 내각회의를 하기 전후에는 박정희 부의장에게 들러 보고를 하곤 했다. 박정희는 꼼꼼한 것까지도 따져 묻는 바람에 업무가 폭주했다. 李錫濟 최고회의 법사위원장이 건의했다.

"각하, 사소한 것들은 내각에 일임하시죠. 그 시간에 다른 큰일을 하시거나 좀 쉬십시오."

"알아. 내가 지금 업무를 파악하느라고 그래."

박정희는 착실한 학생처럼 국정을 공부해 가기 시작한 것이다. 박정희의 이런 자세는 다음해를 넘기면서 풀어지는데 그때쯤이면 국정의 흐름을 대강 파악한 단계로 접어드는 것이다. 박정희는 장기 집권 때문에 죽기 전에는 국토개발 등 국정 전반을 한 손에 잡은 것처럼 환하게 파악하여 장관들의 기를 죽이곤 했었다.

실정법의 질서를 무너뜨린 군사 정권이 건국 뒤 가장 큰 법률 정비를 단행하여 우리나라의 법치에 실질적으로 기여하게 된 경위는 이러하다. 최고회의 법사위원장 이석제는 군정을 뒷받침할 입법 활동을 하다가 깜짝 놀랐다. 대부분의 법령이 우리말로 번역되어 있지 않고 조선총독부 시절에 쓰던 일제의 법령과 미군정 법을 그대로 쓰고 있었다. 광복된 지가 16년, 한글전용법이 만들어진 것이 1948년인데 자기 나라말로 된 법령집이 없다니 이게 무슨 주권 국가인가 하는 한탄이 나왔다는 것이다. '대한민국을 일본어와 영어로 된 법률로 다스리다니 …' 하는 울분이 솟은 이석제는 즉시 개혁에 들어갔다.

朴正熙 부의장에게 실정을 보고하니 깜짝 놀라는 것이었다.

"지금까지 대한민국을 조선총독부의 법률로 운영해왔단 말인가. 나라가 어찌 되려고 이 모양이었던가. 통탄할 노릇이군. 도대체 국회의원과 정치가와 공무원들은 뭘 했기에… . 법사위원장은 이 일을 어떻게 해결했으면 하오?"

"때늦은 감이 있습니다만 지금부터라도 모든 역량을 집중해서 명실상부한 대한민국의 법령체계를 세워야 한다고 봅니다."

"작업이 방대할 텐데 무슨 수로 짧은 기간에 그 많은 법률을 고치고 제정할 수 있겠소."

"각하, 지금은 혁명 상황입니다. 대한민국 통치의 근간이 되는 법률체계를 제가 한번 만들어 보겠습니다."

법령 번역 작업과 병행하여 우리 실정에 맞지 않는 일본 법령을 폐기시키고 필요한 법령을 새로 만들었다. 이를 위해 각 부처에 법무실 제도를 신설했다. 이석제는 장교 시절 제대한 뒤 考試(고시)를 치려고 법률 공부를 해두었는데 그것이 이런 일대 개혁 조치로 연결된 것이다.

제14장

國家改造

朴正熙

법령 정비 작업과 전기 3社 통합

대한민국 제헌 헌법 제100조는 '현행 법령은 이 헌법에 저촉되지 아니하는 한 효력을 가진다' 고 규정하였다. 따라서 미군정 법령뿐 아니라 일제 법령과 舊韓末 법령까지도 依用(의용)하였다. 이승만 정부는 1948년 9월 15일 법전 편찬위원회 직제를 공포하여 민사, 형사, 商事(상사)에 관한 기본법의 제정에 착수하였다. 1953년의 형법을 시작으로 형사소송법, 민법, 민사소송법, 상법의 순서로 기본법 제정 작업을 진행하고 있었다.

이와는 별도로 1951년 5월 12일 대통령령 제499호로 법령정리 간행위원회를 설치하고 정부 수립 이전에 제정된 각종 舊(구)법령을 번역, 폐지, 개정, 제정하는 일에 착수했다. 이들 업무는 예산 부족 등의 이유로 진행이 지지부진하여 1961년 5월 16일 군인들이 집권할 때는 "이 나라가 아직도 영어와 일어로 쓰인 법령에 의하여 통치되고 있다"는 분노를 자아낼 정도였다. 이석제 최고회의 법사위원장은 이 법령 정비도 군사작전식으로 밀어붙였다.

혁명 정부는 1961년 7월 15일 법률 제659호로 舊법령 정리에 관한 특별조치법을 제정하여 1962년 1월 20일까지 정리되지 않은 舊법령은 모두 실효시킨다고 선언했다. 정부는 기존의 법령정리위원회를 개편하여 내각수반 소속으로 두고 내각 사무처장을 위원장으로 했다. 정부는 6개월의 시한을 정해 두고 각 부처에서 만들어 올린 법령안을, 국회 기능을 대신하고 있던 최고회의에 올려 신속하게 통과시켰다. 5·16 전까지의 13년간 정리된 법률이 115건이었는데 혁명 정부가 6개월간 정비한 법률은 352건이나 되었다. '법제처 50년사' 는 이 작업의 의미를 이렇게 정리하고 있다.

〈구법령 정리 사업이 1962년 1월 20일에 완료됨에 따라 우리나라는 독립된 법치 국가로서의 면모를 일신하였고 모든 법령이 헌법을 기본으로 하여 그 하위 법령으로서 법률, 대통령령 및 총리령, 部令(부령)이라는 법체계가 확립되었다〉

혁명 정부가 실시한 개혁 가운데 요사이 말로 하면 구조 조정에 해당하는 것이 전기 3社(사) 통합과 韓電(한전)의 탄생이다. 혁명 정부의 상공부 장관은 丁來赫(정래혁) 소장. 육본 군수참모차장을 거쳐 국방대학원에서 학생으로 공부하던 중 장관으로 발탁되었다. 일본 육사에서 박정희보다 한 기 후배로 공부한 그는 軍內(군내)에선 명석한 두뇌의 소유자로 이름나 있었다. 정 장관이 맡은 상공부는 공업입국을 표방하게 되는 혁명 정부에서 중요한 역할을 할 부서였다.

당시 많은 군인들은 공업화의 가능성에 대해서 회의적이었다. 정 장관은 국장 회의를 소집해 보고 반가운 얼굴을 만났다. 국방대학원에 다닐 때 강사로 나왔던 咸仁英(함인영) 국장이 공업국장으로 일하고 있었던 것이다. 함씨는 일반적인 비관론과는 다른 아주 낙관적인 강연을 하여 정 장관은 깊은 인상을 받았었다.

"우리나라를 공업화의 불모지라고 생각하면 오산입니다. 물론, 일본과 대만에는 뒤지지만 공업화를 할 수 있는 싹이 있습니다. 원조자금으로 지은 한국유리, 동양시멘트, 충주 비료공장도 있습니다. 이런 시설들을 운영한 경험을 잘 살려서 우리도 한번 해볼 수 있습니다."

丁來赫 장관은 간부들에게 말했다고 한다.

"여러분들이 많은 계획을 세워서 책상 서랍 속에 넣어둔 줄 압니다. 지금부터 그것들을 다 꺼내 햇빛을 보도록 합시다. 내가 밀어드리겠습니다."

당시 상공부의 4대 현안은 전기 3사 통합 문제, 중소기업 금고 설치안, 석탄 증산, 그리고 공기업의 활성화였다. 혁명 정부는 대부분의 공기업 사장들을 장교들로 교체한 뒤 구조 조정을 밀어붙이기 시작했다.

電力의 생산, 공급을 맡은 전기회사는 조선전기, 경성전기, 남선전기로 분리되어 인력과 시설의 중복과 낭비적 운영이 심했다. 정부도 이런 폐단을 일찍 인정하고 1951년 5월 23일의 국무회의에서 3사 통합을 의결했지만 민간 주주들과 노조의 반대로 그 뒤 10년간 이루어지지 않았다.

발전 설비 용량에 대한 발전율은 광복 전엔 55% 이상이었으나 광복 후엔 한때 11.7%까지 떨어졌다. 송배전 단계에서 발생하는 전력 손실률은 41.7%나 되어 선진국의 세 배였다. 1959년 말 현재 전기 3사의 누적 적자는 49억 환이나 되었다. 민주당 정권도 비능률의 화신처럼 된 전기 3사의 통합을 다시 추진하다가 군사혁명을 만났다. 정래혁 장관에 의한 통합작업도 군사작전처럼 진행되었다.

먼저 전기 3사의 사장들을 군인들로 교체했다. 조선전기 사장엔 황인성, 경성전기 사장엔 조인복, 남선전기 사장엔 김덕준을 임명했다. 이들은 6월 8일까지 노조를 해산하고 종업원 1,654명을 감축했으며 민간 주주들의 반발을 침묵시켰다. 6월 21일까지 열 번의 회의를 통해서 통합에 따른 사무 처리를 마무리 짓고, 23일엔 최고회의가 한국전력주식회사 법안을 의결, 공포함으로써 전기 3사는 해산되었다. 韓電 사장엔 9사단장 朴英俊(박영준) 소장이 임명되었다. 민간 정부가 10년이 걸려도 해결하지 못한 일을 한 달 만에 치러냈다. 통합에 의해 능률적인 조직으로 재탄생한 韓電은 그 뒤 공업화의 동력원을 공급하는 역할을 성공적으로 수행하게 된다.

6월 18일자 〈조선일보〉엔 '5·16 이후의 농촌'이란 제목의 기사가 실렸다. 사회부 睦四均(목사균) 기자의 경기도 용인 지역 르포 기사이다. 이 기사는 〈초근목피로 연명해가던 보릿고개에서 군사혁명을 맞은 농군들은 '어려운 사람은 언제나 어렵게만 살아야 한다'는 지난날 자포자기했던 버릇을 버리려고 꾸준히 일하고 있다〉고 전했다. 또, 〈군복무 경험을 가진 농민들은 군인 정신으로 무장되어 있어 지도만 잘하면 물불 안 가리고 일할 준비가 되어 있다〉라고도 했다.

〈농민들은 혁명 정부의 강력한 추진력에 감탄하고 있다. 게다가 40대까지의 농군들은 거개가 '한번 한다는 것은 끝내 실천하고야 만다'는 군부 본연의 생리를 알고 있으며 철석같이 믿고 있다. 이들은 군에서 명령에 복종해야 强軍(강군)이 된다는 것도 알았고 어떻게 해야 농민이 잘 살 수 있다는 것도 알고 있다. 그러면서도 여간해서 말하지 않는 것이 농군의 생리이기 때문에 언제나 묵묵히 일하는 것만이 그들의 대표적인 생활 태도이다〉

부정 축재 기업인 조사

국가재건최고회의가 연일 터트린 개혁, 숙정, 개조작업 중에서 부정 축재자 처리 문제는 우여곡절이 많았다. 5월 28일 최고회의는 부정축재

처리위원회 명단을 발표했다. 위원장은 이주일 육군 소장이었고 6명의 위원을 두었다. 이 위원회는 기업인을 조사 대상으로 하는 제1조사단과 부정 공무원을 조사 대상으로 하는 제2조사단을 구성했다. 조사단 산하엔 12개 반, 각 반의 반장은 육군 소령, 중령들이었다. 반원은 감사원 직원, 형사, 세무 공무원으로 구성되었다.

부정 축재 조사반은 일본에 머물고 있던 삼성물산의 이병철을 제외한 우리나라 10대 기업인들을 포함한 11명을 모조리 구속하고 수사를 시작했다. 국세청의 전신인 司稅廳(사세청) 공무원으로서 이 조사단에 파견되었던 文炳恒(문병항)은 이렇게 회고했다.

"부정축재처리법에는 6개 항목이 있었는데 제2항은 '부정한 방법으로 30만 달러 이상의 정부 또는 은행 보유 외환의 대부 또는 매수를 받은 행위'로 되어 있었습니다. 이것은 원조 자금으로 들어온 외화를 둘러싼 부정을 말합니다. 은행을 움직이는 정치인들이 압력을 행사하여 기업인들이 외화 대부를 받도록 해주었습니다. 이자율은 低利(저리)였고 상환 기간도 장기였기 때문에 물가상승률이 연 30%이던 당시엔 이 돈만 빌면 가만히 있어도 돈을 벌 수 있었습니다.

이 돈은 떼먹어도 환수시킬 방법이 없었습니다. 그만큼 추적 조사 기법도 정착되어 있지 않았고 외환 관리라는 개념이 서 있지 않을 때였습니다. 기업을 조사해도 현금 출납이 장부에 제대로 적혀 있지 않으니 책임을 물을 방법이 없었습니다. 그때 기업이란 것이 꼭 구멍가게처럼 운영되고 있었으니까요."

김종필 전 총리의 증언에 따르면 기업인들을 잡아 가두는 계획은 그의 구상엔 없었고 최고회의에서 추진한 것이라고 한다.

"오히려 나는 실업인들을 활용해야겠다고 생각했어요. 도둑질도 해본 사람이 하는 것 아닙니까. 한국일보 사장 張基榮(장기영) 씨를 만났는데 '지금 최고회의에서 실업인들을 잡아 가두려는 모양인데 이거 안 됩니다. 극동해운 南宮鍊(남궁련) 씨를 만나보세요'라고 해요. 그래서 내가 밤에 남궁연 씨 집을 찾아갔습니다."

남궁연은 이렇게 말하더란 것이다.

"혁명은 잘 했습니다. 혁명이 잘 되려면 실업인들이 참여해야 합니다. 경제 활동은 경제인들 스스로 하도록 해야지 정부가 너무 관여하면 안 됩니다. 정치인들도 비록 부정 부패한 사람들이 많지만 그들의 지혜와 경험을 활용할 수 있어야 합니다."

김종필은 최고회의가 실업인들을 구속한 다음날 박정희 부의장을 찾아가 남궁연의 이야기를 전하면서 구속을 철회해 달라고 밤을 새워 가면서 설득했다는 것이다.

"실업인들 말고 경제를 일으킬 사람들이 누가 있습니까. 경제에 대해 아는 사람을 모아 보았자 학자들뿐이지 않습니까."

박정희는 처음엔 "최고회의에서 그렇게 결정한 건데 어쩌나"라고 하다가 "나도 사실은 구속하는 데 동의하지 않았다"면서 "내일 처리하자"고 하더란 것이다. 김종필은 일본에 가 있던 이병철에게도 "안심하고 들어오라"는 연락을 취했다고 한다. 일본 도쿄에서 쿠데타 소식을 접한 이병철은 이런 심경이었다고 한다.

〈사회 변혁이 있더라도 미군이 주둔하고 있는 한 赤化(적화)의 우려는 없을 것이다. 혁명이 일어남으로써 도리어 정국이 안정될지 모른다. 한편으로는 착잡한 심경을 가눌 길이 없었다. 경제인 11명이 부정 축재 혐의로 구속되었다고 한다. 그중 한 사람이 "부정 축재의 제1호는 도쿄에 있는데 우리들 조무래기만 체포하라는 것은 불공평하다"고 옥중에서 불평했다는 말이 전해졌다. 빈곤 때문에 사회 혼란이 야기되고 있다. 그 빈곤 추방의 앞장을 서야 할 경제인들을 차제에 잘 활용해야 할 텐데 근본적인 해결책은 등한시하고 무슨 목적으로 구속한 것일까〉

《湖巖自傳(호암자전)》에서 인용)

일본 경시청은 李秉喆 사장의 신변을 보호하기 위해 형사들을 붙여두고 있었다. 6월 4일 재일거류민단의 權逸(권일) 단장이 이 사장을 찾아와서 최고회의의 말이라면서 귀국을 권하고 갔다. 며칠 뒤엔 혁명 정부가 파견했다는 청년 두 사람이 '즉시 귀국하는 것이 신상에 이로울 것이다' 는 말을 남기고 갔다. 삼성 도쿄지사에 연락하니 '본국에서는 사장님이 귀국하지 않아 모든 일이 수습되지 않고 구속된 경제인들도 귀국을 바라고 있습니다' 라는 말이 들렸다. 그는 최고회의 부정축재처리위원장 이주일 소장 앞으로 편지를 썼다. 《호암자전》에 실려 있는 편지의 요지는 이러하다.

〈부정 축재자를 처벌한다는 혁명 정부의 방침 그 자체에는 이의가 없다. 그러나 백해무익한 악덕 기업인들과, 변칙적이고 불합리한 세제 아래서도 국가 경제 재건에 기여하면서 국민들에게 일자리를 주어 생활을 안정시키고 세금을 납부하여 국가 운영을 뒷받침해온 기업인들과는 엄격히 구별되어야 한다고 생각한다. 경제인을 처벌하여 경제 활동이 위축되면 빈곤 추방에 역행하는 결과가 빚어진다. 나는 전 재산을 헌납하는 한이 있더라도 그것이 국민의 빈곤을 해결하는 방법이 된다면 다행이라고 생각한다〉

6월 26일 밤에 항공편으로 도쿄에서 서울로 귀국한 이병철은 마중 나온 중앙정보부 차량을 타고 명동 메트로호텔로 갔다. 다음날 그는 중앙정보부 서울분실장 李秉禧(이병희)의 안내를 받고 박정희 부의장을 만나러 갔다. 박태준 비서실장의 안내를 받아 넓은 방으로 들어가니 저쪽에서 검은 안경을 낀 박정희가 걸어왔다.

〈박 부의장의 첫인상은 아주 강직해 보였다. 지도자로서의 덕망은 어떨까 하고 지대한 관심을 가지고 있는데, 검은 안경의 박 부의장은 "언제 돌아오셨습니까. 고생은 되지 않았습니까"라고 안부 인사부터 했다. 의외로 너무나 부드러운 음성에 안도감을 느꼈다〉

朴正熙와 李秉喆

삼성물산 사장 이병철은 1961년 6월 27일 박정희 부의장과 나눈 대화를 상세히 기록해 두었다.

〈그는 부정 축재자 11명의 처벌 문제에 대한 나의 의견을 물었다. 나는 부정 축재 제1호로 지목되고 있는데 어디서부터 말문을 열 것인가, 한동안 침묵이 흘렀다. 박 부의장은 "어떤 이야기를 해도 좋으니 기탄없이 말해 주십시오"라고 재촉했다. 어느 정도 마음이 가라앉았다. 소신을 솔직하게 말하기로 했다.

"부정축재자로 지칭되는 기업인에게는 사실 아무 죄도 없다고 생각합니다."

박 부의장은 뜻밖인 듯 일순 표정이 굳어지는 것 같았다. 그러나 계속했다.

"나의 경우만 하더라도 탈세를 했다고 부정 축재자로 지목되었습니다. 그러나 현행 세법은 수익을 훨씬 넘는 세금을 징수할 수 있도록 규정되어 있는 戰時(전시) 비상사태하의 稅制(세제) 그대로입니다. 이런 세법하에서 세율 그대로 세금을 납부한 기업은 아마 도산을 면치 못했을 겁니다. 만일 도산을 모면한 기업이 있다면 그것은 기적입니다."

박 부의장은 가끔씩 고개를 끄덕이며 납득하는 태도를 보여 주었다.

"액수로 보아 1위에서 11위 안에 드는 사람만이 지금 부정 축재자로 구속되어 있지만 12위 이하의 기업인도 수천, 수만 명이 있습니다. 사실은 그 사람들도 똑같은 조건하에서 기업을 운영해 왔습니다. 그들도 모두 11위 이내로 들려고 했으나 역량이나 노력이 부족했거나 혹은 기회가 없어서 11위 이내로 들지 못했을 뿐이고 결코 사양한 것은 아닙니다. 따라서 어떤 선을 그어서 죄의 유무를 가려서는 안 될 줄 압니다.

사업가라면 누구나 이윤을 올려 기업을 확장해 나가려고 노력할 것입니다. 말하자면 기업을 잘 운영하여 그것을 키워 온 사람은 부정 축재자로 처벌 대상이 되고 원조금이나 은행 융자를 배정받아서 그것을 낭비한 사람에게는 죄가 없다고 한다면 기업의 자유경쟁이라는 원칙에도 어긋납니다. 부정 축재자 처벌에 어떠한 정치적 의미가 있는지 알 길이 없지만 어디까지나 기업을 경영하는 사람의 처지에서 말씀드렸을 뿐입니다."

박 부의장은 "그렇다면 어떻게 했으면 좋겠느냐고" 물었다. 나는 이렇게 대답했다.

"기업하는 사람의 본분은 많은 사업을 일으켜 많은 사람들에게 일자리를 제공하면서 그 생계를 보장해 주는 한편, 세금을 납부하여 그 예산으로 국토방위는 물론이고 정부 운용, 국민 교육, 도로 항만 시설 등 국가 운영을 뒷받침하는 데 있다고 생각합니다. 이른바 부정 축재자를 처벌한다면 그 결과는 경제 위축으로 나타날 것입니다. 이렇게 되면 당장 稅收(세수)가 줄어 국가 운영이 타격을 받을 것입니다. 오히려 경제인들에게 경제 건설의 일익을 담당하게 하는 것이 국가에 이익이 될 줄 압니다."

박 부의장은 한동안 내 말을 감동 깊게 듣는 것 같았으나 그렇게 되면 국민들이 납득하지 않을 것이라고 했다. 나는 국가의 大本(대본)에 필요하다면 국민을 납득시키는 것이 정치가 아니겠느냐고 말했다. 한동안 실내는 침묵에 빠졌다. 잠시 후 미소를 띤 박 부의장은 다시 한 번 만날 기회를 줄 수 없겠느냐고 하면서 거처를 물었다. 메트로호텔에서 연금 상태에 있다고 했더니 자못 놀라는 기색이었다. 이튿날 아침 이병희 서울분실장이 찾아오더니 "이제 집으로 돌아가도 좋다"고 했다. "다른 경제인들도 전원 석방되었느냐"고 물었더니 아직 그대로라는 것이다.

"그들은 모두 나와 친한 사람들일 뿐 아니라 부정 축재자 1호인 나만 호텔에 있다가 먼저 나가면 후일에 그 동지들을 무슨 면목으로 대하겠는가. 나도 그들과 함께 나가겠다"고 거절했다〉(《호암자전》)

박정희는 최고회의 법사위원장 이석제를 불렀다.

"경제인들은 이제 그만했으면 정신 차렸을 텐데 풀어주지."

"안 됩니다. 아직 정신 못 차렸습니다."

"이 사람아, 이제부터 우리가 권력을 잡았으면 국민을 배불리 먹여 살려야 될 것 아닌가. 우리가 이북만도 못한 경제력을 가지고 어떻게 할 작정인가. 그래도 드럼통 두드려서 다른 거라도 만들어 본 사람들이 그 사람들 아닌가. 그만치 정신 차리게 했으면 되었으니 이제부터는 국가의 경제 부흥에 그 사람들이 일 좀 하도록 써먹자."

이석제는 朴 부의장의 이 말에 반론을 펼 수 없었다. 다음날 이석제는 최고회의 회의실에 석방된 기업인들을 모아 놓고 엄포를 놓았다고 한다. 차고 있던 큼지막한 리볼버 권총을 뽑아들더니 책상 위에 꽝 소리가 날 정도로 내려놓고는 이런 말을 했다고 한다.

"나는 여러분들을 석방시키는 일에 반대했습니다. 그런데도 박 부의장께서 내놓으라고 하니 내놓습니다. 그러나 앞으로 원조 물자, 국가 예산으로 또 다시 장난치면 내 다음 세대, 내 후배 군인들 중에서 나 같은 놈들이 나와서 다 쏴죽일 겁니다."

6월 29일 아침 이병철 사장이 묵고 있던 메트로호텔을 찾아온 이병희 정보부 분실장은 기업인들이 전원 석방되었다고 알려주었다. 이병철도 홀가분한 마음으로 집으로 돌아갔다. 이병철은 중앙공보관에서 기자회견을 자청한 후 "국민을 빈곤으로부터 구하고 나라를 공산 침략으로부터 구하기 위해서 모든 재산을 바치겠다"고 다짐한 것으로 보도되었다.

사흘 전에 일본에서 귀국했던 그는 "이런 의사를 작년 11월경에도 많은 친지들에게 전했으나 정부 당국에는 공식적으로 전달하지 않았으며 그 까닭은 부정부패가 이승만 정권 때보다 더 심해서 돈이 효과적으로 쓰일 것 같지 않았기 때문"이라고 했다. 그는 이어서 "군사혁명 이후 정부가 이 나라를 구할 수 있다는 생각이 들어 자진해서 전 재산을 혁명 정부에 바치겠다고 통고했다"고 밝혔다. 그는 여러 기업체에 불입한 재산의 총액은 약 150억 환이고 그 가운데 37~38%가 개인 재산이라고 했다. 이 돈을 "전부 국가에 바쳐 재건에 쓰도록 하겠다"고 한 그는 "해외에 재산을 도피시킨 것은 없다"고 말했다.

박정희와 이병철의 만남은 조국 근대화를 꿈꾸던 한 혁명가가 기업인들의 중요성에 대해 눈을 뜨는 계기를 만들어 주었다. 가난한 농민 출신이고 질박한 생활이 몸에 밴 박정희는 부자들에 대해서는 생래적인 거부감을 가졌으나 그의 실용적이고 유연한 사고는 그런 기업인들을 부려서 국가를 부강하게 만들어야 한다는 쪽으로 선회하게 만들었다.

박정희는 그러나 대기업이 대자본을 바탕으로 하여 권력에 도전한다든지 정치적 영향력을 행사하려 드는 것은 허용하지 않았다. 박정희 시대의 정경유착은 국가가 철저히 대기업을 통제하여 국가의 방향대로 몰고 가기 위한 수단으로 이용되었다는 점에서 후대의 정경유착과 성격이 다르다.

스코필드 박사

6월 8일 대법원 감독관으로 파견된 洪弼用(홍필용) 대령은 대법관 전원을 해임했다고 확인해 주었다. 洪 대령은 또한 근무지에 5년 이상 근무한 법원 서기에 대해서는 전국적인 인사교류를 하고 축첩자와 고령자에 대해서는 해임 등의 방법으로 인사의 신진대사를 기하도록 하겠다고 말했다.

6월 10일 현재 내무부 산하에서만 축첩, 즉 첩을 둔 공무원 510명이 쫓겨났다. 이날 최고회의는 최고회의법, 중앙정보부법, 농어촌 고리채법을 공포하고 국가재건 범국민운동본부장에 俞鎭午(유진오) 고려대 총장을 임명했다. 농어촌 고리채는 연 2할 이상을 의미하는데 채무자가 신고하면 채권자에게 7년간 분할 상환하도록 규정했다. 인간관계가 고착된 농촌사회에서는 이 법의 취지대로 신고, 정리되기에 어려움이 있었다.

6월 12일 오후 국가재건최고회의는 일곱 명의 상임위원장을 임명했다. 법제사법위원장에 이석제 중령, 내무위원장에 오치성 대령, 외무국방위원장에 유양수 소장, 재정경제위원장에 이주일 소장, 문교사회위원장에 송찬호 준장, 교통체신위원장에 김윤근 해병 준장, 운영기획위 원장에 김동하 해병 소장.

최고 권력 기구인 최고회의를 실질적으로 이끌어갈 상임위원장으로 해병대 장성이 두 사람 발탁된 것은 5·16의 성공에 결정적으로 기여한 공이 인정된 때문으로 생각된다. 정부는 이날 미국 조지워싱턴 대학에서 공부하고 있던 송요찬 전 육군참모총장을 국방장관으로 임명했다. 송 장군은 4·19 혁명 직후 박정희·김종필이 주동한 整軍운동의 소용돌이에 휘말려 육군참모총장에서 물러나 도미했었다. 그는 5·16 거사 소식을 듣자마자 혁명을 지지한다는 성명을 발표하여 외신을 통해 국내에 알려졌었다. 혁명의 성공 여부가 확실하지 않을 때 태도를 분명히 한 그에 대해서 혁명 주체들은 상당한 평가를 했던 것이다.

6월 14일 발표된 통계에 따르면 미국의 1960년도 대외 원조액은 45억 달러인데 인도가 가장 많은 원조 수혜국이고 한국은 2억 4,000여만 달러로 2위였다. 이날 렘니처 미 합참의장과 맥나마라 국방장관은 미 상원 외교분과위원회에서 증언하는 가운데 "60만 한국군과 함께 근무하는 6만 5,000명의 주한 미군은 1인당 7,000달러를 쓰고 있다"면서 한국에 대한 軍援(군원)의 계속을 옹호했다.

이 날짜 영자신문 〈코리언 리퍼블릭〉에 프랭크 W. 스코필드 박사(서울대학교 수의학과 교수)의 기고문이 실려 화제가 되었다. 캐나다 사람인 스코필드는 일제시대에 한국에 살면서 3·1 운동 때 우리 편을 들어 '34인 중 한 사람'이란 별명을 얻었다. 특히 일제에 의한 수원 제암리 교회 학살 사건을 조사하여 이를 해외에 알리는 데 결정적인 역할을 한 분이다. 그는 4·19 혁명도 지지했었다. 박사는 〈코리언 리퍼블릭〉에 실린 기고문을 통해서 한국인에게 따끔한 충고를 해주었다.

〈한 나라가 건강해지려면 그 국민들이 정직해야 한다. 한국에서 민주주의가 실패한 것이 아니다. 민주주의를 실천하려는 노력이 한 번도 없었다. 오늘날 피동적으로 가해지고 있는 군대의 기강이 국민의 마음속에 침투되어 그들의 마음속에 자발적인 도의정신으로 확립되는 날 한국에서 비로소 민주주의는 기회를 갖게 될 것이다.

오늘날 한국이 당면한 가장 어려운 문제는 정실 인사, 휘발유 빼먹기, 깡패, 탈세, 병역 기피, 졸업장 위조 같은 부패를 숙청하는 일이다. 지금 한국을 통치하고 있는 군인들이 계속하여 국민에게 정직과 검소와 기강의 모범을 보여주고 공정하고 올바른 행정을 하고 정실을 배격하고 만민을 균등하게 대우한다면 이 비극의 땅은 명랑하고 즐거운 땅이 될 것이다〉

당시 72세이던 스코필드 박사는 군사혁명이 무자비한 독재로 변질되지 않을까 걱정하던 全澤鳧(전택부·YMCA 명예총무)에게 이런 말을 하더라고 한다.

"박 장군은 농민의 아들이고 정직합니다. 그는 부정부패 몰라요. 그리고 아주 강합니다. 한국의 마지막 희망이 여기에 있어요."

전택부는 일제의 탄압과 이승만 독재에 반대한 이 노인이 왜 박정희를 좋아하게 되었는지 몰랐지만 일단 그의 박정희관을 받아들여 보기로 했다고 한다. 당시 전택부는 YMCA 재건 작업을 주도하고 있었다. 어느 날 스코필드 박사가 그를 부르더니 5달러를 쥐어주었다. 전택부가 "이러시지 않아도 됩니다"라고 하자 스코필드는 "윤보선 대통령은 그동안 얼마나 지원해 주었습니까"라고 물었다.

"돈을 주신 적은 없지요."

"그럼 이승만 박사는?"

"그분도 돈을 주신 적은 없습니다."

"오, 안 돼요. 돈 없는 사랑, 사랑이 아니오."

박정희는 전택부에게 150만 환을 보태 주었다고 한다. 反骨(반골) 노인 스코필드 박사는 그 뒤에도 박정희를 지지하면서 충고하는 한편 구정치인들을 비판하는 입장을 취한다.

6월 15일 정부는 농업은행과 농협을 통합하라고 농림부에 지시했다. 신용과 사업을 유기적으로 연결시켜야 농촌 경제에 실질적인 도움을 줄 수 있다는 이유에서였다. 16일 정부는 주미 대사에 정일권 전 육군 참모총장, 외무차관에 육군 대령 출신의 외교관 李壽榮(이수영)을 임명했다.

17일 오후 혁명 정부는 영장 없이 연행했던 3,000명 이상의 용공 혐의자 가운데 우선 혐의가 벗겨진 664명을 석방한다고 발표했다. 정부는 수사의 공정성을 기하기 위해서 육군 방첩부대장 김재춘 대령을 수사본부장으로 하고 검찰과 경찰, 그리고 육본 법무감실을 참여시킨 중앙합동수사본부를 설치했다고 발표했다.

6월 17일 현재 지난 한 달 사이 혁명 정부에 의하여 정리된 공무원들은 약 2만 명에 달했다. 이날 내무부는 공무원 정리 요강 13개항을 발표했는데 정실 채용, 불성실이란 사유 이외에도 '50세 이상의 고령자' 가 정리 대상에 포함되어 있었다. 5·16만큼 광범위한 세대교체는 일찍이 없었다. 19일 혁명 정부는 병역 미필자를 공직에서 추방하는 내용의 특별조치법을 의결했다.

이날 정부가 발표한 1960년 12월 1일 현재의 國勢(국세) 조사 결과 실업자는 전체 노동인구의 약 16%인 23만 명으로 나타났다. 혁명 정부는 실업자 직업 능력 신고를 받도록 했는데 8만 6,000명밖에 신고하지 않았다. 이런 낮은 신고율은 당시에 '실업자들을 모아 농번기의 농촌에 노력 봉사 인원으로 투입한다' 는 뜬소문이 퍼졌기 때문이다.

6월 21일 혁명 정부는 법원과 검찰에 대한 숙정을 확대하여 지방법원 장급 이상 전 판사와 검사장급 전 검찰간부들로 하여금 사표를 제출하도록 명령했다.

金鍾泌과 李厚洛

1978년, 코리아게이트 사건(朴東宣·박동선에 의한 로비 사건)을 파헤치던 미 하원 소위원회가 펴낸 〈한미 관계 보고서〉엔 이런 대목이 있다.

《(5·16뒤) 중앙정보부는 이후락 소장이 만든 중앙정보위원회를 흡수했다. 김종필 전 중앙정보부장의 보좌관을 지낸 바 있는 모씨는 조사관과의 인터뷰에서 중앙정보위원회가 미 CIA와 밀접한 관계를 유지하고 있었다고 말했다. 5·16이 나자 이후락은 부패 혐의로 체포되었다. 체포의 진짜 이유는 그가 미국 측과 너무 가깝다는 것이었다. 몇 달 뒤 군사 정권은 미국과의 우호 관계를 돈독히 하기 위한 노력의 일환으로서 미

국의 요청을 받아들여 이후락을 석방했다. 이 보좌관에 따르면 미 CIA
가 이 씨의 석방에 중심적인 역할을 했다고 한다〉

김봉기(대한공론사 사장, 유정회 의원 역임)는 김정렬 국방장관 아래
서 준장급 문관으로서 특별보좌관으로 일했기 때문에 이후락 및 혁명
주체들과 친했다. 6월 초 그는 미도파 건너편에 있던 희다방에서 우연히
김종필 부장을 만났다. 김봉기는 이후락을 석방시켜 달라고 부탁했다.
김종필은 "며칠 안으로 석방될 거요"라고 하더니 "지금 대한공론사 사
장 자리가 비어 있는데 기자 경력이 있는 당신이 좀 맡아 줘야겠으니 이
력서를 갖다 주시오"라고 하는 것이었다. 그때 대한공론사는 정부 투자
기업체로서 〈코리언 리퍼블릭〉이란 영자신문을 내고 있었다. 김봉기는
며칠 뒤 이력서를 들고 김종필을 만나러 갔다.

"국제호텔 자리에 있던 정글 바(Bar)로 갔더니 김종필은 안 보이고 한
구석에 이후락 씨가 고개를 숙이고 앉아 있었습니다. 반갑게 인사를 나
누고 있는데 정보부 서울분실장 이병희 씨가 들어왔고 조금 있다가 김종
필 부장이 합류했지요. 저는 김 부장과 따로 만나서 '대한공론사 사장은
미국인들과 친면이 있는 이후락 씨가 적임자인 것 같다'고 했습니다. 김
부장은 이후락 씨에게는 〈월간 다이제스트〉란 잡지를 하나 만들어 맡길
계획이라고 하더군요.

저는 이런 시대에는 월간지가 될 일이 아니라면서 내 생각은 하지 말
고 대한공론사를 이후락 씨에게 맡기는 것이 좋겠다고 말했습니다. 지금
미국과의 관계 개선이 중요한데 이후락 씨가 신문사 사장이란 직함을 가
지면 미국 측과 접촉하는 데도 편리할 것이라고 했습니다. 이렇게 해서
며칠 뒤 이후락 씨는 대한공론사 사장, 저는 주필 겸 부사장이 되었습니

다.”

언론사 사장이 된 이후락은 〈코리언 리퍼블릭〉을 신문답게 만들었다고 한다. 정부 홍보 일변도에서 벗어나 객관 보도에도 힘써 한국 거주 외국인들과 외교관들로부터 호평을 받고 군사 정부를 비판하기도 했다는 것이다. 〈코리언 리퍼블릭〉의 신뢰도가 높아지자 혁명정부에선 이 신문을 이용하여 외국인들에게 군사 정부의 입장을 설명하는 게 더 효과가 있다는 것을 발견했다고 한다.

대한공론사의 운영에 있어서는 김종필 부장이 차량, 예산 등 여러 면에서 적극적으로 도와 주었다. 사장과 부사장 월급은 정보부로부터 지급받아 예산 부족을 메우기도 했다. 이후락 씨가 몇 달 뒤 최고회의 공보실장으로 발탁된 데는 이러한 실적이 상당히 기여했다고 한다. 김종필 총리의 증언에 따르면 박정희에게 “이후락 씨를 제가 잘 아는데 불러다 쓰시겠습니까” 하고 천거한 것도 자신이라고 한다.

“사실은 이후락 씨가 갇힐 만한 이유가 없었다고 봐요. 단지 민주당 시절에 총리 직속의 중앙정보위원회 연구실장으로 있었던 때문에 혁명에 방해가 되는 일을 했다는 오해를 받았던 것입니다. 나는 이후락 씨가 잡혀 있다는 것도 모르고 정신없이 다닐 때인데 이병희 서울분실장이 와서 그 사람을 잡아둘 이유가 없다고 하더군요. 이후락 씨는 박정희 장군도 잘 알고 그분이 정보국 차장일 때 제가 과장으로 모신 적도 있고요, 그래서 내가 만났지요. ‘격동기가 되다 보니까 일이 잘못돼서 고통을 드린 것 같다’ 고 하고는 대한공론사를 맡겼던 겁니다.”

박정희 시대의 2대 조역인 이후락과 김종필은 그 뒤 18년간 愛憎(애증)이 엇갈리는 관계를 유지하면서 국정에 깊숙이 관여한다.

군정의 조기 종식과 정권의 조기 이양 문제로 윤보선 대통령과 박정희 세력이 갈등을 빚고 있던 6월 4일 〈조선일보〉는 '군사혁명과 정권 이양─네 나라의 경우'란 제목으로 터키, 이집트, 프랑스, 버마의 예를 들었다.

이집트 혁명의 지도자 나세르는 만 5년 만에 형식적인 의회정치로 돌아가면서 헌법을 제정하여 사실상의 일당독재 체제로 갔다. 버마의 네 윈은 쿠데타 3년 후 정권을 민간에 넘겨주었지만 군부의 실력자로 남아 있으면서 정치를 조종하고 있었다.

1년 전인 1960년에 쿠데타를 일으켰던 터키 군부는 가을에 정권을 민간 정부에 이양하겠다고 약속한 가운데 군내의 갈등, 폭동 등 불안정한 모습을 보이고 있었다. 3년 전 프랑스 식민지 알제리 주둔군의 반란을 계기로 과도 정권 담당자로 추대된 드골은 항구적인 정치 불안을 해소하기 위해 내각제를 대통령 중심제로 개헌하고 대통령에 취임했다. 그는 군부의 불만을 효과적으로 통제하면서 알제리에 독립을 허용하는 정책을 추진하고 있었다.

박정희는 쿠데타 전에는 버마식 군부 통치를 선호했으나 정권을 잡은 다음엔 군이 병영으로 돌아가서는 민간 정부를 조종할 수 없다는 판단을 내린다. 혁명 주체들은 드골 헌법을 만들어 새로운 보수 정당을 중심으로 정치 세력을 규합한 드골과 프랑스의 안정된 권력 구조에 많은 관심을 기울이게 된다. 국가재건최고회의 기획위원회의 최고고문으로 발탁되었던 유진오 고려대 총장은 6월 1일 AP통신과의 회견에서 '드골 헌법과 유사한 권력 구조로서 정권 이양을 할지도 모른다'는 요지의 발언을 했었다.

6월 27, 28일자 〈조선일보〉에 실린 박정희 부의장의 특별 기고 '指導

者道(지도자도)'에서 그는 우리 국민의 전반적인 수준은 자유민주주의를 실천할 수 없는 수준이라고 단정했다.

〈우리나라 국민의 대부분은 강력한 他律(타율)에 지배받던 습성이 제2의 천성으로 변하여 자각, 자율, 책임감은 극도로 위축되어 버렸다. 책임감 없는 자유가 방종과 혼란과 무질서와 파괴를 조장하였다. 인권 존중 사상이 토대가 되어야 할 민주주의는 모략, 중상, 무고로 타락해 버렸다. 의무감이 박약한 권력층은 국민과 유리되어 권력을 남용하고 부패분자들과 결탁하여 巨富(거부)를 축적했다. 경제인들은 정치인과 결탁하여 부정 융자, 탈세, 밀수, 재산의 해외 도피 등 악랄한 수단을 동원하였고… 지도자는 대중과 유리되어 그 위에 군림하는 권위주의자나 특권 계층이 아니라 그들과 운명을 같이하고 그들의 편에 서서 동고동락하는 동지로서의 의식을 가진 자라야 한다.

지도자는 모름지기 대중 속에 뿌리박아야 한다. 그러하지 않으면 李(이) 정권과 張(장) 정권의 전철을 밟게 될 뿐만 아니라 조국을 소생시킬 방도를 잃게 될 것이다. 지도자는 대중과 항상 호흡을 같이 하며 그들이 가장 절실하게 원하는 것이 무엇인지를 신속 정확하게 파악하여 가장 가능한 방법이 무엇인지를 찾을 수 있고, 자기가 확신하는 방향과 가장 가능한 방법에 대하여 납득시킬 수 있는 능력을 가지며 협력을 자극하고 이끌고 나갈 용기를 가진 자이다〉

미국의 새로운 對韓 戰略

미국은 박정희의 쿠데타를 저지하지 못하자 이 기정사실을 인정한 바탕에서 계속하여 자신들의 국익을 한국에서 구현할 수 있는 전략을 모색하게 된다. 이승만—장면 정부와는 전혀 다른 혈기왕성한 장교 집단을 상대해야 하는 그들로서는 새로운 정책 논리를 개발하지 않을 수 없었다.

1961년 6월 5일 '한국 문제에 관한 대통령 직속 긴급조치반'은 백악관 내 국가안보위원회에 한국 문제에 대한 종합보고서를 올렸다. 본문 38쪽, 부속 문서가 100쪽에 이르는 이 자료는 1981년 9월 18일에 비밀 분류에서 해제되었다.

이 보고서의 핵심인 '서문 및 건의' 부분을 쓴 것은 그때 주한 대사로 내정되어 있던 새뮤얼 버거였다. 이 긴급조치반의 책임자는 전 주한 미국 대사 월터 P. 매카나기였다. 이 보고서는 이승만 정권과 장면 정권을 붕괴시킨 힘의 본질을 이렇게 정의했다.

'좌절하여 불만이 쌓여 가던 민족주의 의식, 젊은 세대의 불만, 국가적 목표의 상실, 국민들의 좌절감.'

이 보고서는 또 '5·16 쿠데타는 소수의 군인들이 잘 짜인 계획을 세운데다가 장면 정부가 국가적인 문제를 해결할 능력에 대한 신뢰감을 국민들로부터 얻지 못했기 때문에 성공할 수 있었다'고 분석했다. 이 보고서는 이승만과 장면 정부를 무너뜨린 이 젊은 에너지를 건설적인 방향으로 활용해야 한다고 건의한다.

〈이 힘을 통합하여 경제 개발과 사회 개혁으로 돌리도록 미국 정부가 지원과 지도를 아끼지 않아야 한다. 만약 그렇게 하지 못하면 한국인들은 계속해서 혁명적인 코스를 밟게 될 것이다. 그런 불안정한 정세가 지속되면 북한 공산당과 합작하는 결과를 초래할 수도 있다〉

이 보고서는 미국이 군사 정권을 지원하여 한국에 민주주의를 실험하는 승부를 계속할 수밖에 없는 이유를 세 가지로 설명했다. 북한 공산주의와의 대결에서 민주주의의 우월성을 증명하는 일, 미국의 국가적 위신, 그리고 남한의 전략적 가치, 즉 西(서)태평양과 일본의 방어에 사활적 중요성을 갖고 있다는 점. 이 보고서에는 미국에 고분고분하던 장면 세력과는 달리 박정희 세력이 민족주의적인 열정으로 무장하고 있어 다루기 어렵다는 우려가 깊게 깔려 있다. 그러면서도 이 장교단이 정부 기관에 효율성을 불어넣고 부정부패를 청소할 것이란 기대도 하고 있다. 이 보고서는 예언적인 전망도 했다.

〈진취적인 지도력, 동기 부여, 사회적 통합, 그리고 확실한 국가 목표와 이를 성취하기 위한 열정이 조직된다면 한국인들은 현재의 좌절감과 자학 의식을 청산하고 경제를 향상시켜 안정된 민주사회를 이룰 수 있을 것이다. 그러기 위해서는 구시대적 낡은 전통의식을 대체할 만한 새로운 문화적 가치 체계를 만들어 가야 한다〉

이 보고서가 對韓(대한) 정책의 새로운 기본 틀로 제시한 것은 장기 경제 개발 계획의 수립과 실천이었다. 야심만만하고 주체성이 강한 정치 장교단을 다루는 데는 과거처럼 군사 원조 중심의 틀로써는 어렵고 경제 협력이란 새로운 틀을 도입해야 한다는 것이다. '미국의 영향력을 행사하는 방식에 대하여' 란 항목에서 이 보고서는 이런 요지로 지적했다.

〈미국의 힘과 권위, 그리고 미국의 경제적, 군사적 지원이란 수단을 동원하여 한국인들로 하여금 국가적 문제와 정면으로 대결하도록 유도해야 한다. 우리는 한국인에 대하여 보호자적인 자세를 버리고 동등하게 상대해야 한다. 우리는 경제 개발 계획의 수립 실천에 한국인을 대신하여 적극적인 역할을 해서는 안 되며 어디까지나 한국인들이 독립 주권국가의 시민으로서 스스로 책임을 지고 경제 개발을 실천할 수 있도록 유도하는 데 그쳐야 한다〉

이 보고서는 이어서 앞으로 한국 정부에 영향을 미치는 데 있어서 경제적 수단을 주로 동원해야 한다는 점을 강조했다.

〈경제 개발 계획은 미국의 對韓 영향력이 행사되는 중심점의 역할을 해야 한다. 미국 대표들은 계획과 예산의 수립 과정에 상담을 해줌으로써 이 계획의 실적과 원조를 조건부 관계로 연결시킨다. 원조 액수를 줄이거나 지급을 일시 보류하는 방법으로써 한국의 경제 개발 계획에 영향력을 행사하는 것이 효과적일 것이다〉

이 對韓 정책 건의서는 한국의 교육 제도를 개혁해야 한다고 주장했다. 학교 교육이 너무 유교적인 전통에 빠져 있어 문학, 철학, 예술 등 인문 분야를 중시하고 자연과학, 공학, 행정, 사회과학을 소홀히 하고 있다고 비판했다. 기술, 직업 교육을 강화하여 현대 사회에 적응할 수 있는 젊은 세대를 길러내야 한다는 것이었다.

이 보고서를 읽고 있으면 이것이 박정희의 근대화 계획서가 아닌가 하는 착각이 든다. 한국인의 좌절감과 목표 상실감을 자신감과 희망으로 바꾸어 놓기 위해서는 장기 경제 개발 계획을 추진해야 하고 그래야 공산화를 막을 수 있다는 이 보고서의 기본 인식은 박정희의 그것과 정확하게 일치한다. 이 보고서가 제시한 효율적인 행정의 필요성, 부패 추방, 새로운 가치관의 정립, 실용주의적인 방향으로의 교육 개혁은 박정희가 추진하려던 방향과 같았다.

쿠데타가 일어난 지 불과 20일 만에 워싱턴과 서울에서는 우연히도 똑같은 '한국의 비전'을 다듬고 있었다. 쿠데타에 의한 불편한 시작에도 불구하고, 또 박정희의 오기 서린 자주 노선에도 불구하고 그 뒤의 한·미 관계가 기본적으로 같은 궤도를 달릴 수 있었던 것은 국가 목표와 그 발전 전략에 대한 공감대가 양국 수뇌부에서 자연스럽게 형성되었기 때문이었음을 이 보고서는 확인시켜 주고 있다.

이 보고서를 읽어 보면 미국 정부는 박정희·김종필 세력의 도전을 계기로 한국을 대하는 태도를 우월적인 후견인의 시각에서 대등한 동반자의 시각으로 바꾸어야 한다는 자각에 도달했다는 느낌을 강하게 받는다.

한국군의 청년 장교단이 미군에 도전하여 쿠데타를 성공시킨 것이 미국으로 하여금 한국을 보는 눈을 바꾸어 놓은 것이다. 이는 미국이 태평양전쟁으로 해서 일본과 아시아를 보는 눈이 달라진 것과 맥락을 같이 하는 것이다. 힘의 대결을 중시하는 미국인들은 당돌한 도전자에 대해서는 일정한 평가를 해주는 것이다.

국무부의 소동

6월 22일 정부는 白善鎭(백선진) 재무장관을 경질하고 후임에 金裕澤(김유택) 전 韓銀(한은) 총재, 박기석 건설부 장관 후임에 申泰煥(신태환) 서울대 교수를 임명했다. 혁명 성공 36일 만에 최초의 민간인 출신 장관이 탄생한 것이다. 정부는 또 22일자로 2군 사령관 최경록 중장과 부산군수기지사령관 朴炫洙(박현수) 소장을 예편시켰다고 발표했다. 두 사람은 대표적으로 발표된 경우이고 수십 명의 장성들이 反혁명, 부패, 무능 등의 혐의로 군복을 벗었다.

바로 이날 미 국무부에서는 작은 소동이 벌어졌다. 대통령 직속 한국 문제 긴급조치반의 책임자인 매카나기 차관보는 주한 미국 대사관과 주한 미군사령부로부터 올라온 보고서를 접수하곤 긴급회의를 소집했다. 서울로부터 올라온 보고는 그린 대리대사가 최경록 장군과 나눈 대화에 관한 것이었다. 최근에 비밀 분류에서 해제된 이날 회의 문서에 따르면 최경록 장군은 그린에게 '이번 쿠데타의 배후에는 공산주의자들이 있다'고 말했다는 것이다.

최 장군은 자신의 그런 확신이, 주체 세력 내 장교들에 대한 개인적인 정보, 주체 세력 안에 있는 친구들로부터 얻은 정보, 그리고 주체 세력 장교들의 과거 기록을 조사한 결과에 근거한 것이라고 했다. 즉, 1945~1949년 사이 공산당과 관련을 맺은 사람들이 있다는 주장이었다. 최경록은 박정희 장군이 공산주의자인지 아닌지는 모르겠지만 이름을 대지 않고 네 명의 장성들이 공산주의자라고 말했으며 3~4명의 대령들도 공산주의자라고 주장했다.

매카나기 차관보는 서울로부터 올라온 보고서를 읽고는 단서를 달았다. 즉, 최 장군이 한때 그의 직속 부하였던 박정희와는 사이가 좋지 않았음을 유의해야 한다고 했다. 미 CIA를 대표해서 이 회의에 참석한 피츠제럴드는 "쿠데타 멤버들의 신상 정보를 조사하고 정보원과 상담해본 결과 혁명 주체들은 장면 정부에 불만을 품은 사람들이었지만 결코 공산주의자는 아니다"고 말했다. 그는 "하나 걱정되는 것은 이들이 너무 순진하여 북한과의 통일이 가능하다고 오판할까 하는 것이다"고 했다.

이에 대해 국무부 정보책임자 힐즈먼은 며칠 전 USIB(United States Intelligence Board) 사람들과 논의했는데 한국의 쿠데타 세력은 공산주의자들이 아니라는 결론을 내렸다고 말했다. 나세르식의 방법, 즉 미국으로부터 벗어나 독자 노선을 추구하는 방식에 대해서 생각하는 장교들이 있을지 모르지만 그런 쪽으로 나갈 것 같지는 않다고 힐즈먼은 말했다.

물론 북한이 정보수집 차원에서 주체 세력 안으로 간첩을 침투시킬 수는 있을 것이다. 하인츠 해군 제독은 김종필 중령의 권력이 너무 커지고 있다고 우려했다. 그는 김종필 중령이 1인 독재 체제의 무대 장치를 할 가능성이 있는데 그렇게 되면 공산주의자들이 쉽게 권력을 장악할 수 있다는 견해를 피력했다. 매카나기는 최경록 장군이 그런 생각을 한 것은 군사 정권이 취한 조치, 예컨대 깡패들을 붙들어 시가행진을 시킨 것과 같은 행동들을 보고 나서인 것 같다고 했다. 국제협력처(ICA)에서 나온 세퍼드는 "우리가 갖고 있는 관련 정보로는, 군사 정부의 경제 관료들과 회의를 해보니 사회주의적 경제관을 드러내 보였다는 정도이다"고 했다. 이 긴급회의는 "박정희의 쿠데타가 영리하기 짝이 없는 공산당 쿠데타는 아니다"는 결론을 내렸다.

2군 사령관이던 최경록 장군은 부사령관이던 박정희로부터 다소 쌀쌀한 대우를 받았다. 박정희는 최경록 장군이 육군참모총장일 때 그 아래서 작전참모부장으로 있었다. 미군이 박정희를 전역시키라는 압력을 넣자 최경록은 난처한 입장에 있었다. 이때 2군 사령관이던 장도영이 나서서 박정희를 2군 부사령관으로 받아 주었다. 장도영이 그 뒤 육군 참모총장으로 발탁되자 최경록은 2군 사령관으로 전보되어 대구로 내려가 박정희와 또 만났다. 5·16 거사 당일 최경록은 미군을 지지하고 혁명에 반대하는 입장을 취했다. 이런 곡절을 거치면서 박정희는 최 장군을 별로 좋아하지 않게 되었다.

쿠데타가 성공한 며칠 뒤 박정희는 최경록을 최고회의 부의장실로 호출했다. 이석제 중령과 오치성 대령도 합석시켰다. 박정희는 "최 장군 오랜만입니다"라고 인사를 나누고는 입을 닫아버렸다. 어색한 침묵이 흘렀다. 이석제는 박정희가 왜 이런 자리에 자신을 불렀을까 하고 의아해하다가 곧 감을 잡았다. 최 장군을 군에서 물러나게 하는 데 악역을 맡으라는 뜻으로 이해했다. 이석제는 최 장군을 향해서 입을 뗐다고 한다.

"각하, 그동안 국방을 위해서 애 많이 쓰셨습니다. 이제 군사혁명도 성공했으니 후진을 위해서 길을 열어 주시길 간청 드립니다."

최경록 장군이 "물러나겠다"는 확답을 하지 않고 설명을 좀 길게 하자 박정희는 자리에서 벌떡 일어나더니 말을 잘랐다고 한다.

"최 장군, 그래 언제 그만두시겠다는 말입니까."

박정희로부터 이런 대접을 받고 예편당한 최경록 장군이 그린 대리대사를 만나 공산당 관련 대화를 나눈 것 같다. 당시 6만 병력을 한국에 주둔시키고 있던 미국으로서는 끊임없이 떠도는 박정희의 사상에 대한 첩보를 심각하게 다루지 않을 수 없었다.

최근 공개된 비밀 자료를 훑어보면 미국 정부에서는 그런 첩보를 매우 이성적으로 다루었음을 알 수 있다. '박정희는 한때 공산주의자였으나 확실히 전향했다'는 초기의 판단을 유지해 갔지만 정보 수집은 왕성하게 했다.

이석제의 증언에 의하면 미국 측 정보기관은 주체 세력 영관급 장교들에 대한 신상 정보가 거의 없었다고 한다. 미국 CIA는 평소 협조가 잘되고 있던 영국 첩보기관에 부탁했다. 영국 첩보기관은 중공의 정보기관에 부탁했고, 중공은 평양에 있는 정보망을 동원하여 북한이 갖고 있는 남한 장교들에 대한 정보를 얻어 주었다고 한다. 혁명 정부의 각종 법률 제정 작업에 핵심적으로 관여하고 있던 이석제는 자신을 따라다니는 CIA 요원으로부터 감시를 당하는 기분이었다.

6월 초엔 미 버클리 대학의 스칼라피노 교수가 방한하여 이석제를 만났다. 스칼라피노 교수는 그 1년 전 콜론협회에서 발표한 '콜론 보고서'를 통해서 '한국엔 군사 쿠데타를 일으킬 만한 세력이 없다'고 예측하여 많은 청년 장교들을 흥분시켰었다. 스칼라피노 교수는 이석제와 만난 자리에서 다섯 시간 동안 신문하듯이 혁명 정부의 정책과 이념에 대해서 꼬치꼬치 따져 물었다.

이석제는 미국 측이 혁명 정부의 사상 문제에 대해서 깊은 의혹을 떨치지 못하고 학자까지 동원하여 탐색하러 나선 것으로 이해했다. 스칼리피노는 면담을 끝내면서 "지도층의 단결, 청렴성, 그리고 국가 근대화를 위한 획기적 프로그램이 성공의 조건이다"고 충고했다.

文在駿의 울분

역사에 남을 만한 큰 사건도 깊게 따지고 들어가면 인간관계와 감정 문제에서 최초의 단서가 열린 경우를 자주 보게 된다. 7월 초 혁명 주체 내의 숙청 사건도 그런 경우이다. 혁명 당일 6군단 포병단 병력 1,500명을 이끌고 맨 처음 서울로 들어와서 육본을 점령했던 문재준 대령은 격정적이고 솔직한 사람이었다.

그는 5월 21일 육군 헌병감으로 임명되자 문제가 많은 장교 45명을 강제 예편시켰다. 며칠 뒤 그 가운데 한 사람이 장교로 복직하여 정보부 요원으로 활동하고 있는 것을 알고 의아하게 생각했다. 알아보니 김종 필 부장이 영향력을 행사하여 그렇게 되었다는 이야기가 들어왔다. 문 재준은 "이건 나를 모욕하는 처사다"라고 생각했다는 것이다. 문재준의 두 번째 불만은 김종오 신임 육군참모총장과의 사이에서 일어났다. 문 재준이 결재를 받으러 갔더니 김종오는 이렇게 말하더란 것이다.

"제3 CID 대장 김영우 중령과 제15 CID 대장 방자명 중령은 너무 까 불고 정치적으로 노는 인물이니 교체하시오."

"저는 헌병은 처음이고 아직 실정을 잘 모르니 시간을 좀 주십시오."

문재준은 그 길로 인사참모부장을 찾아가서 부탁했다.

"지금 CID 대장들이 전국의 밀수 사범 수사를 지휘하고 있으니 그 일 이 끝날 때까지 기다려 주십시오."

문재준은 그 뒤로는 김종오 총장이 이 문제를 다시 거론하지 않은 것 을 보고는 납득한 것으로 생각했다. 6월 22일인지, 23일인지 김종오 총 장이 문재준을 다시 부르더니 "인사참모를 만나면 알 것이다"고만 하는 것이었다. 인사참모는 문 헌병감에게 "총장님 지시사항인데, 헌병차감 金時珍(김시진) 대령, 김영우·방자명 중령, 그리고 황모 중령을 예편시 켜라"고 했다. 문재준은 강력하게 반발했다.

"헌병 인사는 헌병감에게 맡겨야 합니다. 더구나 김시진 대령은 박정 희 부의장이 직접 부탁한 사람인데 이럴 수 있나요."

인사참모는 "내가 총장에게 다시 말씀드려 볼 테니 너무 흥분하지 말 라"고 달랬다. 며칠 후 박정희는 문재준을 부르더니 "총장을 잘 모시고 일하라"고 타일렀다. 문재준은 그래도 분이 풀리지 않았다. 육사 5기 동기생인 공수단장 박치옥, 최고회의 의장 비서실장 安用鶴(안용학), 내각 수반 비서실장 李晦榮(이회영) 대령이 자신의 사무실을 찾아왔을 때 문재준은 이런 말을 했다.

"김종오 총장이 나를 믿지 않고 내 수족을 자르려 하니 그러면 나도 손을 써야겠어. 김종오 장군은 원래 예편 대상자인데 살아난 것 아닌가. 나는 예편 심사위원인데 장군 심사가 있을 때 그를 예편 대상자로 넣어야겠어."

문재준은 헌병감으로 부임한 후 장군들의 非行(비행) 조사를 한 일이 있었다. 제3 CID 대장 김영우 중령이 과거 자유당, 민주당 시절에 조사한 자료를 근거로 하여 보고서를 만들었다. 그 명단엔 金鐘五 총장도 포함되었다.

문재준은 혁명 정부가 부정부패, 무능 등의 이유로 일반 공무원들을 무더기로 내보내고 있는데 군도 自淨(자정) 작업을 해야 한다고 생각했고 그 모범으로서 먼저 헌병대의 숙정 작업을 통해 45명을 퇴직시켰다는 것이다. 6월 27일 최고회의 장성 예편 심사위원회가 열렸다. 문재준은 김종오 총장의 비행을 열거하고 그를 예편 대상자로 올려야 한다고 주장했다. 심사위원회의 부위원장인 이주일 소장은 난색을 보였다.

"박정희 장군이 추천하여 총장이 된 분을 한 달도 안 돼 내보낼 수 있나."

그래도 문재준은 완강하게 예편을 주장하면서 심사위원들을 대상으로 표결에 부치자고 버티었다. 표결 결과 金鐘五 총장은 예편 대상자로 결정되었다. 다음날 박정희 부의장의 결재를 받으러 가는데 입장이 난처해진 李周一은 문재준에게 "같이 가자"고 했다. 박정희는 김종오 총장의 예편 건의에 반대했다. 이 자리에서도 문재준은 고집을 굽히지 않았다. 박정희는 문 헌병감을 설득하다 말고 화를 냈다.

"자네는 성미가 과격해서 큰일이야. 재심해 주어야겠어. 혁명은 너 혼자서 다 한 거야?"

문재준이 물러서지 않자 박정희는 재떨이를 집어 던졌다. 문재준은 울분을 억누를 길이 없었다. 그는 金鐘五 장군을 총장으로 민 사람은 김종필 정보부장일 것이라고 생각했다. 朴 부의장이 그 김종필의 말만 믿고 저런다고 확신했다. 격정적인 그는 존경하는 박정희가 자신을 믿어주지 않는 것이 답답하여 사무실로 돌아와선 엉엉 울었다. 이때 김영우, 방자명 중령이 들어왔다.

"도대체 어떻게 된 일입니까."

문재준은 "김종필이 모략을 써서 박 장군이 나를 믿지 않게끔 하고 있다"고 하소연했다. 방자명 중령은 "그건 김종필보다는 그 아래에 있는 權寧秀(권영수) 중령이 장난을 친 것이다"고 했다. 문재준은 이런 기분 속에서 동기생 박치옥 대령을 전화로 불렀다.

"야, 할 이야기가 있으니 12시에 최고회의로 와."

문재준, 박치옥 두 사람은 최고회의 건물 옥상으로 올라갔다. 여기서 두 사람은 엄청난 이야기를 주고받는다. 먼저 문재준이 대충 이런 취지의 말을 꺼냈다.

"김종필이가 모략하는 바람에 내가 오늘 박정희 장군으로부터 억울한 책망을 들었다. 종필이가 권력을 남용하고 장난을 심하게 치는데 붙들어다가 혼을 내주어야겠어."

박치옥도 일단 문재준의 反(반)김종필 발언에 동조했다. 그도 김종필

부장에 대한 감정을 갖고 있었다. 두 사람은 옥상에서 대충 이런 합의에 도달했다는 것이다.

〈7월 3일 새벽 2시에 헌병대 병력으로 잠든 김종필을 체포한다. 그를 헌병감실로 연행한다. 이 연락을 받으면 박치옥은 공수부대를 동원하여 중앙정보부 건물을 포위한다. 그런 뒤에 출근하는 박정희 장군에게 사태를 보고한다〉

문재준은 또 박정희에게 후임 정보부장으로 김윤근 해병 준장을 추천하고 정보부의 수사권을 박탈하자는 건의를 할 생각이었다. 두 사람이 이런 이야기를 하고 있는데 공수단 김제민 중령이 올라와 대화에 합류했다고 한다(문재준의 군 검찰 앞 진술). 문재준은 박치옥과 헤어진 뒤 헌병감실로 돌아와 김영우, 방자명 중령을 불렀다.

"제15 CID에서 20명, 제3 CID에서 30명을 차출하라. 김종필을 혼내야겠다."

朴致玉의 울분

육본헌병감 문재준 대령의 병력 차출 명령에 대하여 제3 CID대장 김영우 중령은 "언제든지 소집하면 30명은 대기시킬 수 있습니다"라고 답했다. 방자명 제15 CID대장은 "부산에 가서 밀수 수사를 하고 있는 병력 19명을 철수시키겠습니다"라고 하여 헌병감은 승낙했다.

최고회의 옥상에서 문재준 대령으로부터 "김종필을 붙들어다가 혼내주자"는 이야기를 들은 박치옥 공수단장은 장도영 내각수반 비서실장인 이회영 대령을 찾아가서 조금 전에 있었던 이야기를 해주었다. 이 대령은 "문재준은 성격이 왈칵 하는 사람이니 말려야 한다. 나도 말려 보겠다"고 했다. 박치옥이 부대로 돌아와 있으니 이회영이 전화를 걸어왔다. "문재준에게 그 일을 중단하라고 통보했다"는 내용이었다.

다음날인 6월 29일 박치옥은 부대로 출근하는 길에 문재준에게 들렀다. 문재준은 여전히 어제의 결심을 재확인하는 것이었다. 박치옥은 부대로 출근한 뒤 부단장 김제민 중령을 불러 "어제 지시한 1개 중대의 병력 동원 준비 관계는 어떻게 되었나?" 하고 물었다. 김제민은 이렇게 대답했다고 한다.

"김종필 부장을 혼내 준다는 것이 개인 대 개인의 일이라면 몰라도 병력을 동원한다는 것은 곤란합니다. 김병현, 김경식 대위한테 이야기는 해두었습니다."

김제민은 말은 그렇게 했지만 두 대위에게 아무런 지시도 하지 않은 상태였다. 이날 오전 헌병대 제3 CID대장 김영우 중령과 제15 CID 대장 방자명 중령은 어제 있었던 문재준의 돌연한 지시가 걱정이 되어 "말리자"는 데 합의했다. 방자명이 문재준 방으로 들어가 나온 얼마 뒤 문재준은 김영우를 불러들였다.

"어제는 내가 너무 흥분해서 그랬는데 김종필이 하고는 화해할 것이니 어제 한 말은 취소한다."

전날 저녁 부산에서 밀수사건을 수사 중 철수 명령을 받은 제15 CID 대원 20여 명은 29일 오후에 서울로 올라왔다. 방자명 제15 CID대장은 파견대장 오 대위에게만 "우리가 김종필 중령 이하 정보부 간부들을 연행해야 할지 모른다"고 귀띔해 두었다. 방 중령은 자신의 병력을 교대로 대기시키고 두 명을 뽑아 헌병감을 경호하게 하였다.

7월 1일 문재준은 방자명 중령을 부르더니 "병력 대기는 어떻게 하고 있는가" 하고 물었다. 방자명은 '헌병감이 아직도 중앙정보부를 치는 생각을 버리지 않고 있구나' 하고 짐작했다.

박치옥 공수단장도 이즈음 김종필 부장에 대하여 유감을 품고 있었다. 그 단서가 된 것은 깡패 소탕 작전이었다. 공수단은 혁명 직후 깡패들을 붙잡아 들이는 일을 하고 있었는데 명단엔 李華龍(이화룡)도 포함되어 있었다. 어느 날 최고위원인 송찬호 준장이 육사 5기 동기생인 박치옥을 찾아와서 "이화룡은 내가 잘 아는데 3, 4년 전에 이미 깡패 생활을 청산하고 지금은 영화 제작에 전념하고 있다"고 말했다. 박치옥 단장은 송찬호의 주선으로 이화룡 밑에서 일하는 강 전무란 사람을 만났다. 그의 이야기를 들으니 이화룡은 체포할 필요가 없겠다는 판단이 섰다. 그는 부하들에게 지시하여 이화룡에 대한 체포 지시를 해제했다. 며칠 뒤 강 전무가 남녀 배우 몇 명과 함께 위문품을 갖고 부대를 찾아왔다. 박치옥은 이들을 대접하려고 했는데 강 전무가 접대를 하겠다고 하여 부하 장교들을 데리고 나가서 옥루정이란 음식점에서 저녁을 먹었다.

박치옥은 여기서 이화룡을 만나 식사를 한참 하고 있는데 이화룡이 밖으로 나가더니 감감 무소식이었다. 그는 동석 중인 김제민 부단장을 불러서 알아보라고 했다. 김 중령이 보고하기를 공수부대원들이 이화룡을 감쪽같이 불러내 연행해 갔다는 것이었다. 박치옥은 부하들이 자신에게 반발한 것이라고 생각했다.

그때 공수단에서는 혁명에 가담한 장병들이 기고만장하여 혁명에 가담하지 않은 상관의 말을 잘 듣지 않았다. 박치옥은 이런 점을 지적하여 부하들을 혼내곤 했는데 여기에 불만을 품은 사람들이 장난을 친 것이라고 이해했다. 박치옥은 이화룡을 석방하라고 지시했으나 부하들이 말을 듣지 않았다. 화가 난 박치옥은 장교들을 불러놓고는 "이런 식으로 하면 부대를 지휘할 수 없다. 너희들 11명이 집단 지도 체제로 부대를 운영하라"고 말하고는 귀가했다.

그후 장교들이 박치옥의 집으로 찾아가서 사과하여 일이 일단락되었다. 박치옥은 그 자리에서 "오늘은 내 위신도 있고 하니 이화룡을 돌려보내고 다시 조사하여 깡패로 인정된다면 수사 기관에 넘기고 그렇지 않으면 석방하라"고 시켰다. 얼마 후 이화룡은 석방되었다.

그 며칠 뒤 송찬호 준장을 통해서 '박정희 장군이 이화룡 건을 들먹이면서 박치옥을 질책하더라'는 말이 들려 왔다. 박치옥은 이것은 김종필 부장이 자신에 대해서 나쁜 보고를 올린 때문이라고 추측했다. 김제민 부단장에 따르면 당시 공수부대원 5명이 자원해서 정보부에 들어갔는데 이들이 이화룡 건에 대하여 박치옥에 관한 나쁜 정보를 제공했을 것이라 한다.

그즈음 박치옥은 아내로부터 밤에 누군가가 유리창을 플래시로 비춘다는 이야기를 자주 듣게 되는가 하면 자신의 전화가 도청당하는 느낌을 갖기도 했다. 박치옥은 김종필 부장에게 항의하려고 전화를 세 번이나 걸었으나 이 상사라는 당번병은 "안 계신다"는 말만 하고 끊어 버리는 것이었다. 박치옥이 직접 김 부장을 찾아간 적도 있는데 역시 만나지 못하고 돌아왔다.

이런 일로 김종필 부장에게 유감이 많이 쌓여 있던 박치옥은 썩 내키지 않았지만 문재준에 동조하는 식으로 사건에 휘말려든다. 7월 1일 박치옥은 6관구 신임 참모장 羅熙弼(나희필) 대령에게 인사차 방문하여 장도영 내각수반의 비서실장 이회영 대령을 만났다. 박, 이 두 동기생은 돌아오는 길에 차중 밀담을 나누었다.

이회영은 자신의 운전사를 박치옥 차에 태우고 자신이 직접 운전하는 차에 박치옥을 태웠다. 이회영은 "너희들은 괄괄한 성격을 이기지 못하여 큰일을 저지르려고 하는데 그만두는 것이 좋을 것이다"고 했다. 그러면서 이회영은 장도영 의장이 주는 것이라면서 10만 환짜리 수표 다섯 장을 박치옥에게 주었다. 이 돈은 나중에 법정에서 장도영이 마치 박치옥의 김종필 제거 작전을 지원한 것처럼 꾸미는 데 증거로 이용되었다.

김종필의 입장에서는 육사 5기생들인 문재준, 박치옥 대령이 장도영 내각수반 비서실장인 이회영 대령, 최고회의 의장(장도영) 비서실장 안용학 대령과 작당하여 장도영 중심으로 뭉치고 있다는 판단을 했을 것이다.

김종필이 선제공격을 하게 된다.

朴正熙─張都暎의 마지막 對坐

6월 28일 새뮤얼 D. 버거 신임 주한 미국 대사는 오후 2시 박정희 최고회의 부의장을 방문한 후 오후 4시엔 중앙청으로 장도영 내각수반을 찾아 환담했다. 이날 이 면담을 전하는 신문 기사는 장도영 최고회의 의장이란 호칭을 빼고 내각수반이라고만 썼다. 사실상 박정희를 1인자로 대우한 보도 태도였다.

이 무렵 장도영은 '주체 세력 내의 갈등이 위험한 단계로 치닫고 있다'는 느낌을 갖게 되었다고 한다. 박정희 부의장과 이야기를 나눌 필요가 있겠다고 생각하여 부관을 보내 중앙청의 총리실로 와 달라고 했다. 저녁 8시경 두 사람은 장도영의 집무실과 붙은 부속실에서 對坐(대좌)했다. 장도영이 먼저 입을 뗐다.

"공수단 병력이 서울 시내에서 철수하고 중앙청 주변도 이제는 평온을 되찾아 좋습니다."

"잘 하셨습니다. 이제는 병력을 서울에 둘 필요가 없다고 생각합니다."

"지금 혁명세력 안에 틈이 생겨 알력이 점점 심해진다고 하는데 박 장군이 잘 장악해야 할 것이고, 박 장군을 중심으로 잘 단결해야 혁명 과업을 성취할 수 있을 거요."

"그 문제는 저도 많이 듣고 있는데 그 내용을 알고 보면 그리 심각한 것이 아닙니다. 일부 사람들이 과장해서 유포시키고 있는 것이니 너무 염려하지 마십시오."

"나는 지금 혁명 과업이 너무 광범위하고 과격하게 진행되는 것으로 생각해요. 우리가 최초에 결정하기로는 이 비상 기간을 가급적 단축시키고, 그럼으로써 개혁 업무도 축소하여 명확한 성과를 거두자는 것이 아니었소?"

"지금 우리들이 하고 있는 것은 소위 혁명인데 손을 안 댈 수 없는 꼭 필요한 일을 하고 있다고 생각합니다."

"그럼 박 장군은 이 혁명 기간이 얼마나 필요하다고 생각하오."

"지금 그런 것을 정해 놓고 할 수는 없지 않습니까. 혁명 과업의 진척에 따라서 생각해야 할 것입니다."

"이 군사 혁명을 애국적이고 명예롭게 성취하려면 기간도 짧아야 할 것이고 또 단시일 내에 할 수 있는 과업들을 잘 선택하여 명확한 성과를 거두는 것이 중요해요."

"그럼 혁명 기간이 어느 정도여야 한다고 생각하십니까."

"내 생각으로는 6개월 정도가 어떨까 하나 만일 질서를 바로잡기에 너무 짧다면 1년 정도에 종결지어야 한다고 생각하오. 현재 혁명 주체라는 사람들은 일선에 나가서 사단장이나 연대장을 잘 해주어야 할 사람들인데 그들이 이 나라의 최고 권좌에서 1년 이상이나 막강한 권력을 행사한다면 나중에 비록 그들이 돌아가려고 해도 돌아갈 수 없게 될 것이오. 그리고 그들의 식견으로 봐서도 장기간 집권하여 정치를 잘 할 수는 없다고 생각하오."

이 대목에서 박정희는 정색을 하고 말했다고 한다(장도영 회고록).

"1년 안에 무슨 혁명을 합니까. 우리가 목숨을 걸고 혁명을 한 것은 이나라를 바로잡고 청신한 사회를 이룩하자는 것입니다. 지금 우리의 사회상으로는 그렇게 빨리 개혁이 이루어지리라고는 생각되지 않습니다."

장도영도 정색을 하고 따졌다고 한다.

"그럼 여태껏 우리가 결정하고 추진해온 기본 방침인 조기 민정 복귀는 어떻게 되는 것이고, 박 장군 자신이 언명한 행동 부대의 조속한 복귀와 조기 선거는 虛言(허언)이었단 말이오."

박정희는 말문을 닫았다. 한참 동안 두 사람은 어색한 침묵 속에서 시간을 보냈다고 한다. 장도영이 이 침묵을 깼다.

"한 2년 정도로 생각하고 있소?"

"5년이고 10년이고 일을 시작했으니 끝을 내야지 도중에 중단할 수는 없지 않습니까."

한참 있다가 장도영이 말했다.

"나는 5·16 후 육군참모총장으로서 비상 사태 수습에 전력을 다했고 6월 6일로서 나의 임무도 사실상 끝났으니 나는 이제 뒤로 물러나겠소."

"이제부터는 행정이 더욱 중요해진다고 생각합니다. 일을 더 많이 해 주셔야 할 단계에서 자꾸만 물러나신다는 말씀을 하시니 이해할 수 없습니다."

"나는 그렇게 오랫동안 자리를 지킬 수 없어요."

두 사람의 대화는 이로써 끝났다. 장도영의 기억에 따르면 대화의 시작은 부드러웠는데 나중엔 의견이 상충된 가운데 냉랭하게 헤어졌다고 한다. 밤 10시가 가까워진 시각이었다.

〈작은 방에서 얼굴을 맞댄 채 주고받은 대화였지만 이 군사혁명의 역사적 의의와 기본 방침, 그리고 과업 수행에 있어서 나와 박 장군의 상이점은 너무도 많았고 또 컸다〉

마지막이 된 박정희·장도영 두 사람의 대화가 있었던 날은 6월 30일이었다. 7월 2일 저녁 무렵 내각수반실이 있는 중앙청 주변은 심상치 않은 분위기가 감돌고 있었다. 내각수반 비서실장 이회영 대령은 김종필 부장을 붙들어 가서 혼내 주려던 헌병감 문재준과 공수단장 박치옥의 계획이 탄로난 것 같은 예감이 들었다. 중앙청 주변에 수상한 사람들이 오가는 것이 목격되었기 때문이다. 이회영은 계산을 해보았다.

'나는 신분이 내각수반 비서실장이고 문, 박 대령을 말렸으니 붙들려 가도 별 문제가 없을 것인데 李熙永(이희영)은 곤란할걸.'

이회영과는 육사 5기 동기생인 전 육군방첩대 서울지구대장 이희영은 5월 15일 밤 박정희를 감시, 미행하도록 지시했던 인물이다. 이회영은 신문지를 찢어 '오늘밤은 집에서 자지 말게'라고 쓴 다음 그것을 또르르 말아 운전병을 시켜 이희영의 집으로 보냈다. 이 쪽지를 받은 이희영은 영문을 몰라 어리둥절했다. 무슨 사건인지는 모르겠지만 자신이 피해야 할 이유를 알 수 없었다.

이희영은 내각수반실로 나가보았다. 아직 장도영은 퇴근하지 않고 있었다. 장도영, 이회영, 이희영 세 사람은 수반실에서 두 시간 가량 얘기를 나누었다.

박정희 의장 취임

김종필 중앙정보부장이 지휘한 문재준 육군 헌병감—박치옥 공수단장, 그리고 장도영 측근 세력 거세 작전은 1961년 7월 2일 밤에서 다음날 새벽에 걸쳐 조용하게 진행되었다. 문, 박 두 대령을 비롯하여 내각수반 비서실장 이회영 대령, 최고회의 의장 비서실장 안용학 대령 등 40여 명이 정보부 요원들에게 연행되어 反혁명 혐의로 구속되었다. 장도영은 연행되지 않았지만 이 사건이 무엇을 의미하는지는 분명했다.

7월 3일 아침 장도영이 최고회의 회의장으로 나갔더니 상임위원들이 모여서 기다리고 있었다. 박정희 부의장 겸 상임위원장은 보이지 않았다. 선임 상임위원 李周一 소장이 말을 꺼냈다.

"사태가 이렇게 되었으니 각하께서도 사표를 내셔야 하지 않겠습니까."

"나는 이미 사의를 표한 지 오래요. 잘 됐소."

회의를 1분 만에 끝낸 장도영 장군은 육성으로 사임 성명을 발표했다.

"본인은 혁명 초부터 혁명 정권의 책임자로서 그 중책을 감당하지 못할 것을 잘 알고 있었다. 그러나 국가 초비상시에 질서를 유지하기 위하여 잠시 그 직책을 맡았던 것이다. 이제는 신망 있는 지도자가 그 직책을 맡아야 할 것이므로 나는 사임하는 바이다."

장도영은 중앙청 내각수반실로 돌아가 업무 정리를 마쳤다. 7월 1일자로 서독 대사로 임명된 申應均(신응균) 장군이 인사차 찾아왔다.

"축하합니다. 일 많이 해주십시오."

장도영은 총리실에서 현관으로 나와 신응균과 헤어진 뒤 원효로의 자택으로 돌아갔다. 그는 안방으로 들어가 두 다리를 쭉 펴고 앉아 피로하고 긴장된 심신을 풀었다. '차츰 심신의 피로가 풀리면서 자연히 참모총장 재직 시에 일어났던 헤아릴 수 없이 복잡하고 곤란했던 일들이 머리에 떠올랐다. 특히 5·16 이후 오늘까지 49일간 내가 겪은 모든 간난과 신고를 하나씩 회상해 보았다'는 것이다. 장도영은 그 뒤 가택 연금 상태에서 지내다가 가을에 反혁명 혐의로 구속된다. 1986년에 한 기자가 김종필에게 이런 질문을 했다.

"장도영 장군을 명예롭게 퇴진시킬 수는 없었습니까. 그래도 혁명에 앞장을 서 준 분이 아닙니까."

"4반 세기가 지난 지금 와서 생각할 때 그렇게 하지 않아도 되지 않았느냐 하는 데엔 동감입니다. 그런데 그건 나의 회고일 뿐이지 한 시대를 전환시키고 새로운 질서를 만드는 게 혁명인데 그땐 그런 여유가 없었지요. 당시엔 이기고 누르고 바꾸고 나가야 할 긴박한 상황이었으니까요."

김포 주둔 해병여단장으로서 혁명 성공에 중요한 역할을 했던 김윤근

최고위원의 증언에 따르면 박정희도 장도영과 그 측근들을 거세한 직후 상임위원들을 불러 전후 사정을 설명해 주면서 괴로운 표정을 지었다고 한다. 김윤근은 박정희가 과거에 장도영에게 많은 신세를 진 사실을 모르고 있었다. 그래서 오히려 朴 장군이 지나치게 괴로워하는 것을 보고 이상하게 생각했을 정도였다.

7월 3일 오후 최고회의는 장도영 의장의 실각을 발표했다. 장도영의 사표는 수리되었고 박정희 부의장이 의장에 취임했고, 내각수반엔 송요찬 국방장관이 임명되었으며 최고위원 송찬호, 박치옥, 김제민은 그 직을 사임했다는 발표였다. 박정희는 취임사를, '배수의 진을 친 우리들에게는 이제 후퇴란 있을 수 없습니다. 우리들 앞에는 전진이 있을 따름입니다' 로 끝맺었다.

박정희는 7월 7일 전국 수사기관장 회의에 참석하여 훈시를 했다. 그는 정부에서 일하고 있는 군인들에 대해서 주로 경고했다.

"自家淨化(자가정화)와 자가단속을 철저히 하라. 점차 정부에 참여한 군인들 수를 줄이겠다. 난맥상을 보이고 있는 현재의 수사기관을 정비하겠다. 한 명의 수사 대상자에게 두 개 이상의 수사기관이 중복 수사를 벌여 국민들을 불편하게 해선 안 되겠다.

혁명 초에는 어느 나라에서나 옥석을 가리지 못하고 처리하는 것이 恒例(항례)이다. 우리는 어디까지나 옥석을 가려야 한다. 우리의 혁명 목적은 어디까지나 국민에게 봉사하려는 정신에서 나온 것이다. 그러므로 이 혁명 정신을 살려서 일반 국민에게 친절하고 겸손해야 한다."

최고회의는 7월 9일 비로소 '장도영을 비롯한 44명의 反혁명 세력을 지난 3일에 체포했다' 고 발표했다. 장도영만을 가택연금시키고 나머지 인사들은 엄중 문초 중인데 혐의는 '反혁명 세력 구성', '박정희 암살 기도'란 것이었다. 발표문은 새삼스럽게 5·16 거사를 전후한 장도영의 기회주의적 행동이란 걸 공개했다.

7월 16일 새뮤얼 버거 주한 미국 대사는 박정희 의장을 방문, 요담했다. 버거는 박 의장에게 군정을 끝내고 민정으로 복귀하는 문제를 논의할 軍民(군민) 합동 기구를 구성하여 그 과제를 연구하도록 하는 것이 어떻겠느냐고 제의했다. 버거 대사는 또 "미국 당국이 공개적으로 박정희 정권을 지지하고 싶어도 체포, 숙청 등이 되풀이되고 있어 그렇게 하기가 어렵다"고 말했다. 최고회의가 긍정적인 조치를 취해 주면 자신도 한국 정부를 지지하는 성명을 내겠다고 약속했다.

다음날 혁명 정부는 예비 검속한 용공 혐의자 3,098명 가운데 이미 두 차례에 걸쳐 석방한 1,267명 외에 1,293명을 추가로 풀어준다고 발표했다. 이 발표문을 통해서 박정희는 이렇게 당부했다.

〈국민 여러분께서는 이러한 사람들이 방면되더라도 지난날의 잘못을 깊이 반성토록 촉구하심과 아울러 따뜻한 아량으로 대하여 주시어 지난날에 포지하였던 용공적이고 불순한 생각을 버리고 애국심에 불타는 선량한 국민이 되도록 선도하여 주시기 바라며 앞으로 이러한 反국가적인 행동을 하지 못하도록 항상 엄중한 경계를 하여 주시기 바랍니다〉

19일 오전 박정희 의장은 내외신 기자회견을 갖고 "앞으로 출범할 민정의 형태와 시기에 대해서는 8월 15일 전에 구체적으로 밝힐 것이다"고 했다. "한국 신문이 정부를 제대로 비판하지 못하고 있다는 견해가 있는데 어떻게 생각하는가"란 질문에 대해서는 이렇게 대답했다.

"혁명 후 1주일 만에 보도 통제를 해제했다. 정부가 두려워 논평을 하지 않는다는 말은 처음 듣는데 사실이라면 언론인들의 기개가 부족한 탓이다. 언론인들이 혁명 과업에 직접 참여해 주기를 바란다."

인간 素描

권력자로 변한 박정희는 소박한 인간상을 그대로 유지하고 있었다. 육사 생도들을 혁명 지지 시위에 동원하는 데 일역을 맡았다가 박정희의 경호원이 된 육사 11기 이상훈(전 국방장관) 대위는 광주에서 열린 혁명 지지 대회에 참석한 박 의장을 수행하여 작은 호텔에 들었다. 한밤중에 호텔 문 앞에서 경비를 서고 있는데 화장실을 겸한 세면실에서 인기척이 들렸다. 이 대위가 가보니 박정희가 양말을 빨아 줄에 널고 있었다. 양말이 신고 온 한 켤레밖에 없어 밤에 몰래 나와서 그런 일을 하고 있었던 것이다. 이 대위에게 들킨 박정희는 멋쩍은 표정을 지었다.

박정희의 양말과 관계된 이야기가 하나 더 있다. 5·16 당시 국무원 사무처 보도과장은 국방부 보도과장 출신 李容相(이용상)이었다. 혁명 정부하에서는 공보부의 보도처 보도과장으로 일하게 되었다. 박정희가 9사단 참모장일 때 그 밑에서 정훈부장으로 근무했던 이용상 시인은 계급을 떠나서 박정희 집안과 인간적으로 친밀했다.

기자들은 이런 사실을 알고 이용상에게 박정희 의장과의 기자회견을 주선해 달라고 졸랐다. 이용상은 장충동의 의장 공관으로 전화를 걸었다. 육영수가 받았다. 박 의장이 언제 돌아온다는 것만 확인했다. 이용상은 중앙청 출입기자들을 데리고 무턱대고 장충동으로 갔다.

박정희는 외출에서 돌아오더니 발을 씻고는 양말도 신지 않은 채 회견

장소에 나와 의자에 걸터앉았다. 이낙선 소령이 호주머니 속에 양말을 넣고 와서 박 의장에게 귀엣말로 "사진기자들도 왔으니 양말을 신으시지요"라고 했다. 박정희는 큰 소리로 "발은 찍지 말라고 해!"라고 하면서 끝까지 맨발로 기자회견을 했다. 한국일보 尹宗鉉(윤종현) 기자가 "박 의장님은 주량이 어느 정도입니까" 하고 물었다.

"내 주량은 여기 있는 이용상 동지에게 물어 보시오."

윤 기자는 말을 잘못 알아듣고 다시 물었다.

"아닙니다. 이용상 과장의 주량은 우리들도 잘 알고 있습니다. 내가 묻는 것은 의장님의 주량입니다."

"아마, 이용상 동지 주량은 여러분들도 잘 모르실 겁니다. 이분은 종로에서 동대문까지 가는 데 일주일이 걸리는 사람이에요. 중간, 중간에 있는 술집을 다 들러야 하거든요."

5·16 혁명 직후 박정희를 가장 가까이에서 지켜본 사람들 가운데는 洪得萬(홍득만) 중사가 있다. 그는 5·16이 났을 때 육군 참모차장실 선임 하사관이었다. 그는 1952년 박정희가 대구에서 육본 작전국 차장으로 근무하고 있을 때 그 밑에서 하사관으로 근무했다.

어느 날 일직사령 박정희 대령이 사병들을 집합시켰다. 홍 중사가 "집합 완료"를 보고하자 박정희는 "전원 모자 벗어!"라고 명령했다. 사병들의 두발 상태가 불량함을 확인한 박 대령은 "가서 가위 가져와"라고 했다.

박정희는 두발 상태가 가장 단정한 홍 중사의 머리칼을 싹둑 자른 뒤 "해산시켜"라고 하고는 아무 말도 없이 들어가 버렸다. 홍 중사는 박 대령에게 찾아가서 "명색이 제가 하사관인데 이렇게 하시면 부하들이 저를 어떻게 보겠습니까" 하고 하소연을 했다. 박정희는 웃으면서 "그럴 거야.

지금 사병들이 뭘 하고 있는지 한번 보고 와"라고 했다. 홍 중사가 막사로 내려가 보니 텅 비어 있었다. 사병들이 모두 이발하러 갔다는 것이었다. 하사관이 억울하게 혼이 나는 것을 본 사병들이 알아서 한 것이었다. 홍 중사가 "이것도 지휘통솔법입니까"라고 하니 박정희는 "바로 그거야"라면서 씩 웃었다. 5·16이 터지자 홍 중사는 바로 곁에서 박정희를 시중드는 역할을 하게 되었다.

박정희는 최고회의 사무실에서 살다시피 했다. 잠을 언제 자는가 싶을 정도로 항상 깨어 있고 일하고 있었다. 박정희는 야전 침대에서 자고 일어나면 아침 신문부터 꼼꼼히 읽었다. 그 다음엔 중앙정보부, 육해공군 정보부대에서 올라온 각종 보고서들을 뜯어 밑줄을 쳐가면서 읽기 시작했다. 그 다음엔 진정서와 건의서들을 읽었다. 보고서를 읽느라고 아침을 생략할 때도 있었다.

어느 날 육영수가 신당동 근무 중인 박환영 중사를 시켜 꿀 한 병과 잣한 봉지, 그리고 양주 한 병을 보냈다. 박정희는 홍 중사가 있을 때만 잣몇 알을 입에 털어 넣은 뒤 양주 한 잔을 얼른 마시곤 했다. 꿀은 가끔 한 숟갈씩 퍼먹었다.

혁명의 성공으로 박정희의 신당동 생활은 곧 끝나게 되고 육영수의 생활도 많이 바뀐다. 육영수의 사촌동생인 宋在寬(송재관·전 어린이회관 관장)은 그때 〈평화일보〉 기자로 근무하고 있었다. 군부 쿠데타 소식을 듣고 이종 사촌자형이 앞장을 섰다는 것을 알게 되자 한 반년 전에 있었던 일이 생각났다. 육영수가 송재관에게 전화를 걸어 "동생, 회사 끝나고 우리 집에 들러 줄 테야?"라고 했다.

"무슨 일이죠?"

"나, 지난번에 돈 탄 것 가지고 집수리했어."

그날 퇴근길에 신당동에 들렀더니 육영수는 처마 끝에 플라스틱 차양을 덧대어 놓고 자랑하고 있었다. 곗돈을 타서 마음먹고 만든 것이었다.

그런 평범한 주부이던 육영수에게 송재관은 5월 17일 전화를 걸었다.

"아니, 자형은 왜 앞장서서 그런 일을 했어요?"

송재관은 이종 사촌누님으로부터 "그러게 말이다…"란 말을 기대하면서 위로의 말을 준비했다. 그런데 수화기를 통해 들려오는 육영수는 정치나 시국 같은 데에는 무관심하던 예전의 그 사람이 아니었다. 육영수는 정색을 하고 말하는 것이었다.

"아니, 동생 무슨 소리야?"

"아니, 자형이 위험한 일에 가담하셨기에…."

송재관은 순간적으로 '내가 말을 잘못 했나'라고 생각했다. 육영수의 또박또박한 목소리가 흘러나왔다.

"세상이 온통 부정부패로 물들고 혼란에 빠진 채로 국민들이 어떻게 살겠어? 그냥 그대로 간다면 나라는 어떻게 될 것 같아?"

송재관은 대충 대답하고 전화를 끊으면서 "이상하다. 저 누님이 언제 저렇게 변했나"라고 중얼거렸다.

'혁명한 사람의 아내' 로서

육영수의 오빠 陸寅修(육인수·전 공화당 의원)는 5월 하순 신당동의 박정희 사저를 찾아갔다. 고등학교 교사로 있었던 육인수는 파란 많은 삶이 동생을 기다리고 있으리라는 예감이 들었다. 그는 동생에게 풍신수

길(豊臣秀吉)의 아내 이야기를 해주었다. 醜女(추녀)로 태어나 남편을 내조하여 천하를 통일하게 만든 여자였다. 육인수는 妹弟(매제) 박정희에게 네 가지 당부를 했다고 한다. 이런 요지였다.

"첫째, 한일 국교 정상화 문제를 빨리 해결해야 합니다. 북쪽으로도 막혀 있고 바다로도 막혀 있는 이 나라의 활로를 트는 데는 그 길밖에 없습니다. 둘째, 중공업을 일으켜야 합니다. 중공업은 계열사를 많이 만들게 되므로 일자리가 많이 생깁니다. 셋째, 정치적으로 사람을 거세는 하더라도 죽여선 안 됩니다. 넷째, 舊(구)정치인들에게 염증을 느낀 국민들은 지금 군인들만 쳐다보고 있는데 학자들을 많이 등용하십시오."

당시 고려대학교 영문학과 3학년이던 洪昭子(홍소자)가 이모를 찾아간 것은 5월 하순이었다. 이모 육영수는 혁명 후 스무 명 가량으로 늘어난 식구들(경비병, 운전병, 연락병 등)의 식사 등 뒷바라지를 하느라고 정신이 없었다. 홍 씨는 이런 증언을 남겼다.

"이모님은 혁명 후 전혀 달라진 것이 없었어요. 혁명 전과 똑같은 모습이요 생활이었습니다. 어떤 환경 속에서도 당황하거나 변하는 일이 없이 이모님은 주부로서의 본분만 한결같이 지켜 나가시고 계셨어요. 그래서 우리가 '이모, 이제 좀 처신이나 몸가짐이 달라지셔야지요. 부엌에 드나드시는 일도 삼가시고 아랫사람들에게 시킬 건 시키시고 이모님이 손수 하시지 않아도 되잖아요'라고 말했어요. 이모님은 '이리리(육영수가 즐겨 쓰던 감탄사)? 왜 내가 달라져야 하니? 달라지기를 바라는 마음이 비뚤어진 게 아냐?'라고 말씀하셨어요."

육영수는 이날 홍소자의 마음속에 오래 남는 말을 한마디 덧붙였다.

"나는 우리 생활에 언젠가는 기적처럼 큰 변화가 오리라는 기대 속에서 살아왔단다."

이 대목에 대해 시인 朴木月(박목월)은 자신의 저서 《육영수 여사》에서 이렇게 해석했다.

〈이 의미심장한 여사의 말은 여러 가지 해석이 가능할 수 있겠으나 평소의 순수한 아내로서 여사의 신념이나 생활을 배경으로 풀이한다면 아무리 어려운 살림이나 환경 속에서도 우리 사회나 남편의 장래에 어떤 기적 같은 변화가 오게 되리라는 가능성에 대한 영감 속에서 살아왔다는 뜻이며, 또한 그것은 남편의 무한한 가능성에 대한 아내로서의 신뢰이며 그러므로 여사는 혁명조차도 자연스럽게 받아들이게 되었다는 의미일 수도 있다〉

7월에 접어들자 육영수가 졸업한 배화여고 동기동창인 이종문이 동문들을 이끌고 신당동 댁을 찾았다.

"혁명 나던 새벽엔 얼마나 불안했어요?"

동문들이 이렇게 묻자 육영수는 담담하게 말했다고 한다.

"거사에 실패하면 저도 남편 따라 죽을 각오를 했었지요."

동문들이 돌아갈 때 육영수는 한 사람 한 사람 손을 잡고 당부하는 것이었다.

"저 자신 부족한 점이 많아요. 남들이 잘못한다고 비판하는 점이 있으면 동창들이 꼭 알려주어야 해요. 열심히 배우고 노력하면서 부족한 점이나 그릇된 점을 고쳐 가도록 해보겠어요."

육영수가 처음으로 공식 석상에 등장한 것은 혁명 주체 장교들끼리 경회루에서 자축 파티를 열 때였다. 박정희나 육영수나 파티 같은 행사를 싫어하여 거의 나가본 적이 없었다. 육영수는 장롱에서 몇 가지 되지 않는 옷가지를 꺼내 하나하나 몸에 걸쳐 보이며 유일한 의논 상대자인 어머니 이경령에게 물어보곤 했다.

〈여사는 흰 수치마를 몸에 둘러보며 어머니를 돌아보는 것이었다. 이경령 여사는 웃고만 있었다. 수치마 저고리 차림은 수수하고 청초해 보였다. 파티에 나가려고 여사는 뜰로 내려서다 말고 누구를 향해서가 아니라 가족 전체를 돌아보면서 혼잣말처럼 중얼거렸다.

"혁명한 사람의 아내다운…."

비록 끝이 희미했지만 여사가 말하려는 뜻은 충분히 짐작할 수 있었던 것이다. '혁명한 사람의 아내다운 옷' 이런 뜻이었다. 군인이나 장성의 아내에서 여사는 '혁명한 사람의 아내' 로서 새로운 자각과 사명을 깨닫게 되었던 것이다〉(《육영수 여사》에서)

박정희가 최고회의 의장이 된 뒤로는 외국 대사 부인들이 신당동을 찾는 일이 잦아졌다. 어느 날 대사 부인들이 단체로 신당동을 찾아오겠다는 기별을 받고 육영수는 당황했다. 서른 평도 안 되는 집에 이들을 앉힐 의자가 모자랐다. 소파도 없는 집이었다. '이 일을 어쩌지?' 하면서 고민하던 육영수는 이웃집을 돌아다니면서 의자를 모아 왔다.

"사모님, 이제 되셨습니까?"

경호병이 묻자, 육영수는 마루에 놓인 의자들을 둘러보면서 말했다고 한다.

"각양각색이네요. 의자 전시장인가 보네."

손님들이 오면 육영수는 박정희와 동석하지 않고 소매를 걷어붙이고 부엌일만 했다. 과자를 굽고 차를 끓이고 술안주를 마련했다.

"사모님, 심부름하는 사람을 더 들입시다."

주위에서 건의를 하면 육영수는 "우리가 편하려고 혁명했나요"라고 쌀쌀하게 끊어 버리곤 했다. 일손이 부족할 때는 조카들을 불렀다. 육영수는 몸이 큰 외국인들이 마루를 밟으면 삐걱거리는 소리가 들릴 정도의 초라한 집에서 접대를 끝내고 손님들을 보낸 뒤엔 꼭 이런 자문을 하곤 했다.

"접대를 제대로 했는지 모르겠네?"

"이모님, 제가 보기엔 썩 잘된 것 같아요."

"그래 … 그럴까?"

육영수는 고개를 갸웃거렸다. 그녀는 항상 되살피며 다시 생각해 보곤 만족하게 생각하는 일이 없었다고 한다. '우리가 어떤 인상을 주었을까?' 하고 궁금해하기도 했다. 육영수는 완벽을 추구하는 성격의 소유자였는데 이것이 자신을 괴롭히기도 했다.

軍人과 文人

독서량이 많은 박정희는 혁명 전에도 문인들과 친했다. 시인 구상·이용상, 소설가 張德祚(장덕조)·金八峰(김팔봉) 등은 군인 박정희의 교양에 깊은 인상을 받고 대화의 상대자가 되었던 이들이다. 박정희는 이런 문인들을 가까이하면서 군인들로부터 얻을 수 없는 그 무엇을 얻으려고 했다. 시인 具常(구상)은 친구의 거사를 맞은 소감을 자전적 시로써 표현했다.

〈나는 5·16 아침을 어느 舞姬(무희) 집에서 맞았다. 그녀는 아침 화장을 하면서 방송을 들으며 "이러면 세상이 어떻게 되는가요? 선생님 身上

(신상)에 행여나 害(해)나 없을까요?" 하고 연거푸 물었다. 나는 그녀의 말을 귓등으로 흘리며 '말 채찍소리도 고요히 밤을 타서 강을 건너니 새벽에 大將旗(대장기)를 에워싼 병사떼들을 보네' 라고 읊었다.

그 친구의 日本詩吟(일본시음)을 흉내내어 새벽의 漢江(한강)을 떠올리고 있었다〉

구상에게는 친구 박정희의 쿠데타가 '예상할 수 있는 충격' 이었지만 많은 문인·지식인들에게는 군인들이 정권을 잡는다는 것 자체가 상상 밖의 일이었다.

신라통일 이후 우리나라는 문민 통치의 전통을 이어 왔다. 약 100년에 걸친 고려 무신 통치기가 유일한 예외였다. 이런 역사적 풍토에서 대부분의 우리 민간인들은 군인이란 종류의 인간들이 쿠데타를 일으켜 정권을 잡을 수 있다고는 꿈에도 생각하지 않았던 것이다.

한국의 쿠데타는 무인 통치가 정상인 터키나 일본의 쿠데타와는 그런 면에서 차원이 달랐다. 박정희의 쿠데타는 우리 민족사의 생리에 비추어 극히 예외적인 사건이었고 그만큼 문민(또는 문인)의 저항은 극렬해진다. '쿠데타가 엉뚱하다' 는 구상의 첫 반응은 우리 정치사에 이물질처럼 들어온 군인들에 대한 역사의 거부감, 그 조건반사적 표현이었을 것이다.

그 사흘 뒤 구상은 박정희와 만나는데 '모과 옹두리에도 사연이' 란 자전시집에서 이렇게 썼다.

〈그와 마주앉은 것은 5월 19일 저녁, 기관총을 실은 장갑차가 마당에 놓인 어느 빈 호텔의 한 방, 그도 나도 잠자코 술잔만을 거듭 비웠다. 마침내 그가 뚱딴지 같은 소리를 꺼냈다.

"미국엘 좀 안 가 주시렵니까?"

"내가 영어를 알아야죠?"

"영어야 통역을 시키면 되죠."

"하다못해 洋食卓(양식탁)의 매너도 모르는걸요!"

"그럼 어떤 분야라도 한몫 져주셔야지!"

"나는 그냥 남산골 샌님으로 놔두세요!"

얼핏 들으면 漫談(만담) 같은 이야기를 주고받으며 우리는 술잔을 거듭 비웠다〉

박정희는 구상을 최고회의 의장 상임고문으로 내정하고는 친지들을 통해서 설득했으나 구상은 〈경향신문〉 도쿄 특파원을 자청했다. 떠나기 직전 만난 두 사람은—.

〈궁리 끝에 신문지국 간판을 메고 유학의 길에 오르듯 '도오꼬오'로 향했다.

—바로 내 앞방에다 사무실을 마련해 놓았는데 끝내 가시기요, 이 판국에 일본낭자들과 재미나 볼 작정인가요?

—시인이란 현실에서 보면 망종이지요. 그래서 '플라톤'도 그의 理想國家(이상국가)에서 시인을 추방하는 게 아닙니까!

비행窓(창)으로 구름밭을 내다보며 그 현실로부터의 격리를 확인하면서도 그와의 작별 때 대화가 내 뇌리를 후벼팠다〉

구상은 그 뒤 신문사와 천주교회와 관련된 어떤 사건에 휘말려 마음고생을 엄청 한다. 자전시에 이렇게 쓸 정도이다.

〈내가 희망치도 않은 이해에 얽혀 교회의 암흑면을 체험하게 된 것은 내 영혼의 치명상이었다. 見月忘脂(견월망지)! 라는 佛道(불도)문자를 되외우고 되씹고 되새겨도 그 더러운 司祭(사제)의 손에서 聖禮(성례)의 秘義(비의)를 용납할 수 없었고 도처에 높이 솟아 있는 교회당들이 회칠한 신의 무덤으로 보였다〉

박정희는 구상을 만난 자리에서 이 사건을 화제로 삼는다.

〈"그 신문사 일 어떻게 되었어요?"

"그저 내가 할 수 있는 일이란 시 줄을 쓰는 것밖엔 없나 봅니다."

"보고를 받아 다 알고 있어요. 교회라는 거룩한 탈을 쓰고 그 짓들인데 그 사람들 법으로 혼들을 내주시죠. 그렇듯 당하고만 가만히 계실 거예요?"

"그럼 어쩝니까? 예수가 왼쪽 뺨을 치면 오른쪽 뺨을 내밀어 대라고 가르치셨는데야!"

"그래서야 어디 세상을 바로잡을 수 있습니까?"

"그게 바로 천주학의 어려운 점이지요!"

"천주학이라!"

그는 그 말을 되뇌까리면서 더 이상 나를 힐난하려 들지는 않았으나 자못 내가 한심스럽다는 표정을 지었다. 아마 이때 그는 나를 현실에 이끌어들이려는 생각을 단념했을 것이다〉

엘리트 관료의 눈에 비친 군인은 어떤 모습이었을까. 당시 재무차관은 李漢彬(경제부총리 역임)이었다. 하버드 경영대학원을 졸업한 첫 한국인이다. 그는 재무부 예산국장 시절 미국에 출장을 갔다가 5·16을 만났다. 귀국 후 승진하여 군인 장관들 아래서 일하는데 많은 장교들과 강연을 통해서 親面(친면)을 익혔다. 송요찬 내각수반도 자유당 시절 이한빈으로부터 기획예산제도에 관하여 강의를 들은 적이 있었다. 어느 날

송요찬 수반이 급히 이 차관을 찾았다. 송요찬은 이한빈이 들어오자 회의탁자 위에 넓은 브리핑 용지를 펴놓고 붉은 연필 한 자루를 그의 손에 쥐여 주면서 이렇게 말했다.

"이 차관, 이제 정부 각 부에 기획조정실을 창설해야 하겠는데 그 기획조정관은 장관·차관 다음으로 중요한 직책이 될 것이오. 각 부의 국장급에서든지 전직자라도 좋으니 가장 유능한 사람의 이름을 적어 보시오."

이한빈은 어이가 없었다. 그는 망연히 앉아서 망설였다. 송요찬 수반은 "지금 바로 정해서 오늘 근무 시간 내에 발표하려고 하니 빨리 적어 보라"고 재촉했다. 이한빈은 적어 내려갔다. 金泰東(김태동), 金永周(김영주), 李喆承(이철승), 李昌錫(이창석), 姜鳳秀(강봉수)….

다음날 이한빈은 인사 발표를 보고는 두 번째로 놀랐다. 자신이 써준 그대로 방이 붙은 것이다. 이한빈은 '참으로 혁명 정부가 아니면 할 수 없는 일을 하는구나'라고 생각했다고 한다.

기자들의 受難

박정희는 생래적으로 기자를 싫어했다. 2군 부사령관 시절에 이런 일이 있었다. 대구 주둔 공병부대 대대장 張東雲(장동운) 중령이 모 신문사 기자가 기름 유출과 관련된 약점을 잡고 따지고 들자 구타하여 중상을 입혔다. 당시 2군 사령부 CID 대장은 방자명 중령. 기자들이 단체로 몰려가서 방 중령에게 항의했다. 방 중령은 이주일 참모장에게 찾아가서 사건을 보고했다. 이 참모장은 "기자를 때렸으니 큰일이 아니오. 어떻게든 수습을 해야지"라고 걱정했다. 방 중령은 박정희 부사령관에게도 보고를 올렸다. 박정희의 표정은 딴판이었다. 평소 과묵하던 그의 표정은 동감과 통쾌감까지 나타내는 것이었다.

"그거 잘했어! 젊은 장교들은 그런 기백이 있어야 해. 요즈음 신문 기자놈들 정말 안하무인이거든. 잘했어, 정말 잘했어!"

박정희는 "잘했어!"를 연발하면서 껄껄 웃어댔다. 박정희는 혁명 성공 직후 부산을 방문하여 在釜(재부) 장성급들과 간담회를 가졌다. 여기서도 그는 사이비 기자들을 척결하라고 지시했다. 당시 부산일보 金鍾信(김종신) 기자의 증언에 따르면 박정희는 이런 말을 했다고 한다.

"雨後竹筍(우후죽순)격으로 쏟아져 나와 민정을 어지럽히는 사이비 언론 기관도 차제에 정리되어야 하겠습니다. 부산에서만 하더라도 기지창 철조망 근방에 얼씬거리며 군인들의 등을 쳐먹고 사는 치들이 많은데 그게 무슨 기자란 말이오. 당무자는 그러한 자들을 가차 없이 처벌해야 합니다."

이런 말을 하다가 김종신 기자와 눈이 마주치자 박정희는 미안한 듯이 "김 기자는 제외야. 김 기자 같은 사람을 두고 한 말이 아니니까 기분 나쁘게 생각 마!"라고 말하면서 눈웃음을 보냈다. 이런 박정희 치하에서 기자들이 당하기 시작했다.

6월 초 윤보선 대통령의 '조기 민정 이양'을 희망하는 기자회견을 보도했다가 구속된 〈동아일보〉 정치부 이만섭, 이진희 기자에 대해서 윤 대통령은 부담을 갖고 있었다.

7월 초 서울 외곽 지역을 도는 교외선 개통식과 시승식이 있는 날이었다. 金準河(김준하) 비서관이 대통령에게 귀띔했다.

"각하께서 오늘 박 의장을 만나시면 꼭 동아일보 이만섭 기자를 석방해 달라고 말씀하셔야 합니다."

윤 대통령은 박 의장 및 관계관들과 같은 칸을 탔다. 그는 박정희와 이런저런 이야기를 나누다가 이만섭 기자 석방 건을 넌지시 꺼냈다. 그러자 박정희는 옆 칸에 타고 있던 김종필 정보부장을 불렀다.

"김 부장, 동아일보 기자를 구속한 일이 있는가?"

김 부장이 "예, 있습니다. 정치부 기자들이 지난번 청와대 기자회견 때…"라고 말을 흐리자 박 의장은 즉시 지시를 내렸다.

"그랬던가? 윤 대통령의 부탁 말씀이니까 곧 석방하도록 해."

7월 15일 아침 서빙고동에 있던 육군 형무소로 최고회의 원충연 공보실장이 지프를 몰고 나타났다. 이만섭, 이진희 기자를 태워 집으로 데려다 주면서 그는 "대단히 미안합니다. 그동안 수고가 많았습니다"라고 위로했다. 이만섭 기자는 2년 뒤 대통령 선거 직전엔 공화당에 입당, 박정희 편에 서서 윤보선을 공격하는 입장이 된다.

6월 18일에 〈민국일보〉 정치부장 趙世衡(조세형·국민회의 총재권한대행 역임)이 혁명 정부에 구속되었다. 혁명 공약 제6항 때문이었다. 6항은 '이와 같은 우리의 과업이 성취되면 참신하고도 양심적인 정치인들에게 언제든지 정권을 이양하고 우리들 본연의 임무에 복귀할 준비를 갖춘다'는 것이었다. 이것이 슬며시 바뀐 것이다. '본연의 임무에 복귀할 운운'이 빠지고 '민주공화국의 굳건한 토대를 이룩하기 위하여 우리는 몸과 마음을 바쳐 최선을 경주한다'는 것으로 대체되었다는 사실을 〈민국일보〉가 보도하자 최고회의에선 '그것은 민간인용'이라면서 조 부장을 구속했다. 조세형 부장이 중부경찰서 유치장 감방에 들어가 보니

金大中(김대중) 민주당 선전부장, 혁신계 〈민족일보〉 조용수 사장, 고려대 李建鎬(이건호) 교수 등 8, 9명이 붙들려 와서 방이 비좁아 쭈그리고 앉아 있었다고 한다.

서대문 형무소로 옮겨진 조세형은 뒤에 붙들려온 민주당 시절의 내무장관 申鉉燉(신현돈), 자유당 때 농림부 장관 鄭在卨(정재설)과 같은 방을 쓰게 되었다. 신현돈은 조세형을 상대로 장면 정부를 무자비하게 난타한 언론에 대해서 불만을 토로했다.

신 장관의 설명에 의하면 언론이 도를 지나쳐 모처럼 민주적으로 수립된 제2공화국 정부까지도 자유당 독재 정권을 대하듯 사뭇 부정적이고 사사건건 반대론으로 매질을 했기 때문에 나중에는 이 언론 문제가 민주당 閣議(각의)에서까지 여러 번 이야기 대상이 되었으나 그때마다 장면 총리가 맨 앞장을 서서 "정부가 넘어지는 한이 있더라도 자유를 억압할 수는 없다"고 말하였다고 한다.

신 장관은 정치적인 후진 상태에서 민주주의 하기가 이렇게 어려운 줄은 미처 몰랐다며 앞으로 한국이 진짜 민주주의, 진짜 자유를 누릴 때 국민과 언론이 어떤 책임감을 가져야 할 것인지 한번 심각히 생각해 봐야 한다고 강조하곤 했다. 조세형은 언론계 대표는 아니었지만 별로 할 말이 없었다고 한다. 조세형은 1985년 12월호 〈월간조선〉에 기고한 회고담을 이렇게 끝맺었다.

〈자유당과 민주당과 신문기자가 모인 감방 안에서는 연일 시국 토론이 벌어졌다. 네가 잘 했느니, 내가 잘 했느니, 신문이 잘 했느니 하다가도 결국 결론은 모두가 잘못해서 군사 쿠데타를 만나 이 꼴이 되었다고 탄식을 하곤 했다. 그러다가도 이승만 박사가 조금만 더 잘 해서 민주주의

의 기틀만 잡아 주었어도 이 꼴이 되지는 않았을 거라 하였고, 민주당이
조금만 더 줏대 있게 정치를 했어도 이런 사태가 벌어지지 않았을 거라
든가, 신문이 조금 책임 있게 모처럼 만난 민주주의의 기회를 잘 살려 주
었어도 이 지경이 되지는 않았을 거라는 자성론으로 기울어지기도 했다.

　7월 20일이었으니깐 만 31일 만에 나는 풀려났다. 최고회의 공보실
장 원충연 대령이 직접 차를 가지고 와서 나를 태우고 신문사까지 데려
다 주었다. 담요를 싸들고 감방을 나서는 이 신문기자를, 서글픈 표정으
로 바라보고 있던 한 자유당 장관과 한 민주당 장관의 모습이 지금도 눈
에 선하다. 그들은 나보다 몇 달씩 더 고생한 뒤 풀려났지만 그들이 속
했던 자유당과 민주당의 민간 정치는 역사의 허공 속으로 흩날려 버린
것이다〉

미국이 본 군인통치

　워싱턴 시간으로 1961년 7월 7일 최고회의 외무국방위원장 柳陽洙 소
장은 丁一權 주미 대사와 함께 딘 러스크 미 국무장관을 예방했다. 이
자리엔 주한 미국 대사를 지낸 매카나기 극동담당 차관보가 동석했다.
주미 대사관에서 武官(무관)으로 근무한 바 있는 유양수는 친선 사절단
을 이끌고 미국을 방문하는 길이었다. 유양수는 영어에 능통했지만 한
국말로 하고 영어로 통역하도록 했다. 그러나 러스크 장관이 영어로 말
하는 것은 통역하지 않도록 했다.

　유양수 장군은 '미국 측이 보여준 동정적인 이해심'에 감사한다면서
"우리는 앞으로도 미국의 동정과 기대를 저버리지 않도록 노력할 것이

다"고 말했다. 그는 '혁명 정부의 가장 중요한 목표는 안보를 강화하고 부정부패를 몰아내며 혁명 공약이 완수되는 대로 양심적이고 깨끗한 민간 정부에 정권을 이양하는 것'이라고 요약했다.

柳陽洙 장군은 또 '서울 사태 때문에 미국 측이 곤란한 처지에 놓여 있는 것을 잘 알고 있으며, 우리에 대해 미국 측이 무엇을 요구하고 있다는 것도 잘 알고 있다'면서 '무엇보다도 가장 중요한 것은 한미 간에 장막을 쳐버리지 않는 일이다'고 지적했다. 이에 대해서 러스크 장관은 그동안 혁명 정부에 대하여 품었던 불만들을 열거했다. 그는 이런 요지로 말했다.

"우리 측 대표들은 한국 정부 실력자들과 충분한 접촉을 하지 못하고 있습니다. 우리는 협력과 동반자의 정신을 살려서 한국의 발전을 위해 도움을 주고 싶습니다. 버거 신임 대사를 우리 대통령과 국무부가 전적으로 신뢰하고 있으므로 한국의 지도자들은 그와 함께 장래 계획에 대해서 의논하기를 바랍니다. 한국 정부가 법과 정의의 원칙에 벗어나서 행동한다면 한국이 잘되기를 바라는 나라들을 실망시킬 것입니다."

丁一權 대사는 이런 요지의 발언을 한다.

"유양수 특명대사는 이번 방미길에서 미국 정부, 의회, 그리고 국민들이 (한국에 대해서) 어떤 생각을 하고 있는지를 잘 알게 되었습니다. 그가 귀국하면 이런 여론들을 한국 정부에 전달하게 될 것입니다."

유양수 장군은 "내 위치가 그렇게 강력하지는 않지만 돌아가면 장래에 무엇을 해야 할지에 대해서 동지들에게 잘 설명하겠다"고 했다. 이 회담이 끝난 직후 러스크 장관은 주미 영국대사와 프랑스 대사를 불러 한국 사태에 대한 협조를 요청했다.

"우리는 한국에서 권력이 행사되고 있는 현상에 대해서 당혹해하고 있다. 그러나 박정희가 북한과 접촉하고 있다는 소문은 신빙성이 없다. 우리는 주한 미국, 영국, 프랑스 대사가 서로 긴밀하게 협조해주기를 바란다. 한국 군부가 미군 사령관 몰래 전국을 점령해 버릴 위험성도 상존한다."

7월 9일 새뮤얼 버거 주한 미국 대사는 부임한 이후 약 20일에 걸친 활동의 결과를 요약하여 워싱턴으로 보고했다. 그는 '박정희가 사활이 걸린 권력 투쟁에 휘말려 있는 지금 그에게 어떤 충고를 해도 먹히지 않거나 오히려 역효과를 낼 것이다'고 분석하면서 '적합하지 않은 충고를 하면 그는 더욱 억압적인 조치를 취하든지 역쿠데타나 내란을 유발할 위험성도 있다'고 지적했다.

버거 대사는 '박정희는 권력의 속성을 잘 이해하는 사람이며 순수한 애국심으로 행동하는 사람임은 확실하다'고 덧붙였다. 버거 대사는 박정희 의장의 혁명 정부가 '장면 정부의 장관들과 측근들이 공산당과 연루되어 있다'고 발표한 것은 '박정희가 보복과 탄압을 얼마나 과격하게 할 수 있는가를 잘 보여주는 사례이다'고 비판했다.

〈이는 혁명의 기반을 강화하는 데도 쓸모가 없고 국내외적인 관점에서 모두 전술상의 착오이다. 박정희는 장면 정부의 권위를 실추시키기 위해서 그런 용공 조작을 하고 있는 것으로 보이는데, 이해할 수 없는 것은 그렇게 할 목적이라면 부패나 무능 혐의로 그를 공격할 수도 있었을 것이란 점이다. 아마도 박정희는 장면 세력을 정치적으로 완전히 제거해 버리려는 것으로 보인다. 박정희는 진심으로 공산당의 선전·선동과 중립주의가 장면 정부 시절에 학생, 노조, 지식인들 사이로 침투했다

고 믿는 것 같다〉

7월 18일에 CIA가 중심이 되어 미국의 여러 정보기관들이 작성한 '한국의 현 정권에 대한 특별 정보 판단서'는 '한국 군사 정권의 성격과 의도'를 평가하는 데 중점을 두었다. 혁명이 성공한 지 두 달이 지났지만 미국 정부는 박정희 정권이 어떤 성향을 가지고 어느 방향으로 나라를 끌고 가려는지에 대해서 끊임없는 의문을 던지고 답을 내고 있었다.

이 판단서는 '지금 한국을 통치하고 있는 군인들은 완강하고 민족주의적이면서 야심찬 집단이다'고 했다. '그들은 성인으로서의 삶을 거의 모두 군대에서 보냈고 많은 전투 경험을 갖고 있다'면서 '그들이 일하는 방식은 지식인이나 직업 정치인들과는 다르다'고 했다.

〈그들은 조직의 중요성과 정치 통제 기술을 잘 알고 있는 행동가들이다. 그들은 정부와 군부의 기득권층이 무능하고 부패한 데 대해서, 그리고 문민정부 아래서 발전이 더딘 데 대해서 오랫동안 절망해온 사람들이다.

그들은 권위주의적인 국가관을 갖고 있으며 한국의 경제적, 사회적, 정치적 질병을 치료하는 데는 公衆(공중)의 기율과 확고하고도 중앙집권적인 정부 통제가 필요하다고 확신하고 있다. 한국의 새로운 지배층은 한국인들의 삶에 새로운 질서와 規律(규율)을 주입시키고 대대적인 경제 개발 사업을 시작하려고 하고 있다.

그들은 미국과의 긴밀한 협조를 희망하고는 있지만 국내 문제는 독자적으로, 또 누구의 간섭도 받지 않고 이끌어나가려 한다. 머지않은 장래에 정권을 민간인들에게 이양할 것 같지는 않다. 그들은 당면한 문제의 복잡성과 그것을 해결하는 데 있어서 수단이 제한되어 있다는 사실을

이제서야 깨닫기 시작했다〉

이 판단서는 또 혁명 정부 내의 권력 관계에 대한 심층적인 분석을 하고 있다.

〈10명에서 12명으로 구성된 대령급들은 쿠데타를 기획한 사람들인데 이들은 급진적이고 강압적인 정책을 선호하고 있다. 박정희는 이들을 승진시켜 일선에 내보내는 식으로 거세해 버리고 싶어한다. 박정희와 이들 영관급 사이에 충돌이 빚어질 가능성도 있다.

혁명 세력은 초기에 국민들로부터 상당한 지지를 받았으나 최근에는 도시에서 불만이 점증하고 있다. 혁명 정부의 정책이 농촌과 농민들 중심으로 되어 있었기 때문에 農心(농심)은 여전히 군사 정부에 대해서 호의적이다〉

4 5·16의 24時

朴正熙 4 – 5·16의 24時

지은이 | 趙甲濟
펴낸이 | 趙甲濟
펴낸곳 | 조갑제닷컴

초판 1쇄 | 2007년 4월16일
개정판 2쇄 | 2018년 5월23일
개정판 3쇄 | 2022년 1월22일

주소 | 서울 종로구 새문안로3길 36
전화 | 02-722-9411~3
팩스 | 02-722-9414
이메일 | webmaster@chogabje.com
홈페이지 | chogabje.com

등록번호 | 2005년 12월2일(제300-2005-202호)

ISBN 979-11-85701-16-5

값 12,000원

*파손된 책은 교환해 드립니다.